国学经典

长短经 上

[唐]赵蕤 著
刘国建 刘华 注译

中州古籍出版社
·郑州·

图书在版编目（CIP）数据

长短经（上下）/（唐）赵蕤著；刘国建，刘华注译 . —郑州：中州古籍出版社，2007.4（2024.2重印）
（国学经典）
ISBN 978-7-5348-2528-6

Ⅰ.①长… Ⅱ.①赵…②刘…③刘… Ⅲ.①政治 – 谋略 – 中国 – 古代②长短经 – 注释③长短经 – 译文 Ⅳ.D691

中国版本图书馆 CIP 数据核字（2005）第 117915 号

CHANGDUAN JING

长短经

责任编辑	张　雯
责任校对	张牛琴
装帧设计	张　胜
美术编辑	曾晶晶

出 版 社	中州古籍出版社（地址：郑州市郑东新区祥盛街 27 号 6 层　邮编：450016　电话：0371-65788693）
发行单位	河南省新华书店发行集团有限公司
承印单位	河南大美印刷有限公司
开　　本	640 mm×960 mm　1/16
印　　张	33.25
字　　数	400 千字
印　　数	46 001—48 000 册
版　　次	2007 年 4 月第 1 版
印　　次	2024 年 2 月第 13 次印刷
定　　价	38.00 元（上下）

本书如有印装质量问题，请联系出版社调换。

前　言

在汗牛充栋的中国古代文化典籍中，有关谋略理论的阐释著作占有相当的比例。抛开正史、编年史，单说诸子百家，至少儒家、法家、道家、兵家、纵横家等这些地位显赫的学派，其学说的核心便是治国用兵之术。这治国用兵之术便是中国古代谋略的中心议题。或许，分久必合、合久必分的政治版图的嬗变，异姓禅让、黄袍加身的朝代更迭，血雨腥风的宫廷厮杀，诸侯相争的战争搏击，以及对万世一系的帝王梦的渴望，为往圣继绝学、为万世开太平的责任感，甚至于对立德立功立言立名的冲动，对功高震主的恐惧，对成功的立身处世之术的向往，都可能是催生发达的中国古代谋略思想的土壤。不管什么原因，一个不争的事实是：谋略已成为中国古代政治、军事、经济、外交以至于社会生活不可或缺的一部分，甚至在人类生活的每一处都能找到它的踪迹。难怪席勒说谋略和爱情才是人类生活的永恒主题。

大体说来，中国古代谋略经典可分为三大派系：法家谋略侧重于政治领域，以《韩非子》为其代表；兵家谋略侧重于军事领域，以《孙子兵法》为其代表；纵横家谋略侧重于外交领域，以《鬼谷子》为其代表。三家齐辉，各伸所长，你中有我，我中有你，导演了一幕幕威武雄壮、可歌可泣、令人叹为观止的历史活剧。然而，合流三家，融汇诸子，删繁摘要，高屋建瓴，集中国古代谋略思想之大成的，当首推唐代赵蕤的《长短经》了。

赵蕤，字太宾，梓州人，为唐朝中期的一名隐士。赵蕤操行高尚，唐明皇屡征不仕，潜心研读，学问博大，桃李满天下。据说，唐代一大批文臣武将即出自赵蕤门下。他弃绝守成，主张变通。他说："三代不同理，五霸不同法"；"御世理人，罕用沿袭"。他以历史学家的博大、政治学家的敏锐和谋略学家的睿智，纵观上起尧舜下迄隋末的活生生的历史事实，分门别类，从六十四个方面，发思古之幽情，究成败之得失，淋漓尽致地总结了历史的经验和人生的智慧，升华出了博大深邃的谋略思想，令人体味无穷。以文治武功彪炳史册、号称"十全老人"的乾隆皇帝读了《长短经》，兴奋不已，欣然题诗，在盛赞《长短经》的同时，不禁发出了"既是梓州善经济，不应辟召又何焉"的感叹，惋惜之情溢于言表。

《长短经》的内容大体分为五个方面：识人用人之真谛，是非正反之辨析，历史画卷之展示，人生智慧之杂说，用兵理论之总结。其中尤以识人用人方面着力最重。

第一，识人用人之真谛。这是一个亘古恒新的课题。赵蕤无成见，无偏私，登临绝顶，博采众家，融会贯通，从品目到量才，从知人到善任，从君德到臣行，从主体到客体，从上级到下级，从正面到反面，多方位多视角观照中国古代的人才理论，充分展现了中国古代人才理论的博大与精深。中国古代的人才理论虽然还不能纳入现代人才科学的范畴，但它极富智慧，极富感情；它世故，它老到，它生动，它有趣；它举一反三，它灵活多变；它既重视一般原则，又强调因时而变，因地而变，因人而变，因机而变；它史论结合，娓娓道来；它高屋建瓴，铿锵有力。识人，它从人伦亲情着眼，渐次推进，直透人的心理深层；用人，它循着理性光芒的照耀，以事功为大，不以个人好恶定夺。总之，它重情而入理，狡黠而不诡诈，较真而不失大度。

重情而入理。人是情感之物，再刚强再粗暴的人，也有他细腻柔弱的情感世界。所以，推知为人，而直视人的情感世界，是中国古代人才理论的一个特点。人生天地间，父、母、兄、弟、妻、子是天伦之亲，古代称之为"六戚"。如何对待"六戚"，就成为古圣先贤考量人的品质的一个重要尺度。试想：一个无孝于父母、无爱于妻子、无怜于兄弟的人，还谈什么忠？还谈什么友？还谈什么情？还谈什么义？所以当齐桓公向病危中的国相管夷吾请教国事时，管夷吾力劝齐桓公驱逐那些不惜煮子为桓公、毁身为桓公、不奔父丧为桓公的人，也正是基于这种天伦之情的考虑。所谓"忠臣必由孝子出"，这句中国古代的至理名言，正是披沙拣金的经验之谈。这是重情。

所谓入理，是说情中有理，重情而不重偏激之情、疯狂之情、如痴如醉之情，而是大众之情、普天下之情。这情，便是入理之情。伯夷、叔齐谏阻武王克商不果，义不食周粟，饿死于首阳山；尾生与女约会，女子失约，大水将至，尾生义不爽约，抱柱而死；孝子曾参不肯离父母半步，如此等等，皆属偏激之情、疯狂之情、如痴如醉之情。这情怀令人感动，却不令人羡慕；它不是中国古代鉴识人才的价值尺度。中国古代鉴识人才的价值尺度从某种意义上说是实用的、功利的，因而它贵忠、贵能、贵智、贵谋、贵节、贵义、贵胆、贵勇、贵廉、贵信，贵一切有利于事功的品质。惟其如此，巧言令色、矫情伪饰、顺风转舵、阿谀奉承等，就为充满了理性光辉的主流人才观所不齿；相反，"听其言而观其行"才是中国古代鉴识人才之术的主心骨。这是"重行"；"重行"才是最具特色的"入理"。所谓"远使之而观其忠，近使之而观其敬，烦使之而观其能，卒然问焉而观其智，急与之期而观其信，杂之以处而观其色"；所谓"通则观其所礼，贵则观其所进，富则观其所养，听则观其所行，近则观其所好，习则观其所言，穷则观其所不爱，贱则观其所不为"；所谓"喜之以验其守，乐之以验其僻，怒之以验其节，哀之以验其仁，苦之以验其志"，如此等等的观人之法，真可谓用心良苦，费尽心机。这种将观人由感性上拔（至理性）和下沉（至实践）的方法充分说明了中国古代人才理论的智慧和成熟。

狡黠而不诡诈。孔子说："凡人心险于山川，难知于天。天犹有春秋冬夏旦暮之期，人者厚貌深情。"这位睿智而世故的圣人在识人方面也时常走眼，所以才有"险于山川"、"难知于天"的感叹，才有许多关于识人用人的警句名言。作为经验的总结，中国古代的人才理论在识人方面可谓言行、容貌、情志均观，真假、虚实、奇正并用。诸如以言钓情、以事钓情、以物钓情、以志钓情、以视钓情、以色钓情，所谓揣情，所谓摩情，所谓于人甚喜之时极其欲，于人甚惧之时极其恶，以至于用取悦、用激励、用利益、用谄媚、用名誉、用廉洁、用成功、用信用，如此等等钓取人的心理的方法，都颇有些狡黠刁鬼的味道。但不能说是诡诈。想想看，对于那些"厚貌深情"的人，对于那些紧闭自己心灵大门的人，没有"引蛇出洞"的方法，没有投放竹竿引人上爬的方法，没有诱导，没有激励，不"苦其心志"、"饿其体肤"、"空乏其身"，不置之于一定的场景中，是难以了解其内心情怀的。这些方法或心理暗示，或实践验证，是鉴识人才的必由之路，谈不上诡诈。诈者，欺也。上述方法谈不上欺。所谓"听其言而观其行"之"观行"，不仅仅是被动地"等着看"，还在于主动出击，去发现、去验证、去品评、去举荐，于是便有了这五彩缤纷、实用而有趣的鉴识人才的方法。

较真而不失大度。这一特点主要表现在用人方面。较真，是说中国古代对人才的品评与论列繁富细腻，不厌其烦。所谓人才十二种，偏才十二种，所谓庸人、士人、君子、圣人、贤人，所谓英、俊、豪、杰，所谓英，所谓雄，所谓英雄，所谓人臣"六正"、"六邪"，以及各色人等的长短优劣，不能一一。这便为人才的鉴识和使用提供了多角度、多层次的参考坐标。但中国古代的人才观决不追求完美。

如果说追求完美的话，它追求各得其用的完美，而不追求人格的完美。深得汉高祖刘邦器重并曾为刘邦六出奇计的陈平是"盗嫂受金"之徒，魏武帝曹操"唯才是举"、余者不问的求贤令多少有些饥不择食的嫌疑，但这些故事之所以被传为历史的佳话，正是因为刘邦和曹操具有宽广的胸怀和驾驭人才的高超技能。

不但不追求人格完美，相反，对于具有完美人格的所谓贤人君子往往会束之高阁。管仲病重，齐桓公向管仲请教鲍叔牙是否可以接任国相，管仲说鲍叔牙清正廉洁，不与不如自己的人为伍，看到别人的缺点一辈子忘不掉，他决不适合为相。战国时期的苏秦奉燕王之命出使齐国，劝说齐王归还了燕国的十座城池，燕王十分高兴。有人便向燕王谗毁苏秦，说苏秦是一个时常出卖国家、反复无信的贼臣，燕王因此疏远了苏秦。苏秦便向燕王说：我的不诚信的品质正是大王的福气，假设我守信如尾生，廉洁如伯夷，孝悌如曾参，也就不可能来侍奉大王您了。守信的品质是自我修炼的结果，不是进取成功的方法。苏秦的话尖锐而深刻。黄石公说："使智、使勇、使贪、使愚。智者乐立其功，勇者好行其志，贪者决取其利，愚者不爱其死。因其至情而用之，此军之微权也。"伊尹负责土木建设时，让膀大腰圆的人背土，让瞎子推车，让驼背的人涂抹，各得其宜。这便是黄石公所说的"因其至情而用之"。魏武帝曹操说富于进取精神的人未必有高尚的德行，具有高尚德行的人未必有进取的精神；难道陈平算得上德行高尚的人，苏秦算得上守信的人吗？然而，陈平辅佐刘邦奠定了汉王朝的基业，苏秦使得弱小的燕国自强于诸侯之林，这是用人之长的结果。曹操老辣，目光如炬，所言颇得用人之要。

不追求完美，"因其至情而用之"，这便是中国古代的主流人才观。

第二，是非正反之辨析。这部分赵蕤虽然用墨不多，但却是全书的灵魂之所在。《长短经》之被称为"反经"，也正是因这部分（卷三"权变"内有"反经"一篇）而得名。"是非之辨"与"正反之辨"并无本质的区别。如果说有区别的话，"是非之辨"主要是指对同一个人、同一件事、同一命题、同一理论、同一方法、同一学说、同一学派的截然不同的看法；"正反之辨"则主要是讲任何事物都有其两面性，事物在其发展的进程中逐渐走向了其反面。或者以"正"之名行"反"之实，或者近观为"正"、远观为"反"，或者成中有败、是中有非、进中有退、强中有弱，如此等等。"是非之辨"与"正反之辨"往往你中有我、我中有你，甚至合二为一，浑然莫辨。是与非、正与反的辩证逻辑贯穿于《长短经》的全篇。

是非也好，正反也罢，核心就是一个"变"字，没有纯粹而又纯粹、笔直而又笔直、亘古不变的事物。无论粗细之理、仁贤之用、德才之比、上下之宜，无论刑罚与教化、治家与治天下、窃家与窃国、游侠与儒士、用才与妒才，都有个是非之说、正反之论。赵蕤说，仁、义、礼、乐、名、法、刑、赏这八宗，是五帝三王治理天下的方法。所谓仁，要求泛爱博施，却容易催生偏私之情；所谓义，要求守节立行，却容易流于哗众取宠；所谓礼，要求恭敬谨慎，却容易流于繁琐怠慢；所谓乐，能够调和情志，也容易使人生发淫逸放荡之心；所谓名，可以用来正尊卑之序，也容易使人生矜持篡逆之心；所谓法，可以使众人整齐如一，也容易使人越法背分；所谓刑，可以震伏那些不服法令的人，也容易导致凌辱、暴虐百姓的行为发生；所谓赏，既可以激励人们尽忠效能，也容易导致人们之间的纷争。

慢说如此复杂的问题，即便是众人为之欢呼、看似毫无争议的成功或胜利也未必就是真正的胜利。赵蕤举例说，战国时期，秦、赵"长平之战"，赵国失利，四十万将士向秦军投降。而秦将白起背信弃义，将四十万将士全部坑杀。有人问：白起所为可谓奇将之举吗？魏人何晏对此论议颇详：白起诱降坑杀四十万赵军之举，岂止是"残酷"一词能概括得了的吗？恐怕他以后也难以重新得志了！假使赵国将士预知降而必死，必定戮力而战，即便赤手空拳犹可畏惧，更何况四十万披坚执锐之士呢？诸侯各国看到降秦的将士头颅依山，归秦的士卒骸积成丘，则日后交兵，何众肯服，何城可下？必定根绝杂念，与秦决一死战。所以白起之举虽然损灭了赵国四十万生命，但相反的结果却强化了诸侯各国团结抗秦的决心。这正是欲得一朝之功，却强天下之守。从整个战争态势上说，白起是在凯歌行进之中削弱了自己的优势，军事上表面的胜利反而阻塞了秦国政治、外交的道路，从而延迟了统一天下的进程。为什么这样说呢？赵国虽然败于长平，但并没有亡国，假若重整再战，再出一个像马服君赵奢这样的大元帅，究竟鹿死谁手，恐怕就非往昔可比了。此后，秦国之所以不敢加兵于邯郸，不仅是因为赵国又请出平原君做统帅，秦国畏惧平原君，更为重要的是秦国惧怕各诸侯国联合救赵，秦国对此心知肚明，只是讳莫如深，不便言说罢了。如此说来，白起之举，何"奇"之有呢！

这便是"是"中之"非"、"正"中之"反"。所以，无论是儒家的仁爱，道家的无为，法家的严峻，兵家的神奇，纵横家的诡谲，还是仁、义、礼、乐、名、法、刑、赏，均各有所长，各有所短。运用之妙，贵在"适变"，因人而变，因事而变，因时而变，因地而变，因情而变，才能缓解"是"中之"非"、"正"中之"反"。赵蕤在《时宜》篇中特别指出，事情往往有目标相同、方法相同，但造成的结果却截然不同的情况，这并不是因为方法本身有什么问题，而是时势不同造成的。所谓时势之不同，有"形"之异，有"势"之异，有"情"之异，有"情"、"形"、"势"之异。所以须"随时变通，不可执一矣"！赵蕤"趋同势异"之论，取材精当，对比鲜明，人物生动，议论充分，将其视为全书的点睛之笔再恰当不过，请读者诸君注意。

第三，历史画卷之展示。这部分共有三篇：《霸图》、《七雄略》、《三国权》。三篇从三个层面或三个视角总结了历史的经验。这是赵蕤对历史经验的战略性思考和总结。

《霸图》以人物为经,以史实为纬,从周朝八百年的盛衰历史到秦朝帝国的崛起与崩溃,从刘邦龙兴沛国、项羽垓下自刎到汉室的覆灭,从三国鼎立到晋室一尊,从六朝的急速更替到隋朝的顷刻瓦解,其间开国皇帝的雄才大略、末代君王的暴虐荒淫、英雄的创业与悲欢、百姓的力量与心愿以及历史行进的大势脉络,赵蕤都悉数道来。他总结前人的观点,认为帝业之兴,有待两条:一为大势所趋,二为人心所向。

所谓大势所趋,指的是天命大势。他引述干宝之论:帝王的兴起,有待天命相助;朝代的更替,亦非人力可为。尧舜在部落内部禅让,体现的是文德;汉魏异姓间的禅让,则是态势所逼;商汤周武以革命的手段夺取政权,则是天命人愿;汉高祖和汉光武转战征伐,则是奠定功业之举。各因其天运大势而得天下。他感叹:顺应天时大势的意义实在是太大了!所谓人心所向,是指用在得人。他引述范晔之论:凡帝业之失、祭祀之绝,其由盛至衰以至败亡的过程,自然是有原因的。夏商周三代由贪宠女色致祸,嬴氏秦朝因奢汰暴虐灭亡,西汉因外戚专权而崩溃,东汉则因宦官之祸而倾覆。自秦汉至周隋,观察其兴亡轨迹,虽然也有命运天数的因素,但大体说来,得天下者,皆因有贤人豪杰的辅佐,能为百姓兴利除害;失天下者,皆因任用奸佞小人、奢侈无度所致。孔子说:"以约失之者鲜矣。"又说:"远佞人,去僻恶。"这些话都是很有见地的。你看,赵蕤强调的还是识人用人的重要。

《七雄略》和《三国权》则通过"七雄逐鹿"和"三国相争"这两个恢弘惨烈、可歌可泣的特殊历史时代的特殊历史现象的展示,活生生血淋淋地阐释了纵横家学派的谋略思想。苏秦、张仪的纵横捭阖,诸葛孔明的隆中运筹;六国纵亲以御强秦,孙刘联合以抗曹操;秦王的远交近攻,曹操的各个击破;六国的覆灭,三国的归一……这两个英雄辈出的伟大时代有太多的相似之处，这里还暂且不去说那"白骨露于野，千里无鸡鸣"的战争苦难。赵蕤在展示史实、凸显谋略的同时，笔锋一转，提出了一个重大的战略性课题：时势造英雄，而这不断造出英雄的"时势"又是怎么造成的呢？或者说，如何才能维持天下一统，实现长治久安，使苏秦、张仪之徒无用武之地呢？

赵蕤说，周朝统治天下历时八百余年，周朝后期，周王室衰微，诸侯也就恣意横行，不以周天子为意了。虽然东周时期王室衰微，但周朝仍能枝叶相持，各国诸侯依然扶持着周王室，周天子名义上仍然是天下的共主。其间虽然也有楚王问鼎、晋侯请隧（请用天子葬仪）等不轨之图谋出现，但都被姬姓诸侯所扼制。难道当时就没有奸雄吗？端赖诸侯对周王室的维护啊！谚语所谓"百足之虫，至死不僵，扶之者众"，讲的不正是这个道理吗？及秦始皇一统海内，鉴于周朝诸侯强大、王室衰弱的教训，废封建，立郡县，其子弟也沦为匹夫百姓，功臣虽然也勤勉效力，拥有统治城邑大都的权力，但却没有尺寸之封地，皇帝一人宰制天下，独擅其利。然而，陈胜、吴广以一介匹夫振臂一呼，群雄蜂起，秦帝国顷刻间土崩瓦解。陈胜、吴广、刘邦、项羽等布衣百姓之所以敢于唤起民众与天子抗衡，除了秦政酷暴、百姓思乱的因素之外，更在于秦王孤身一人，使他们毫无诸侯勤王的担忧。赵蕤据此得出结论：采用郡县制统治国家，易使百姓萌生篡逆之心；采用五等封建制统治国家，又容易招致诸侯横暴的祸端。但综合衡量，封建制还是优于郡县制的。鉴于西汉诸侯王中，大者强者反、弱者小者忠的特点，赵蕤认为，贾谊的"众建诸侯而少其力"的建议不失为治国安邦的两全之策。

第四，人生智慧之杂说。其实，智慧并不太好"说"。但赵蕤"说"了。准确地说，他说的并不是智慧本身，而是提出了在一些特殊的困难和问题面前，智慧应该如何应对的问题。意识到智慧所面临的困难和问题，这本身也是智慧。因此，这里所讲的"人生智慧"，正是赵蕤体验人情之复杂、感悟人生之艰难的智慧。

试举几例。人心如面而又"厚貌深情",虽然人情必于相应的事物中显现,故有"钓情七法",但茫茫人海,芸芸众生,"七法"绝难包打天下人心。所以智如孔子,也愤然说道:"予欲无言。"这是讲钓情之难、说人之难。魏将乐羊率军攻打中山国,其子在中山,中山国君煮了乐羊的儿子并送给乐羊一杯肉羹,乐羊忍住眼泪,一饮而尽,以示必战的决心。魏文侯十分感动,说:"乐羊为了我而吃了自己亲生儿子的肉。"而有人却向魏文侯进谗言说:"自己儿子的肉尚且吃得下去,还有谁的肉不能吃呢!"乐羊凯旋,魏文侯奖赏了乐羊的战功但却因此怀疑其心的残忍。这是讲忠君之难。孔子说,君子贞洁正直但不必诚实("君子贞而不谅")。又说"信近于义,言可覆也"。他的意思是说只要符合义的原则,不必讲求诚信,所谓"父为子隐,子为父隐,直在其中矣"。义者,宜也。难道诚信不"宜"吗?这是讲信守义之难。父子兄弟君臣之间,"贤"是可以依靠的吗?狐卷子说,贤也靠不住。做父亲的贤超不过唐尧,但他的儿子丹朱却被尧流放了;做儿子的贤超不过舜,但他却被自己的父亲瞽叟囚拘;做兄长的贤超不过舜,但他的弟弟象却傲慢无礼;做弟弟的贤超不过周公,但他的哥哥管叔和蔡叔都被他杀掉了;做臣子的贤超不过商汤、周武,但他们分别讨灭了自己的君王夏桀和商纣。这讲的是恃贤之难。人之常情是:越是恩情深的人,对他的敬养须特别谨慎周到;特别亲爱的人,其要求也特别细腻周到。关系亲密而得不到特殊的对待,谁能不产生怨恨的情绪呢?由此可知,所谓忿怨的情绪,恰恰是亲人之间的一种感情;所谓恩情,正是怨恨赖以产生的源泉。这讲的是人情的恩怨纠葛。其他诸如取予之道、命运之数、祸福之变、人格与环境、理想与现实,等等,赵蕤都细致入微,逐一论列。所以称这一部分内容为社会之总览、人生之百科,亦不为过。限于篇幅,笔者在这里就不逐一评述了。

至于第五部分，用兵理论之总结，则是对《孙子》军事思想的总结与阐发，此不赘言。

以上从五个方面对《长短经》作了简略介绍，分析与讲评仅为笔者的一得之见，挂一漏万亦在所难免。《长短经》博大精深，但愿笔者的一得之见能够成为催动读者进一步体悟、思考和创新的激石，使赵蕤的谋略思想在这竞争激烈的新时代焕发出新的生命力。

"花外春来路，芳草不曾遮。"这才是谋略的真谛。

此次整理《长短经》，底本采自《四库全书》，并参校其他版本，择善而从。注文为赵蕤本人对文义的阐发，现限于篇幅，此次将注文一并删去，并无伤大体。

刘国建
2006年10月

目 录

自序 _____ 1

卷一 （大政）

大体第一 _____ 7

任长第二 _____ 10

品目第三 _____ 13

量才第四 _____ 16

知人第五 _____ 20

察相第六 _____ 30

论士第七 _____ 36

政体第八 _____ 48

卷二 （德行）

君德第九 _____ 53

臣行第十 _____ 76

德表第十一 _____ 97

理乱第十二 _____ 102

卷三 （权变）

反经第十三 109
是非第十四 116
适变第十五 160
正论第十六 170

卷四 （霸纪上）

霸图第十七 181

卷五 （霸纪中）

七雄略第十八 207

卷六 （霸纪下）

三国权第十九 241

卷七 （权议）

惧戒第二十 283
时宜第二十一 334

卷八 （杂说）

钓情第二十二 347
诡信第二十三 357
忠疑第二十四 363
用无用第二十五 368
恩生怨第二十六 370
诡顺第二十七 372

难必第二十八 ... 381

运命第二十九 ... 385

大私第三十 ... 388

功败第三十一 ... 390

昏智第三十二 ... 392

卑政第三十三 ... 396

善亡第三十四 ... 399

诡俗第三十五 ... 401

息辩第三十六 ... 403

量过第三十七 ... 406

势运第三十八 ... 408

傲礼第三十九 ... 410

定名第四十 ... 412

卷九 （兵权）

出军第四十一 ... 424

练士第四十二 ... 428

结营第四十三 ... 431

道德第四十四 ... 433

禁令第四十五 ... 435

教战第四十六 ... 438

天时第四十七 ... 441

地形第四十八 ... 445

水火第四十九 ... 449

五间第五十 ... 452

将体第五十一 ... 457

料敌第五十二 ... 463

势略第五十三 ———————————————————— 467

攻心第五十四 ———————————————————— 470

伐交第五十五 ———————————————————— 472

格形第五十六 ———————————————————— 475

蛇势第五十七 ———————————————————— 478

先胜第五十八 ———————————————————— 481

围师第五十九 ———————————————————— 485

变通第六十 —————————————————————— 487

利害第六十一 ———————————————————— 490

奇正第六十二 ———————————————————— 494

掩发第六十三 ———————————————————— 496

还师第六十四 ———————————————————— 499

周广业跋 ——————————————————————— 502

自 序

赵子曰：匠，成舆者忧人不贵①，作箭者恐人不伤。彼岂有爱憎哉？实伎业驱之然耳。是知当代之士，驰骛之曹②，书读纵横，则思诸侯之变；艺长奇正，则念风尘之会。此亦向时之论，必然之理矣。故先师孔子，深探其本，忧其末，遂作《春秋》，大乎王道；制《孝经》，美乎德行。防萌杜渐，预有所抑，斯圣人制作之本意也。然作法于理，其弊必乱。若至于乱，将焉救之？是以御世理人，罕闻沿袭。三代不同礼，五霸不同法。非其相反，盖以救弊也。是故，国容一致，而忠文之道必殊；圣哲同风，而皇王之名或异。岂非随时设教沿乎此，因物成务牵乎彼？沿乎此者，醇薄继于所遭；牵乎彼者，王霸存于所遇。故古之理者，其政有三：王者之政化之，霸者之政威之，强国之政胁之。各有所施，不可易也。管子曰："圣人能辅时，不能违时。智者善谋，不如当时。"邹子曰："政教文质，所以匡救也。当时则用之，过则舍之。"由此观之，当霸者之朝，而行王者之化，则悖矣；当强国之世，而行霸者之威，则乖矣。若时逢狙诈，正道陵夷，欲宪章先王，广陈德化，是犹待越客以拯溺，白大人以救火。善则善矣，岂所谓通于时变欤？夫霸者，驳道也③。盖白黑杂合，不纯用德焉。期于有成，不问所以；论于大体，不守小节。虽称仁引义，不及三王，而扶颠定倾，其归一揆。恐儒者溺于所闻，不知王霸殊略，故叙以长短术，以经纶通变者。创立题目，总六十有三篇，合为十卷，名曰《长短经》。大旨在乎宁固根蒂，革易时弊。兴亡治乱，具载诸篇。为沿袭之远图，作经济之至道，非欲矫世夸俗，希声慕名。辄露见闻，逗机来哲。凡厥有位，幸望详焉。

[注释]

①舆：车。②骛：纵横奔跑。③驳：毛色不纯；杂。

[译文]

赵蕤说：木匠们制成了车子，担忧的是人们不富贵而买不起；做箭矢的人，唯恐自己做的箭不能伤人。难道做车的人爱别人而做箭的人恨别人吗？只不过他们所从事的职业不同而使他们作不同的考虑罢了。由此可知，当代饱学之士，谋求进取之徒，读了纵横谋略之书，想的就是诸侯间的攻伐兼并；擅长奇正之术，念的就是社会战乱和动荡。这些也是符合时事的论说，人情世故的必然之理。因此，先师孔子深刻探知这一道理的本质，并深深担忧这种人心世情的后果，于是作《春秋》，以张扬王道；制《孝经》，以赞美德行。防萌杜渐，预先有所抑制，这就是圣人著书立说的本意。然而，按照治世的要求去制定法律制度，其弊端是必然导致混乱。如果发生了社会动乱，将采取什么方法去救治呢？因此，统治国家，治理人民，很少听说沿袭古制、一成不变的。夏、商、周三代所采用的礼制不同，春秋五霸所采用的法制不同。他们彼此间并非有意标新立异，而是拯救时弊所要求的。因此，国与国之间，礼仪面貌虽然一致，然而忠诚之说、教化之道必然不同；代与代之间，虽有古圣先哲的同风化育，然而或为皇或为王的名号却彼此各异。这岂不是因时设教沿袭此法、因物制宜承继彼法吗？沿袭此法者，其方法的醇厚或淡薄决定于所遭遇的时事；承继彼法者，其治理方法的王道或霸道同样决定于时宜的要求。所以古代治理天下的途径和方法大致有三种：王道政治重教化，霸道政治重威慑，强国政治重胁迫。各有各的适用对象，是不可随意替代的。管子说："圣人能够顺应、辅佐时势，不能够违背时势；富于智慧的人虽然善于谋划，但不如顺应时势更可靠。"邹子说："政治教化，无论形式或内容，都是用来匡救时弊的。符合时用就用它，不符合时用就抛弃它。"由此看来，正值运用霸道的朝代却运用王道教化，是悖逆时代的做法；正值运用强国之政的时代而运用霸者之威，也是与时代相脱节的做法。如果狡诈横行，传统正道破坏殆尽，你还打算效法先王，不遗余力地广泛推行道德教化，这就好比等待水性好的越人来拯救溺水者、呼吁尊贵的人进火场救火一样徒劳。愿望尽管很善良，但这能说是精通于时变的做法吗？所谓霸道，就是杂道。即所谓黑白杂糅，不单纯使用道德教化的统治方法。其宗旨是期望成功，而不问用什么方法成功；强调大体，而不拘泥于小节。这样的治世方法虽然在张扬仁义道德方面远不及夏商周三王，但其扶危难、定倾斜的效用，与三王之道可谓殊途同归。笔者唯恐迂腐的儒生们沉溺于有限的见闻，不懂得王道与霸道的区别，因此专门阐释长短之术，借以论证变通的道理。创立的题目，共有六十三篇，合为十卷，书名为《长短经》。大体宗旨是为了维护和巩固根本，革易时弊。国家的兴亡治乱，朝代的兴衰更迭，都记载于诸篇之中。谋划长治久安的远图，总结经世致用的法则，并非想要哗众取宠，博取名声。只希望自己的这一点见解能为后来的贤哲们所参考。在位诸君，敬请详察。

卷一（大政）

大体第一

臣闻老子曰①:"以正理国,以奇用兵,以无事取天下。"荀卿曰②:"人主者,以官人为能者也;匹夫者,以自能为能者也。"傅子曰③:"士大夫分职而听,诸侯之君分土而守,三公总方而议,则天子拱己而正矣。"

何以明其然耶?当尧之时,舜为司徒,契为司马,禹为司空,后稷为田官,夔为乐正,倕为工师,伯夷为秩宗,皋陶为理官,益掌驱禽。尧不能为一焉,奚以为君?而九子者为臣,其故何也?尧知九职之事,使九子各授其事。皆胜其任以成九功。尧遂乘成功以王天下。

[注释]

①老子:春秋时期道家创始人。生卒年月不详。名老聃。著有《道德经》。②荀卿(约前313—前238):战国时期思想家。名况,时人尊号为卿。著有《荀子》。③傅子(217—278):即傅玄。魏晋之际思想家、文学家。

[译文]

我听老子说过:"用正当的方法治理国家,用诡奇的方法用兵打仗,用清静无为的方法夺取天下。"荀子说:"做国君的人以知人善任为己任,普通百姓则以提高发挥自身的能力为己任。"傅子说:"士大夫恭谨各自的职守,诸侯国王治理好自己的封国,三公总揽各方从长计议，这样，天子就可以躬行修身达到天下大治了。"

如何证明这个道理呢？在尧的时代，舜做司徒，契做司马，禹做司空，后稷做田官，夔做乐正，倕做工师，伯夷为秩宗，皋陶为理官，益做驱禽。以上九个方面的事情，尧一个方面的事情也做不了，为什么尧做了君主，而另外九人却做了他的臣子呢？因为尧熟知九种职务的内容，使九人各尽其才，才尽其用，尧得以在九人事功的基础上称王于天下。

汉高帝曰："夫运筹策于帷幄之中，决胜于千里之外，吾不如子房①；镇国家，抚百姓，给饷馈，不绝粮道，吾不如萧何；连百万之军，战必胜，攻必取，吾不如韩信。三人者，皆人杰也，吾能用之，此吾所以有天下也。"

[注释]

①子房（？—前189）：即张良，字子房。汉高祖刘邦的重要谋士。汉朝建立封留侯。

[译文]

汉高祖说："在营帐中筹策运谋就可以决定千里之外战场上的胜利，我不如子房；稳定国家，安抚百姓，保障军饷军粮源源不断输往前线，我不如萧何；统帅百万雄师，战无不胜，攻无不取，我不如韩信。这三个人都是人中豪杰，却都能为我所用，这就是我之所以能够夺取天下的原因。"

故曰，知人者，王道也；知事者，臣道也；无形者，物之君也；无端者，事之本也。鼓不预五音①，而为五音主；有道者不为五官之事，而为理事之主。君守其道，官知其事，有自来矣。先王知其如此也，故用非其有如己有之，通乎君道者也。人主不通主道者则不然，自为之则不能任贤，不能任贤则贤者恶之。此功名之所以伤，国家之所以危。汤武一日而尽有夏商之财，以其地封，而天下莫敢不悦服；以其财赏，而天下皆竞劝。通乎用非其有也。故称设官分职，君之体也；委任责成，君之体也；好谋无倦，君之体也；宽以得众，君之体也；含垢藏疾，君之体也。君有君人之体，其臣畏而爱之，此帝王所以成业也。

[注释]

①五音：宫、商、角、徵、羽五个音级。

[译文]

因此说，知人善任是做帝王的人应具备的素质和修养；善于处理具体事物是做臣子的人应具有的素质；那个看不见摸不着的无形的东西正是看得见摸得着的有形的物品的主宰；渺茫遥远不可及的东西正是事物的本源。鼓音不在五音之列，却是五音的主导；通晓帝王之道的人不去做众官所做的事情，却是具体理事的人的主导。君主恪守任人之道，百官各司其事，这是有充分根据的。先王明悉这一道理，所以善于利用他人的长处如同自己所有一样，这是通晓为君之道的表现。不通晓为君之道的人则不然：事必躬亲而不重用有才能的人；不能任用能人，能人必定厌恶他。这就是君王的事业受到损害、政权日趋危机的原因。商汤、周武在一日之内便拥有了夏朝、商朝的政权和财货，而把所取得的土地分封给各诸侯，天下人莫不心悦诚服；把所取得的财货赏赐给臣民百姓，天下的人都相互劝勉，拥护商汤、武王做天子。这是商汤、周武精通充分利用自己所不具备、他人所具备的长处的道理所致。所以说，设官分职是为君之本；委任官职，劝勉督察是为君之本；善于谋划，不知疲倦是为君之本；宽厚待人是为君之本；胸怀宽博，含垢藏疾是为君之本。做国君的人如果具备做国君的素质，使臣民对国君既敬畏又爱戴，这是做帝王的能够成就大业的最根本的前提。

任长第二

臣闻料才核能,治世之要。自非圣人,谁能兼兹百行,备贯众理乎?故舜合群司,随才授位;汉述功臣,三杰异称。况非此俦而可备责耶?昔伊尹之兴土工也①,强脊者使之负土,眇者使之推②,伛者使之涂,各有所宜,而人性齐矣。

[注释]

①伊尹:商代大臣。本是有莘氏陪嫁至商的奴隶,受商汤赏识,任为冢宰。辅佐商汤灭夏,建立商朝。②眇者:这里泛指瞎子。眇,一只眼瞎。

[译文]

我听说识别人才,考核才能是治理国家的关键。若非圣人,谁能兼通百行、穷极事物的道理呢?所以舜集合部属,根据各人不同的才能,授予相应的职位;汉初序列功臣,对三杰所封的爵位和官职也不一样。更何况还有与此不同的种种复杂人等,怎能求全责备呢?过去,伊尹负责土木建设时,让膀大腰圆的人背土,让瞎子推车,让驼背的人涂抹,各人做其适宜的事,从而使人们各自发挥自己的特点和长处。

管仲曰:"升降揖让,进退闲习,臣不如隰朋,请立以为大行①;辟土聚粟,尽地之利,臣不如宁戚,请立以为司田②;平原广牧,车不结辙,士不旋踵,鼓之而三军之士视死如归,臣不如王子城父，请立以为大司马；决狱折中，不杀不辜，不诬不罪，臣不如宾胥无，请立以为大理③；犯君颜色，进谏必忠，不避死亡，不挠富贵，臣不如东郭牙，请立以为大谏。君若欲治国强兵，则五子者存焉；若欲霸王，则夷吾在此。"

[注释]

①大行：古代官名。掌接待宾客。②司田：古代官名。掌农田农事。③大理：古代官名。掌刑狱。

[译文]

管仲说："升降、揖让、进退、起居等方面的礼节，我不如隰朋熟悉，请任命他做大行；开垦土地、聚集粮食，最大限度地利用土地资源，这些方面我不如宁戚，请任命他做司田；在广阔的战场上，能指挥战车奔突而不乱，将士勇往直前，义无反顾，战鼓擂响后三军将士视死如归，这方面我不如王子城父，请任命他做大司马；决疑理案，公正无私，不杀无辜，不诬陷无罪之人，这方面我不如宾胥无，请任命他做大理；敢于犯颜直谏，尽忠报国，不避杀身之祸，不屈服于富贵权势，这方面我不如东郭牙，请任命他做大谏。君王如果想治国强兵，任用这五人就行了；如果要想做天下的霸主，则非用我管夷吾莫属。"

黄石公曰①："使智，使勇，使贪，使愚。智者乐立其功，勇者好行其志，贪者决取其利，愚者不爱其死。因其至情而用之，此军之微权也。"《淮南子》曰："天下之物，莫凶于豀毒，然而良医橐而藏之，有所用也。麋之上山也，大章不能跂，及其下也，牧竖能追之，才有修短也。胡人便于马，越人便于舟，异形殊类，易事则悖矣。"魏武诏曰②："进取之士，未必能有行；有行之士，未必能进取。陈平岂笃行，苏秦岂守信耶？而陈平定汉业，苏秦济弱燕，任其长也。"由此观之，使韩信下帏③，仲舒当戎④，于公驰说，陆贾听讼⑤，必无曩时之勋而显今日之名也。故任长之道，不可不察。

[注释]

①黄石公：秦代隐士。相传为圯上授张良《太公兵法》的老人。②魏武：即魏武帝曹操。③韩信（？—前196）：汉初诸侯王，军事家。为刘邦建立汉朝立下汗马功劳。后因谋反被降为淮阴侯。公元前196年被吕后所杀。④仲舒（前179—前104）：即董仲舒。汉代思想家。提出"罢黜百家，独尊儒术"的主张，被汉武帝采纳，从而确立了儒学的正统地位。⑤陆贾：汉代政论家、辞赋家。以出色的辩才而著称。有《新语》十二篇传世。

[译文]

黄石公说："富于智慧的人，勇敢的人，贪婪的人，愚鲁的人都要加以任用。富于智慧的人乐于建功立业，勇敢的人矢志不渝，贪婪的人为取得利益而不顾一切，愚鲁的人不贪生怕死。要根据他们的性情分别予以使用，这是用兵的微妙权谋。"

《淮南子》说："天下的物品没有比豁毒更骇人的了，然而良医却把它装在药袋中收藏起来，因为它能用来治病。麋鹿上山的时候，大章（传说善走的人）都追不上它；而等它下山的时候，连三尺的牧童都能追上它，这是才有所长有所短的缘故。北方的胡人擅长马术，南方的越人便于舟船，情形不同，种类互异，若让越人骑马、胡人操舟，则于事理相背。"

魏武帝的诏书上说："富于进取精神的人未必有高尚的德行，具有高尚德行的人未必有进取的精神。难道陈平算得上德行高尚，苏秦算得上守信的人吗？然而陈平辅佐刘邦奠定了汉王朝的基业，苏秦使弱小的燕国自强于诸侯之林。这是人的特长得以充分发挥的缘故。"

由此看来，假若令韩信著书立说，令董仲舒统兵打仗，令于公（善断狱）游说诸侯，令陆贾听讼断狱，他们必定难以建立济世的功勋而扬名至今日。所以任用人的长处的道理和方法，是不可不认真研究的。

品目第三

夫天下重器①，王者大统②，莫不劳聪明于品材，获安逸于任使。故孔子曰："人有五仪：有庸人、有士人、有君子、有圣、有贤。审此五者，则治道毕矣。"

所谓庸人者，心不存慎终之规，口不吐训格之言，不择贤以托身，不力行以自定，见小暗大而不知所务，从物如流而不知所执。此则庸人也。

所谓士人者，心有所定，计有所守。虽不能尽道术之本，必有率也；虽不能遍百善之美，必有处也。是故智不务多，务审其所知；言不务多，务审其所谓；行不务多，务审其所由。智既知之，言既得之，行既由之，则若性命形骸之不可易也。富贵不足以益，贫贱不足以损。此则士人也。

所谓君子者，言必忠信而心不忌，仁义在身而色不伐，思虑通明而辞不专，笃行信道，自强不息，油然若将可越而终不可及者。此君子也。

所谓贤者，德不逾闲，行中规绳，言足法于天下而不伤其身，道足化于百姓而不伤于本。富则天下无菀财，施则天下不病贫。此则贤者也。

所谓圣者，德合天地，变通无方，穷万事之终始，协庶品之自然，敷其大道，而遂成情性，明并日月，化行若神，下民不知其德，睹者不识其邻。此圣者也。

[注释]

①重器：指治理天下的关键。②大统：亦指治理天下的原则。

[译文]

国家社稷的长治久安，王位的稳定和延续，莫不决定于对人才的鉴识和正确使用。所以，孔子说："人可分为五类：庸人、士人、君子、圣人和贤人。能详察这五种人并分别妥当运用的，就算完全掌握了治国安邦的方法了。"

所谓庸人是指：胸无大志，不求声名，谈吐中缺乏有教养的语言，既不能选择贤明之主赖以托身，又不能以自己的努力安身立命，目光短浅，不识大局，不知道自己应该做什么，随波逐流毫无主见。这样的人就是庸人。

所谓士人是指：胸中有目标，行动有计划，虽然不能穷尽道术的本义，但也能言有所据；虽然不能遍行百善之美，但总有可称道的善行美德。智慧并非多多益善，贵在精通；说话演讲也并非多多益善，贵在抓住要领；做事也不必贪多，贵在明了做事的原因目的和方法。道理既明，言语得当，行动有序，这样，人的志向就如同性命与形体的关系不可动摇一样。处富贵无所增益，处贫贱无所损减。这样的人就是士人。

所谓君子是指：出言忠诚守信，不避忌讳，充满仁义之举而面无夸耀之色，思路清晰，通情达理而语言谦和，行动扎实，信守原则，自强不息，看起来超过他们很容易，但终究不可企及。这样的人就是君子。

所谓贤人是指：德不超越礼法约束，行为合乎规范，其语言足以令天下的人效法而不会引起人们的诋毁，其道德思想足可用来教化百姓而不损伤道德的本体。使天下富有而又不囤积财货；引导人们施舍，天下人不因此而忧贫。这样的人就是贤人。

所谓圣人是指：其德足可以同天地相类比，变通无穷，洞悉万事万物运行的规律，协和万物，顺应自然。奉行符合道德的统治方法，使万民百姓充分发挥自己的性情和才能，圣明的统治可与日月同辉，教化的推行若有神助，百姓不知道他的道德，时常见他的人也不知道正是自己的邻人。这样的人就是圣人。

《钤经》曰[①]："德足以怀远，信足以一异，识足以鉴古，才足以冠世，此则人之英也；法足以成教，行足以修义，仁足以得众，明足以照下，此则人之俊也；身足以为仪表，智足以决嫌疑，操足以厉贪鄙，信足以怀殊俗，此则人之豪也；守节而无挠，处义而不怒，见嫌不苟免，见利不苟得，此则人之杰也。"《家语》曰："昔者明王必尽知天下良士之名，既知其名，又知其实，然后用天下之爵以尊之，则天下理也。"此之谓矣。

[注释]

① 《钤经》：即《玉钤经》。古代兵书。

[译文]

《钤经》上说："一个人的德行足以波及和感召远方的百姓，诚信足以统一具有不同见解的人，学识足以明鉴历史的经验，才能足以雄冠当世，无与匹敌，这样的人可称为人中的精英；制定的法律足以成就教化之功，其行为足以修节义，仁爱之举足以博得众人，眼睛的明亮足以洞悉下情，这样的人可称为人中之俊；言行举止足以为大众的仪表，智慧足以决断嫌疑，节操足以警诫贪婪鄙薄的人，诚信足以感召异邦之人，这样的人可称为人中的豪士；坚守节操而不屈服，恒守大义而不愤怒，被人嫌弃而不苟且求免，见到利益而不无原则地夺取，这样的人可称为人中杰士。"

《孔子家语》说："古代英明的君王必然尽知天下良士的名字，既知道他们的名声，又了解他们的实际才干，然后授予他们高官爵位以示尊崇，这样就能达到天下大治了。"说的就是这个道理。

量才第四

夫人才能参差，大小不同。犹升不可以盛斛，满则弃矣。非其人而使之，安得不殆乎？故伊尹曰："智通于大道，应变而不穷，辨于万物之情，其言足以调阴阳，正四时，节风雨，如是者举以为三公。故三公之事常在于道。不失四时，通于地利，能通不通，能利不利，如是者举以为九卿①。故九卿之事常在于德。通于人事，行犹举绳，通于关梁，实于府库，如是者举以为大夫。故大夫之事常在于仁。忠正强谏而无有奸诈，去私立公而言有法度，如是者举以为列士。故列士之事常在于义也。故道德仁义定而天下正。"

[注释]

①九卿：古代中央政府九大职能部门的长官。名称时有变化。秦代以奉常、郎中令、卫尉、太仆、廷尉、典客、宗正、治粟内史、少府为九卿。

[译文]

人的才能参差不齐、大小不同。好比用容器盛物品，一升的容量难装下一斛容量的东西，满则外溢，溢则丢弃。用人也是同样的道理，如果用非其才，怎么会不失败呢？所以伊尹说："智慧精通事物运行的法则，临机制变，至于无穷，通晓世情物理，其言足以调和阴阳，端正四时，节制风雨，这样的人可以推举做三公。可见三公做的事情常常符合'道'的标准。不失四时，通晓土地之利，能化不畅通为畅通，化不顺利为顺利，这样的人可推举做九卿。可见九卿所做的事情常符合'德'的标准。通晓世事人情，做事颇得要领，通晓赋税差粮方面的事情，保障国库充实，这样的人可推举做大夫。可见大夫所做的事情符合'仁'的标准。忠诚正直，犯颜直谏，不怀奸诈之心，去私立公，言有法度，这样的人可推举做列士。可见列士所做的事情常常符合'义'的标准。道德仁义确立了，天下就能走向正轨。"

太公曰："多言多语，恶口恶舌，终日言恶，寝卧不绝，为众所憎，为人所疾。此可使要遮间巷，察奸伺祸。权数好事，夜卧早起，虽剧不悔①，此妻子之将也。先语察事，劝而与食，实长希言，财物平均，此十人之将也。忉忉截截②，垂意肃肃，不用谏言，数行刑戮，刑必见血，不避亲戚，此百人之将也。讼辩好胜，嫉贼侵凌，斥人以刑，欲整一众，此千人之将也。外貌怍怍，言语时出，知人饥饱，习人剧易，此万人之将也。战战栗栗，日慎一日，近贤进谋，使人知节，言语不慢，忠心诚毕，此十万人之将也。温良实长，用心无两，见贤进之，行法不枉，此百万人之将也。勋勋纷纷，邻国皆闻，出入豪居，百姓所亲，诚信缓大，明于领世，能效成事，又能救败，上知天文，下知地理，四海之内，皆如妻子，此英雄之率，乃天下之主也。"

[注释]

①剧：操作劳苦之意。②忉忉截截：忉忉，忧念貌。截截，决断貌。

[译文]

太公说："平日多言多语，而且恶语伤人，懒睡不起，为众人所憎恶。这样的人可使他在街巷拦截行人，举察奸情祸患。喜弄权数，特别好事，晚睡早起，虽劳无悔，此等人只配去统帅妻子儿女，可称为妻子之将。富于先见之明，洞察事理，善长劝勉，与下属同食，忠实厚道，分配财物平均，这样的人可做十人的首领。对上殷勤备至，恭敬无比；对下不听劝谏之言，动辄施以刑罚，不留情面，不避亲戚，这样的人可以做百人的首领。诉讼辩论中争强好胜，对敌人疾之如仇，以刑罚治军，整齐部众，这样的人可做千人的首领。外貌谦逊，语言适时得体，了解部属的饥饱和甘苦，熟悉部属的艰难，这样的人可做万人的将领。谨慎小心，如临深渊，如履薄冰，亲近贤者，听取他们的谋略，使用人有分寸，有节制，说话不傲慢，忠正诚实，这样的人可做十万人的将领。为人温良厚道，一心一意，遇贤者即予举荐，不徇私枉法，这样的人可做百万人的将领。功名显赫，声震四邻，出则有盛大的仪仗，入则有豪华的居所，尽管如此，百姓却能亲附他，诚实守信，宽缓大度，明悉治世的方法，能圆满完成既定的任务，又能挽狂澜于即倒，反败为胜，上知天文，下知地理，厚爱天下的人如同自己的妻子儿女一样，这样的人属英雄之辈，可做天下的君主。"

经曰："智如源泉，行可以为表仪者，人师也；智可以砥砺，行可以为辅弼者，人友也；据法守职而不敢为非者，人吏也；当前快意，一呼再诺者，人隶也。故上主以师为佐，中主以友为佐，下主以吏为佐，危亡之主以隶为佐。"欲观其亡，必由其下。故同明者相见，同听者相闻，同志者相从，非贤者莫能用贤。故辅佐左右所欲任使者，存亡之机，得失之要。孙武曰[①]："主孰有道？将孰有能？吾以此知胜。"之谓矣。

[注释]

①孙武：即孙子。春秋末期著名军事家。齐国东安人。以兵法十三篇求见吴王阖庐，被吴王重用为将军。孙子率兵西破强楚，北威齐、晋。有《孙

子兵法》传世，被世界公认为兵法经典。

[译文]

经书上说："智慧之富如不竭的源泉，行为可为人表率的人，可做人的老师；智慧足以与人切磋砥砺，行为可以为人辅佐、供人借鉴的人，可做人的朋友；秉法守职不敢胡作非为的人，可做低级的小吏；能鞍前马后侍奉主人，主人一呼而数应的，可做人的仆从。所以，英明的君主用老师辅佐自己治理国家；次一等的君主重用朋友辅佐自己治理国家；再次一等的人重用低级官吏辅佐自己治理国家；而危亡君主则重用奴才仆从辅佐自己治理国家。"要观察一朝的兴亡，只看君主重用的人就可以了。所以说，视力相同的人才能看到同样的事物，听力相同的人才能听到同样大小的声音，志向相同的人才能结为团体，君主不贤，就不会重用贤人。因此，君主身边的左右辅佐以及他所重用的人，直关政局的得失和王朝的存亡。孙武说："哪一国的君主通明道义，哪一方的将帅有才能，据此便可以判断谁胜谁负了。"讲的正是这个道理。

知人第五

臣闻主将之法，务览英雄之心。然人未易知，知人未易。汉光武，聪听之主也，谬于庞萌；曹孟德①，知人之哲也，弊于张邈。何则？夫物类者，世之所惑乱也。故曰，狙者类智而非智也，愚者类君子而非君子也，戆者类勇而非勇也，亡国之主似智，亡国之臣似忠，幽莠之幼似禾，骊牛之黄似虎，白骨疑象，碔砆类玉②，此皆似是而非也。孔子曰："凡人心险于山川，难知于天。天犹有春秋冬夏旦暮之期，人者厚貌深情。故有貌愿而益，有长若不肖，有顺怀而达，有坚而缦，有缓而钎。"③

[注释]

①曹孟德：即魏武帝曹操。字孟德。②碔砆（wǔ fū）：美如玉的石头。③钎（hàn）：急。

[译文]

我听人说驾驭将帅的方法，务必明悉英雄们的内心世界。然而人不容易被了解，了解人也确非易事。汉光武帝是一位善于听取并明辨各种意见的人，但却犯了谬信庞萌的错误；曹操算得上知人善任的楷模，但却被张邈所蒙蔽。为什么会发生这种情况呢？因为世上的事物纷繁复杂，乱人心目。所以说：探头探脑、喜欢窥伺别人的人貌似聪明但实际上并不聪明，愚鲁的人貌似君子但却不是君子，憨直的人貌似勇敢实际上并不勇敢，亡国之君好像足智多谋，亡国之臣好像忠心耿耿，莠草的幼苗好似庄稼，黑黄相间的牛皮类似虎皮，白骨类似象牙，赤底白彩的石头酷似美玉，这些都是似是而非的例子。孔子说："人心比山川还要险恶，了解人心比预测天候变化还要困难；天还有春秋冬夏朝暮等较为固定的循环周期，而人却与此不同。人外貌淳厚，但其真实的情感却深藏心底，所以，有的人外貌温逊而内心骄慢，有的人貌有长者之风实际却品行不端，有的外貌温顺而内心刚直，有的貌似坚强果断实则软弱少断，有的貌似舒缓而实则迅急。"

太公曰①："士有严而不肖者，有温良而为盗者，有外貌恭敬中心欺慢者，有精精而无情者，有威威而无成者，有如敢断而不能断者，有恍恍惚惚而反有忠实者，有倭倭佗佗而有效者，有貌勇很而内怯者，有梦梦而反易人者。无使不至，无使不遂。天下所贱，圣人所贵，凡人莫知，惟有大明，乃见其际。"此士之外貌而不与中情相应者也。

[注释]

①太公：西周吕尚的称号。姜姓，吕氏，名望，一说字子牙。辅佐周武王灭商有功，封于齐，为齐国的始祖。

[译文]

太公说："士人有的貌似严正而实际心怀叵测，有的貌似温和善良而实际却男盗女娼，有的外貌恭敬而内心骄慢，有的外貌富于情感而实则无情无义，有的表面威风凛凛实际却一事无成，有的好似果断却又无能力处断，有的外貌三心二意，游移不定，内心却忠实如一，有的貌似拖拖拉拉而实际做事却效率很高，有的人貌似勇敢而内心胆怯，有的貌似痴癫反而赢人。总之，各种意想不到的事情都可能发生。普通大众所鄙视的，圣人反而将其视为宝贝，普通人难以理解的人和事，只有圣明的人才能理出头绪来。"这是人的外貌与实情不相符合的情况。

知此士者而有术焉。微察问之，以观其辞；穷之以辞，以观其变；与之间谋，以观其诚；明白显问，以观其德；远使以财，以观其廉；试之以色，以观其贞；告之以难，以观其勇；醉之以酒，以观其态。《庄子》曰①："远使之而观其忠，近使之而观其敬，烦使之而观其能，卒然问焉而观其智，急与之期而观其信，难之以处而观其色。"《吕氏春秋》曰②："通，则观其所礼；贵，则观其所进；富，则观其所养；听，则观其所行；近，则观其所好；习，则观其所言；穷，则观其所不爱；贱，则观其所不为；喜之，以验其守；乐之，以验其僻；怒之，以验其节；哀之，以验其仁；苦之，以验其志。"

[注释]

① 《庄子》：亦称《南华经》。庄子及其后学者所著。具有较高的哲学价值和文学价值。② 《吕氏春秋》：战国时期曾任秦相的吕不韦集合门客共同编写。本书汇集了先秦时期各学派的思想，故属于杂家。

[译文]

真正了解这些外貌与实情不符的人还是有方法的。详细察问，听他说些什么；追问到底，观察他如何应变；略施计谋，看他是否诚实；公开地广泛地询问，看他在群众中是否有德行；让他到偏远的地方管理财货，看他是否廉洁；用美色去引诱他，看他是否贞洁；告诉他欲使他赴危难之地，看他是否勇敢；让他喝醉酒，看他是否失态。

《庄子》说："让人赴任远方，以观察他是否忠诚；让人在身边供职，以观察他是否恭敬；让人处理繁杂棘手的事情，以观察他的才能；突然提出问题，以观察他是否机智；紧急约定会合时间，以观察他是否守信；置人于危难之处，以观察他的气度和神色。"

《吕氏春秋》说："当人通达得意之时要看他是否骄慢失礼；显贵时要看他举荐什么样的人；富有时要看他是否能恩及大众，广泛施舍；听人的言辞，还要看人的行动；收揽近侍随从则看他喜欢什么人，日常生活中则听他说些什么话；当人身处困境时，要看他不喜欢做的事情；贫贱时，要看他不屑于做什么事；投人所好，以检验他的操守；使人欢乐，以检验他有什么邪僻；令人愤怒，以检验他自我节制的能力；做出令人悲哀的事情，以检验他是否有仁义之心；置人于艰苦的环境，以检验他的志向是否坚定。"

经曰："任宠之人，观其不骄奢；疏废之人，观其不背越；荣显之人，观其不矜夸；隐约之人①，观其不慑惧；少者，观其恭敬好学而能悌；壮者，观其廉洁务行而胜其私；老者，观其思慎，强其所不足而不逾；父子之间，观其慈孝；兄弟之间，观其和友；乡党之间，观其信义；君臣之间，观其忠惠。"此之谓观诚。

[注释]

①隐约之人：指身份地位不显耀的人。

[译文]

《经》书上说："受任用和宠信的人，要观察他是否因此而骄慢奢侈；被疏远和罢黜的人，要观察他是否因此而实施背逆和越轨的行为；荣耀显赫的人，要观察他是否因此而矜夸；名位不显耀的人，要看他是否能做到不畏惧权贵；年少的人，要看他是否恭敬好学、对兄弟爱护谦让；壮年人，要看他是否能做到脚踏实地、廉洁奉公；老年人，要看他是否能做到思虑谨慎，加强不足的方面但却不超越礼法去获取；父子之间，要看做父亲的是否慈爱，做儿子的是否孝顺；兄弟之间，要看他们是否相互和睦友爱；乡里之间，要看他们是否相互遵守信义；君臣之间，要看臣对君是否忠心耿耿，君对臣是否宽大恩惠。"以上讲的是观察诚心的方法。

《人物志》曰："骨植而柔者，谓之宏毅；宏毅也者，仁之质也。气清而朗者，谓之文理；文理也者，礼之本也。体端而实者，谓之贞固；贞固者也，信之基也。筋劲而精者，谓之勇敢；勇敢也者，义之决也。色平而畅者，谓之通微；通微也者，智之原也。五质恒性，故谓之五常。故曰直而不柔则木，劲而不精则力，固而不端则愚，气而不清则越，畅而不平则荡。然则，平陂之质在于神①，明暗之实在于精，勇怯之势在于筋，强弱之植在于骨，躁静之决在于气，惨怿之情在于色②，衰正之形在于仪，态度之动在于容，缓急之状在于言。若质素平淡，中睿外朗，筋劲植固，声清色怿，仪崇容直，则纯粹之德也。

"夫人有气，气也者，谓诚在其中必见诸外。故心气粗厉者，其声沈散；心气详慎者，其声和节；心气鄙戾者，其声粗犷；心气宽柔者，其声温润。信气中易，义气时舒，和气简略，勇气壮立。"此之谓听气。

又有察色。察色，谓心气内蓄，皆可以色取之。夫诚智必有难尽之色，诚仁必有可尊之色，诚勇必有难慑之色，诚忠必有可观之色，诚洁必有难污之色，诚贞必有可信之色。质色浩然固以安，伪色曼然乱以烦，此之谓察色。

[注释]

①陂：不平。②怿：喜悦。

[译文]

《人物志》说："内骨刚毅而外表柔和的称为宏毅；所谓宏毅，是仁的本质的体现。气度清新而爽朗的，称为文理；所谓文理，是礼的本质的体现。形体端正健壮的，称贞固；所谓贞固，是守信用的基础。筋力强劲而有神气的，称为勇敢；所谓勇敢，是行使义举的关键。气色平和畅达的，称为通微；所谓通微，是智慧的本原。以上五种类型都具有恒常的特性，故称为五常。所以说，虽然正直而不兼具柔性就显得木然，强劲而不精致则徒费功力，固执而不端正则显得愚蠢，气势不清则显沉散，畅达而不平和则失之放荡。然而，平与不平的关键在于是否有神气，明智或昏暗取决于精气的明惠或污浊，勇敢或怯懦取决于筋力是否强劲，坚强或软弱取决于骨架的粗细，浮躁或沉静取决于气的旺盛或冲和，惨、悦的情感表现在人的气色上，形貌的衰败或正肃取决于仪表，态度的变化表现在容颜的变化上，缓急的情状表现在言语的速率上。如果气质素雅平淡，内心富于智慧，外貌开朗，筋骨强健，声音清爽，气色和悦，仪容高尚端正，这是道德纯粹的表现。

"人都有气，所谓气，如果真诚的情感潜藏于内心，那么就必然要在气上表现出来。所以心气粗豪的人，发出的声音就沉重散慢；心气安详谨慎的人，发出的声音就平和有节奏；心气鄙薄暴戾的人，发出的声音就粗犷；心气宽广柔和的人，发出的声音就温和滋润。信气中庸平易，义气稳定舒展，和气简略，勇气雄壮。"这是"听气"的方法。

还有"察色"的方法。所谓察色，是说内在的心气都可从气色上观察出来。富于智慧的人必然有令人说不清、道不尽的气色，仁慈的人必然有令人尊敬的气色，勇敢的人必然有无所畏惧的气色，忠心耿耿的人必然有令人赏心悦目的气色，高雅廉洁的人必然有不可玷污的气色，贞洁的人必然有令人信赖的气色。能够表现一个人的本质的气色浩然博大，具有稳定性；不能表现一个人的本质的伪装的气色，蔓然纷乱。这是"察色"的方法。

又有考志。考志者，谓方与之言以察其志。其气宽以柔，其色检而不谄,其礼先人,其言后人,每自见其所不足者,是益人也。若好临人以色,高人以气,胜人以言,防其所不足,而废其所不能者,是损人也。其貌直而不侮,其言正而不私,不饰其美,不隐其恶,不防其过者,是质人也。若其貌曲媚,其言谀巧,饰其见物,务其小证,以故自说者,是无质人也。喜怒以物而色不作,烦乱以事而志不惑,深导以利而心不移,临慑以威而气不卑者,是平心固守人也。若喜怒以物而心变易,乱之以事而志不治,示之以利而心迁动,慑之以威而气恇惧者①,是鄙心而假气人也。设之以物而数决,惊之以卒而屡应,不文而慧者,是有智思之人。若难设以物,难说以言,守一而不知变,固执而不知改,是愚佷人也②。若屏言而勿顾,自私而不护,非是而强之,是诬嫉人也。此之谓考志。

[注释]

①恇(kuāng):怯弱貌。②佷(hěn):狠。这里引申为刚愎、固执。

[译文]

还有"考志"的方法。所谓考志,是指同考察的对象交谈,以考察他的志向。如果某人声气宽厚柔和,神色检点而不谄媚,先于人施礼,后于人发言,每每主动向人公开自己的缺点和不足之处,这样的人是对人有益处的人。如果某人神色傲慢,盛气凌人,说话往往压人一筹,隐藏自己的不足之处,才能不及之处也不虚心弥补,这样的人是于人有损的人。如果某人外貌刚直而不可欺侮,说话正直无私,不粉饰自己的美德,也不隐瞒自己的错误,也不掩盖自己的过失,这样的人是质朴的人。如果外貌曲婉媚人,说话阿谀乖巧,对自己所做的事情多方修饰,以显示自己,这样的人是不具备质朴品德的人。不因外物喜形于色或怒形于色,不因烦乱事情的困扰而搅乱了自己的志向,诱之以利而初衷不移,面临淫威而不低声下气,这样的人是正直而具有高尚情操的人。如果因对外物的喜怒而变易初衷,因烦杂事情的困扰而抛弃了自己的志向,诱之以利而心迷意迁,在威势的逼迫面前惊恐不安,这样的人是心灵卑鄙、志气不坚的人。为他设置种种障碍而屡能处断解决,以突然的变故使其受惊而屡能应变,语言虽不文雅,但却充满了智慧,这样的人是富于才思的人。如果以物象作比喻也难以启发他的思智,用语言阐述也不能使他明白道理,守残抱缺而不知变通,固执一念而不知改革,这样的人是愚鲁固执的人。如果私下风言风语而无所顾忌,自私自利而不爱护他人,明知是错还要强制而行,这样的人是诬罔忌妒的人。以上就是"考志"的方法。

又有测隐。测隐者,若小施而好得①,小让而大争,言愿以为质,伪爱以为忠,尊其行以收其名,此隐于仁贤。若问而不对,详而不穷,貌示有余,假道自从②,因之以物,穷则托深,此隐于艺文也。若高言以为廉,矫厉以为勇,内恐外夸,亟而称说,以诈气临人,此隐于廉勇也。若自事君亲而好以告人,饰其见物而不诚于内,发名以君亲,因名以私身,此隐于忠孝也。此谓测隐矣。

[注释]
①小施:较少的施舍、给予。②自从:自我放纵。从,通"纵"。

[译文]
还有"测隐"的方法。所谓测隐可从以下几个方面来分析:如果某人施小惠而得大利,局部利益上退让而在整体利益上争夺,信誓旦旦以争取人心,伪装爱以示忠厚,伪装行为高洁以邀取名声,这样的人就是把自己的真面目隐藏于仁贤的外衣里。如果问而不答,谈吐详细却没完没了,表现出学问有余、道义在身的样子,如果被某些事物所困惑,无从解答,则托言高深,这样的人就是把自己的真面目隐藏于艺文的外衣里。如果故意说清雅崇高的语言冒充

廉洁，装作厉害的样子以示勇敢，内心恐惧而外表镇定，急于取悦于人，吹牛说假话在大众面前装英雄，这样的人就是把自己的真实面目隐藏于廉洁勇敢的外衣里。虽然曾侍奉君主和父母双亲，但却喜欢以此向人炫耀，内心并无诚意，借侍奉君主或双亲为自己捞取声誉，这样的人就是把自己的真面目隐藏于忠孝的外衣里。以上便是"测隐"的方法。

夫人言行不类，终始相悖，外内不合，而立假节以感视听者，曰毁志者也。若饮食以亲，货赂以交，损利以合，得其权誉而隐于物者，曰贪鄙者也。若小知而不大解，小能而不大成，规小物而不知大伦。曰华诞者也。

又有揆德①。揆德者，其有言忠行夷，秉志无私，施不求反，情忠而察，貌拙而安者，曰仁心者也。有事变而能治效，穷而能达，措身立功而能遂，曰有知者也。有富贵恭俭而能施，威严有礼而不骄，曰有德者也。有隐约而不慑，安乐而不奢，勋劳而不变，喜怒而有度，曰有守者也。有恭敬以事君，恩爱以事亲，情乖而不叛，力竭而无违，曰忠孝者也。此之谓揆德。

[注释]

①揆德：测度德行。揆，度量、揣度。

[译文]

如果人言行不一，前后不一，内心和外表不合，弄虚作假以迷惑视听，这样的人就叫做毁志的人。如果以酒肉交朋友，以贿赂拉关系，或损人或利人则以是否迎合自己为标准，为物欲所蒙蔽而醉心于权势和名誉，这样的人叫做贪鄙的人。如果小聪明大糊涂，有一定的才能但却不成大事，见到小的利益便忘掉了人伦大理，这样的人叫做华诞之人。

还有"揆德"的方法。如果某人言语忠诚，行为坦荡，胸怀大志，不徇私利，博施恩泽而不图回报，性情忠厚而明察，外貌朴拙而安详，这样的人是有仁心的人。如果能够临机制变，出穷困之境步入康庄大道，投身功名能够如愿，这样的人叫做有智慧的人。如果身居高贵之位，富于财货，但却恭敬俭朴，救济贫困，既有威严，又礼貌待人，不骄不躁，这样的人叫做有德的人。如果隐身自好，不畏权势，处身安乐却不奢侈，功勋卓著而不变初衷，喜怒之情均有节制，这样的人叫做有操守的人。如果能恭恭敬敬侍奉君主，恩爱情深待奉亲人，即使君主性情乖戾也不生叛逆之心，侍奉父母竭尽全力而不离开，这样的人叫做忠孝之人。这些就是"揆德"的方法。

夫圣贤之所美，莫美乎聪明；聪明之所贵，莫贵乎知人。知人识智，则众材得其序，而庶绩之业兴矣。是故仲尼训六蔽以戒偏材之失，思狂狷以通拘抗之材①，疾悾悾而无信，以明为似之难保。察其所安，观其所由，以知居止之行。率此道也，人焉廋哉②？人焉廋哉？

[注释]

①狂狷：狂妄急躁。狷，器量狭小而急躁。②廋：隐藏，藏匿。

[译文]

圣贤所称誉的莫过于聪明，聪明的可贵之处莫过于知人。能够洞察人的全貌，了解人的长处，那么各种各样的人才便会得到适合发挥各自才能的位置，随之，各项事业也就会繁荣兴旺。所以孔子曾以六种弊端告诫有专长的人才可能发生的相应的失误，想使激进狂躁的性格与呆滞的性格相中和。他讨厌无能而又不讲信用的人，并讲明虚伪的东西终究会被识破的。考察人们希望得到什么，安心于什么，并观察他赖以得到的方法和途径，以了解他的行为举止。如果采用了这些方法，人又怎能隐藏住自己的真面目呢？

察相第六

《左传》曰:"周内史叔服如鲁①,公孙敖闻其能相人也,见其二子焉。叔服曰:'穀也食子,难也收子。穀也丰下,必有后于鲁国。'"

《汉书》曰:"高祖立濞为吴王②。已拜,上相之曰:'汝面状若有反相,汉后五十年,东南有乱,岂非汝耶?天下一家,慎无反!'"

由此观之,以相察士,其来尚矣。故曰:富贵在于骨法,喜忧在于容色,成败在于决断,以此参之,万不失一。

[注释]

①内史:官名。西周始置。或称作册内史,作命内史。掌管著作简册,册命诸侯卿大夫,以及爵禄的废置。②濞:即刘濞。西汉诸侯王。刘邦侄,封吴王。后发动吴、楚等七国之乱,兵败被杀。

[译文]

《左传》说:"周朝内史叔服到鲁国,公孙敖听说他善于看相,就把自己的两个儿子引见给叔服看。叔服说:'你的儿子穀会赡养你,儿子难会安葬你。穀是方形脸,后代定会在鲁国有作为。'"

《汉书》说:"高相刘邦立刘濞为吴王。册封礼毕,皇上相了刘濞的面说:'你的脸上好像有反相,汉朝立国五十年后,东南如有叛乱，难道不是你吗？天下刘姓本一家，你要慎重，不要造反！'"

由此看来，用相面的方法来观察士人，由来已久了。所以说：是否富贵，要看他的骨骼；是喜还是忧，要看他的容色；成败的关键在于能否作出决断。以这三方面综合考量，作出预测，万不失一。

经曰："言贵贱者存乎骨骼，言修短者存乎虚实，灵性者存乎容止。"斯其大体。

夫相人先视其面。面有五岳四渎，五官六府，九州八极，七门二仪。

若夫颧骨才起，肤色润泽者，九品之候也。辅骨小见①，鼻准微端者，八品之候也。辅角成棱，仓、库皆平者②，七品之候也。天中丰隆，印堂端正者，六品之候也。伏犀明峻③、辅角丰秾者，五品之候也。边地高深④，福堂广厚者⑤，四品之候也。犀及司空、龙角纤直者，三品之候也。头顶高深，龙、犀成就者，二品之候也。四仓尽满，骨角俱明者，一品之候也。

[注释]

①辅骨：双眉与发际间的额骨。②仓、库：额头鬓角处与下颔处。③伏犀：前额中央至头顶的骨骼。又名伏委骨。④边地：头发边缘。⑤福堂：太阳穴。

[译文]

"人的贵贱往往在骨骼上体现出来，生命的长短往往在中气的虚实上体现出来，人的灵气与性情往往在容貌与举止上体现出来。"大致说来是这样的。

相人要先相面。面有五岳（额为衡山，颊颐为恒山，鼻为嵩山，左颧为泰山，右颧为华山）四渎（鼻孔为济水，口为黄河，目为淮河，耳为长江），五官六府，九州八极，七门二仪。

如果一个人的颧骨稍稍隆起，且肤色润泽，则为九品官位的征候。辅骨微显，鼻梁稍微端正的人，为八品官位的征候。辅角成棱，仓、库皆平的，为七品官位的征候。天中丰隆，印堂端正者，为六品官位的征候。伏犀之骨隐线分明，且辅角丰满者，为五品官位的征候。边地高深，福堂广厚者，为四品官位的征候。伏犀骨长至司空，龙角纤直者，为三品官位的征候。头顶高深，龙角、犀骨标准完美者，为二品官位的征候。四仓尽满，骨角俱明者，为一品官位的征候。

似龙者为文吏，似虎者为将军，似牛者为宰辅，似马者为武吏，似狗者为清官、为方伯。

天中主贵气，平满者宜官禄也。天庭主上公，大丞相之气。司空主天宫，亦三公之气。中正主群寮之气，平品人物之司也。印堂主天下印绶，掌符印之官也。山根平美，及有奇骨伏起，为婚连帝室，公主婿也。高广主方伯之坐①。阳尺主州佐之官②。武库主兵甲典库之吏③。辅角主远州刺史之官④。边地主边州之任⑤。日角主公侯之坐⑥。房心主京辇之任⑦。驿马主急疾之吏⑧。额角主卿寺之位⑨。上卿主帝卿之位⑩。虎眉主大将军⑪。牛角主王之统帅小将⑫。玄角主将军之相⑬。

[注释]

①高广：赵蕤注：从天中横列至发际，有七个部位，高广位在第三。②阳尺：赵蕤注：横次高广，位在第四。③武库：赵蕤注：横次阳尺，位在第五。④辅角：赵蕤注：横次武库，位在第六。⑤边地：赵蕤注：横次辅角，位在第七。⑥日角：赵蕤注：从天庭横列至发际，凡八，日角位在第一。⑦房心：赵蕤注：横次日角，位在第二。⑧驿马：赵蕤注：横次，位在第七。⑨额角：赵蕤注：从司空横列至发际，凡八，名额角，横次，位第一。⑩上卿：赵蕤注：横次额角。⑪虎眉：赵蕤注：从中正横列至发际，凡九。名虎眉，横

次，位在第二。⑫牛角：赵蕤注：横次虎眉，位在第三。⑬玄角：赵蕤注：横次，位在第五。

[译文]

动静似龙者为文吏之相，动静似虎者为将军之相，动静似牛者为宰辅之相，动静似马者为武吏之相，动静似狗者为清官、方伯之相。

天中主掌贵气，平和饱满者宜得官受禄。天庭主掌上公，大丞相之气。司空主掌天官，亦三公之气。中正主掌群僚之气，并司职品评人物。印堂主掌天下印绶，为掌符印之官。山根平美，而且有奇骨伏起，将婚连帝室，为公主之婿。高广主掌方伯之座。阳尺主掌州佐之官。武库主掌兵甲典库之吏。辅角主掌远州刺史之官。边地主掌边州之任。日角主掌公侯之座位。房心主掌京师帝王辇驾之任。驿马主掌迅疾得官事宜。额角主掌九卿及寺位。上卿主掌帝卿之位。虎眉主掌大将军。牛角主掌王之统帅小将。玄角主掌将军之相。

夫人有六贱：头小身大，为一贱；目无光泽，为二贱；举动不便①，为三贱；鼻不成就，准向前低，为四贱；脚长腰短，为五贱；文策不成，唇细横长，为六贱。

此贵贱存乎骨骼者也。

[注释]

①不便：即不协调，不灵便。

[译文]

人有六种低贱之相：头小身大为第一种贱相；目无光泽为第二种贱相；举动不协调为第三种贱相；鼻子不成形，隆准前低为第四种贱相；脚长腰短为第五种贱相；无文章策论的能力，而又唇细横长，为第六种贱相。

以上讲的就是贵贱之相体现在骨骼方面的情况。

夫木主春,生长之行也。火主夏,丰盛之时也。金主秋,收藏之节也。水主冬,万物伏匿之日也。土主季夏,万物结实之月也。

故曰,凡人美眉目,好指爪者,庶几好施人也。毛发光泽,唇口如朱者,才能学艺人也。鼻孔小缩,准头低曲者,悭吝人也①。耳孔小,齿瓣细者,邪谄奸佞人也。耳轮厚大,鼻准圆实,乳头端净,颏颐深广厚大者,忠信谨厚人也。

此性灵存乎容止者也。

[注释]

①悭吝:吝啬。

[译文]

木主春,是万物生长的标志。火主夏,是丰盛之时的标志。金主秋,是收藏之时的标志。水主冬,是万物休藏的标志。土主季夏,是万物结果的标志。

所以说,大凡人的眉目秀美,十指修长美观,大都是乐善好施的人。毛发光亮润泽,唇口红润,是有才能、有学艺的人。鼻孔小而内缩,鼻梁低而弯曲者,是吝啬的人。耳孔小,齿瓣细者,是邪谄奸佞的人。耳轮厚大,鼻准圆实,乳头端净,下巴深广厚大者,是忠信谨厚的人。

以上讲的是人的性情灵魂体现在容止上的情况。

夫命之与相,犹声之与响也。声动乎几,响穷乎应,必然之理矣。虽云以言信行,失之宰予①,以貌度性,失之子羽②。然《传》称:"无忧而戚,忧必及之;无庆而欢,乐必还之。"此心有先动而神有先知,则色有先见。故扁鹊见桓公③,知其将亡;

申叔见巫臣,知其窃妻。或跃马膳珍,或飞而食肉,或早隶晚侯,或初刑末王,铜岩无以饱生,玉馔终乎饿死。则彼度表扪骨,指色摘理,不可诬也。故列云尔。

[注释]

①宰予:一名宰我。春秋时鲁国人,字子我。孔子的学生。以善长言语而著称。对孔子"三年之丧"的主张提出异议,孔子认为他不仁。②子羽:号澹台明灭。春秋时鲁国人。孔子的学生。相貌丑陋,品性端正。③扁鹊:战国时医学家。姓秦,名越人。著有《扁鹊内经》、《扁鹊外经》,已佚。

[译文]

人的命运与相貌的关系,就好比声音与回响的关系。声音出,回响应;声音无,回响尽。这是必然的道理。虽然说根据言语去判断一个人的德行,就会在孔子自己的学生宰予身上发生失误,根据相貌判断人的品性,就会在孔子的学生子羽身上发生失误,然而《左传》说:"没有忧愁之事却心情悲伤,忧愁之事就必然到来;没有喜庆之事而心情欢娱,欢乐之事就必然来到。"这就是说,人的心理感觉往往能超前感知,并且在容色上反映出来。所以,扁鹊看到桓公,就知道他不久将会死去;申叔见到巫臣,就推断他有窃妻之事。有的人骑宝马吃珍肴,有的人游历四方不乏肉吃,有的人早年为奴隶晚年封侯,有的人当初受刑罚,后来却称王,有的人守着铜山不得温饱,看着山珍海味最终不免饿死。揣度人的相貌,摸清人的骨骼,研究人的容色,推测其中的道理,这样的方法是不能否定的。所以列《察相》一卷。

论士第七

臣闻黄石公曰："昔太平之时，诸侯二师，方伯三师，天子六师。"世乱则叛逆生，王泽竭则盟誓相罚。德同势敌，无以相加，乃揽英雄之心。故曰："得人则兴，失士则崩。"何以明之？昔齐桓公见小臣稷，一日三往而不得见，从者止之，桓公曰："士之傲爵禄者，固轻其主；其主傲霸王者，亦轻其士。纵夫子傲爵禄，吾庸敢傲霸王乎？"五往而后得见。

《书》曰①："能自得师者王。"何以明之？齐宣王见颜斶曰②："斶前。"斶亦曰："王前。"宣王作色曰："王者贵乎？士者贵乎？"对曰："昔秦攻齐，令曰：'有敢去柳下季垄五百步而樵采者，罪死不赦。'令曰：'有能得齐王头者，封万户侯，赐金千镒。'由是言之，生王之头，曾不如死士之垄。"宣王竟师之。

[注释]

①《书》：即《尚书》。亦称《书》、《书经》，儒家经典之一。②颜斶：战国时期齐国隐士。曾说齐宣王礼贤下士，颇为齐王赏识。但不为富贵所动，隐居不仕。

[译文]

我听黄石公曾经说过："从前世道太平时，诸侯有两个师的军队,方伯有三个师的军队,天子有六个师的军队。"世道混乱则叛逆纷起,王权衰落,恩泽枯竭,则诸侯不朝,相互攻伐。诸侯彼此声望不相上下,军事实力相当,所以纷纷招揽天下英雄。所以说:"得到了人才就兴旺,失去了人才就崩溃。"用什么作证明呢?从前齐桓公去拜访小臣稷,一日三往都未能见到,随从们都劝齐桓公不要再去了,齐桓公回答说:"士人中不以爵禄为意的人,当然就轻慢他的君主;君主中无意做天下霸主的人,同样也轻视有才能的谋士。纵然这位先生轻蔑爵禄,我岂敢轻蔑天下的霸主呢?"五次拜访才得以相见。

《尚书》上说:"能主动拜他人做老师的人便能称王天下。"这又以什么作证明呢?齐宣王召见颜斶时说:"颜斶,到我跟前来!"颜斶也命齐宣王说:"大王,你到我跟前来!"齐宣王勃然作色道:"做国王的尊贵呢,还是做士人的尊贵?"颜斶回答说:"从前秦国攻打齐国时,曾下令说:'有敢到柳下季坟茔周围五百步内打柴的,死罪不赦。'又下令说:'有能得齐王首级的,封万户侯,并赐金千镒。'由此可见,活着的大王的头颅竟不如已死的士人的坟茔。"齐宣王最终拜颜斶为师。

谚曰:"浴不必江海,要之去垢;马不必骐骥,要之善走;士不必贤也,要之知道;女不必贵种,要之贞好。"何以明之?淳于髡谓齐宣王曰[①]:"古者好马,王亦好马;古者好味,王亦好味;古者好色,王亦好色;古者好士,王独不好。"王曰:"国无士耳,有则寡人亦悦之。"髡曰:"古有骅骝骐骥,今之无有,王选于众,王好马矣;古有豹象之胎,今之无有,王选于众,王好味矣;古有毛嫱、西施,今之无有,王选于众,王好色矣;王必待尧舜禹汤之士而后好之,则尧舜禹汤之士亦不好王矣。"

[注释]

①淳于髡：战国时齐国大夫，学者。博学，有辩才。

[译文]

谚语说："洗浴不一定要到江海中去，能洗掉污垢就行；骑马也不一定要骐骥这样的名马，只要马跑得快、跑得远就行；士人不必要求他们具有贤德，贵在懂得治国用兵的道理；女子也不必要求她们一定是大家闺秀，贵在贞洁漂亮。"用什么来说明这个道理呢？从前，淳于髡曾对齐宣王说："古代的君王喜欢马，大王您也喜欢马；古代的君王喜欢美味，大王您也喜欢美味；古代的君王喜欢美色，大王您也喜欢美色；古代的君王喜欢有才能的士人，唯独大王您不喜欢。"齐宣王说："这是因为国中没有人才啊，如果有，我当然也会喜欢他们的。"淳于髡说："古时有骅骝骐骥这样的名马，今世已经没有了，而大王却能从众多的马中选取上好的，这说明大王是喜欢马的；古时有豹胎、象胎这样的美味，今世已经没有了，而大王却能从众菜中挑选出可口的佳肴，这说明大王是喜欢美味的；古时有毛嫱、西施这样的美人，今世已经没有了，而大王却能从众多女子中挑选出很多美女，这说明大王是喜欢美色的；如果大王一定要坐等尧舜禹汤一类的人才主动会聚到大王身边，而后再喜欢他们，那么，尧舜禹汤这样的人才恐怕还不喜欢像大王这样的人呢！"

语曰："琼艘瑶楫，无涉川之用；金弧玉弦，无激矢之能。"是以介洁而无政事者①，非拨乱之器；儒雅而乏治理者，非翼亮之士。何以明之？魏无知见陈平于汉王，汉王用之，绛、灌等谮平曰②："平盗嫂受金。"汉王让魏无知，无知曰："臣之所言者，能也；陛下所闻者，行也。今有尾生、孝己之行，而无益于胜负之数，陛下假用之乎？今楚汉相距，臣进奇谋之士，顾其计诚足以利国家耳。盗嫂受金，又安足疑哉！"汉王曰："善。"

[注释]

①介洁：独特纯洁。介，独特。②绛：即绛侯周勃。西汉大臣。与陈平等诛杀诸吕，迎立文帝，任右丞相。灌：即灌婴。西汉大臣。曾与周勃等诛杀诸吕，迎立文帝，任太尉、丞相。

[译文]

古语说："用琼玉制成的船和桨没有渡江济河的功用；用金制成的弓、用玉制成的弦没有射箭的功能。"因此，特立独行，品德高洁而无政治才能的人，不是拨乱治国的人才；有儒雅风度但缺乏治军理国才能的人，算不上辅佐帝业的人才。用什么事实来说明这个道理呢？魏无知把陈平推荐给汉王刘邦，刘邦重用了陈平。绛侯、灌婴等向刘邦谗毁陈平说："陈平早年偷他的嫂子，在军中又收受贿赂。"汉王因此责备魏无知，无知回答说："我所推荐的是陈平的才能，陛下听别人讲的却是陈平的品行。今天即便有守信如尾生、行孝如孝已这样的人跟随陛下，对决定战争胜负的命运亦毫无用处，陛下能任用这样的人吗？如今楚汉相争，我推荐像陈平这样的奇谋之士，是考虑到他的才能计策的确有助于陛下的帝王之业而已。即便偷他的嫂子、收受贿赂，又有什么值得如此大惊小怪呢？"汉王说："你说得太好了。"

黄石公曰："有清白之士者，不可以爵禄得；守节之士，不可以威刑胁。致清白之士，修其礼；致守节之士，修其道。"何以明之？郭隗说燕昭王曰①："帝者与师处，王者与友处，霸者与臣处，亡国者与厮役处。诎指而事之②，北面受学，则百己者至；先趋而后是，先问而后默，则什己者至；人趋己趋，则若己者至；凭几据杖，眄视指使，则厮役之人至；恣睢奋击，呴藉叱咄，则徒隶之人至矣。"此乃古之服道致士者也。

[注释]

①郭隗：战国时燕国人。燕昭王欲招揽人才，以报齐仇，向他问计。他说就请先从重用我郭隗开始，昭王便延以为师，并为他筑宫。于是乐毅等贤才相继而至。②诎（qū）：弯曲。

[译文]

黄石公说："清正廉洁之士，不能用爵禄相感召；坚守气节之士，不能拿严酷的刑罚相威胁。招揽清正廉洁之士，必须待之以礼；招揽坚守气节之士，必须动之以道义。"何以证明呢？从前郭隗游说燕昭王说："称帝者重用老师，称王者重用朋友，称霸者重用臣子，亡国之君重用奴仆。若能屈身侍奉有才能的士人，北面而拜，尊为老师，那么，比自己强百倍的人才就会到来；若能主动接近别人，肯定别人的长处，虚心向别人请教，而后洗耳恭听，那么，比自己强十倍的人才就会到来；别人去招揽人才，自己也跟着去，这样只能召来同自己才能相当的人才；若凭几而坐，指手画脚，颐指气使，则只能招来厮役一类的人；若骄横暴躁，斥责叫骂，则只能招来婢隶之人。"这些讲的是古代以适当的方法招揽贤士的道理。

黄石公曰："礼者，士之所归；赏者，士之所死。招其所归，示其所死，则所求者至矣。"何以明之？魏文侯太子击礼田子方①，而子方不为礼，太子不悦，谓子方曰："不识贫贱者骄人乎？富贵者骄人乎？"子方曰："贫贱者骄人耳，富贵者安敢骄人！人主骄人而亡其国，大夫骄人而亡其家，贫贱者若不得意，纳履而去，安往而不得贫贱乎？"

宋燕相齐，见逐罢归，谓诸大夫曰："有能与我赴诸侯者乎？"皆执杖排班，默而不对。燕曰："悲乎！何士大夫易得而难用也？"陈饶曰："非士大夫易得而难用，君不能用也；君不能用，则有不平之心。是失之于己而责诸人也。"燕曰："其说云何？"对曰："三升之稷，不足于士，而君雁鹜有余粟，是君之过一也；果园梨栗，后宫妇女以相提挈，而士不曾得一尝，是君之过二也；绫纨绮縠，美丽于堂，从风而弊，士曾不得以为缘，是君之过三也。夫财者，君之所轻；死者，士之所重。君不能行君之所轻，而欲使士致其所重，譬犹铅刀畜之，干将用之，不亦难乎？"宋燕曰："是燕之过也。"

[注释]

①田子方：战国时人。师于子贡。与子夏、段干木同为魏文侯所礼遇。

[译文]

黄石公说："礼，能够使士人纷至沓来；赏，能够使士人视死如归。用礼来感召士人，用赏来指示效死命的方向，那么，所求的人才都能得到。"用什么来证明呢？魏文侯太子击向田子方行礼，田子方却不还礼，太子很不高兴，向田子方说："不知是贫贱的人可以骄慢无礼呢，还是富贵的人可以骄慢无礼？"子方回答说："贫贱的人可以骄慢无礼，富贵的人岂敢骄慢无礼！做君主的如果骄慢无礼就会亡国，做大夫的骄慢无礼就会亡家，贫贱的人若有不得意之处，穿起鞋子就走，到哪里去还能得不到贫贱？"

宋燕在齐国任相，后罢官而归，对诸大夫说："有谁愿同我一块儿去见诸侯？"诸大夫执杖而立，沉默不语。宋燕叹息道："为什么士大夫如此易得而难用呢？"陈饶回答说："您认为士大夫易得而难用，这是因为您不善于使用；你不善于使用他们，他们就会有不平之心。这是您自己的过失，反而去责备他人。"宋燕问："这话是什么意思？"陈饶回答说："用三升黄米不足于养士，而您的鸭鹅所吃的粟米食用不尽，这是您的第一个过失；果园的梨栗，后宫妇女随意享用，而士大夫却不曾尝一口，这是您的第二个过失；您的殿堂上用绫罗绸缎作装饰，都被风吹破了，而士大夫却与这些东西无缘，这是您的第三个过失。财货，是君王所应轻视的东西；为人效死赴命，是士大夫非常慎重的事情。做君王的不能轻视自己本应轻视的东西，却想要士大夫履行自己所重视的为人主效死赴命的职责，这就好比收藏了一把铅刀，却要当做宝刀来用，这岂不是很困难的事情吗？"宋燕如梦初醒，说："是我的过失。"

语曰："夫人同明者相见，同听者相闻，德合则未见而相亲，声同则处异而相应。"韩子曰："趣舍同则相是，趣舍异则相非。"何以明之？楚襄王问宋玉曰①："先生其有遗行欤？何士人众庶不誉之甚？"宋玉曰："夫鸟有凤而鱼有鲸。凤凰上击九万里，翱翔乎窈冥之上；夫蕃篱之鷃，岂能与料天地之高哉？鲸鱼朝发于昆仑之墟②，暮宿于孟津③；夫尺泽之鲵，岂能与量江海之大哉？故非独鸟有凤而鱼有鲸，士亦有之。夫圣人瑰琦意行，超然独处。夫世俗之民又安知臣之所为哉？"

[注释]

①宋玉：楚人。战国时著名辞赋家。相传为屈原弟子。②昆仑之墟：这里指黄河源头。③孟津：古代黄河津渡名。在今河南洛阳孟津区东北。相传周武王伐纣，在此会盟诸侯并渡河，故又名盟津。

[译文]

古语说："人们彼此都有同样明亮的眼睛，才能看见同样大小的事物；耳朵一样聪敏的人，才能听见同样大小的声音；德行相合的人，即使没有相见，也会彼此感到亲切；声音相同，即使相处异地，也会彼此相应。"韩子说："取舍相同的人就会相互肯定，取舍不同的人就会相互非难。"用什么来说明这一道理呢？从前，楚襄王问宋玉说："先生莫非有什么不端正的行为吗？为什么士人百姓都特别不赞赏你呢？"宋玉回答说："鸟类中有凤凰，鱼类中有鲸鱼。凤凰能搏击直上九万里高空，翱翔于窈冥的青天之上；篱笆间的鹦雀岂能参与尝试天地的宽广和崇高？鲸鱼早晨从昆仑山脚出发，晚上就能到达孟津；数尺深的小泽鲵鱼，岂能去参与体量江海的博大？所以说不但鸟类中有凤，鱼类中有鲸，士人中也有非同寻常之辈。圣人有非凡的思想和行为，超然独处，凡夫俗子又怎能理解我的作为呢？"

语曰："知人未易，人未易知。"何以明之？汗明说春申君①，春申君悦之。汗明欲复谈，春申君曰："仆已知先生意矣。"汗明曰："未审君之圣孰与尧。"春申君曰："臣何足以当尧？"汗明曰："然则君料臣孰与舜？"春申君曰："先生即舜也。"汗明曰："不然。臣请为君终言之。君之贤不如尧，臣之能不及舜。夫以贤舜事圣尧，三年而后乃相知也。今君一时而知臣，是君圣于尧而臣贤于舜也。"

[注释]

①春申君：战国时楚国贵族。博学多闻，长于论辩。门下有食客三千。为战国四君子之一。

[译文]

古语说："了解人不容易，人不容易被了解。"用什么来证明这个道理呢？汗明去游说春申君，春申君听后很高兴。汗明又要开口，春申君说："我已经知道先生的来意了。"汗明说："我不知道您若与尧相比谁更圣明。"春申君说："我怎么能同尧相提并论呢？"汗明说："那么，您认为我与舜相比怎样？"春申君说："先生可比作舜。"汗明说："不是这样。请允许我把话说清楚。您的圣贤不如尧，我的才能赶不上舜。以贤著称的舜侍奉以圣明著称的尧，历时三年，他们才相互了解。而今您却在瞬间了解了我，这说明您比尧更圣明，而我比舜更贤。"

《记》曰:"夫骥惟伯乐独知之,若时无伯乐之知,即不容其为良马也。"士亦然矣。何以明之?孔子厄于陈、蔡①,颜回曰:"夫子之德至大,天下莫能容。然夫子推而行之,世不我用,有国者之丑也。夫子何病焉?"《穀梁传》曰②:"子既生,不免乎水火,母之罪也;羁冠成童,不就师傅,父之罪也;就师学问无方,心志不通,身之罪也;心志既通,而名誉不闻,友之罪也;名誉既闻,有司不举,有司之罪也;有司举之,王者不用,王者之过也。"

[注释]

①陈、蔡:地名。在今河南淮阳、上蔡。②《穀梁传》:《春秋》三传之一。相传为战国时期穀梁赤所作。

[译文]

《礼记》上说:"骐骥这样的千里马唯独伯乐能够发现它,如果当时没有伯乐这种慧眼独具的人,世人就不会把它当做千里马来看待。"人才也是这样。何以证明这一点呢?从前,孔子被困于陈、蔡,孔子的学生颜回说:"您老先生的德行无比高尚,天下如此之大,却没有相容之地。然而,您却依然努力推行,世上不采纳您的治国理想,这是各国国君的耻辱。您老先生有什么过错呢?"《穀梁传》说:"孩子生下来以后,不能免于水火之灾,这是做母亲的罪过;孩子进入童年后,却不拜师就学,这是做父亲的罪过;拜师就学后,学问无方,心志不通,这是自身的过错;心志已经开通,而名誉却不为人知,这是朋友的罪过;名誉虽然广播四方而有关部门却不予举荐,这是有关部门的过错;有关部门予以举荐,而做君王的却置而不用,这是做君王的过错。"

论曰:行远道者,假于车马;济江海者,因于舟楫。故贤士之立功成名,因于资而假物者。何以明之?公输子能因人主之材木①，以构宫室台榭，而不能自为专屋狭庐，材不足也。欧冶能因国君之铜铁②，以为金炉大钟，而不能自为壶鼎盘盂，无其用也。君子能因人主之政朝，以和百姓、润众庶，而不能自饶其家，势不便也。故舜耕于历山，恩不及州里；太公屠牛于朝歌，利不及于妻子。及其用也，恩流八荒，德溢四海。故舜假之尧，太公因之周文。君子能修身以假道，不能枉道而假财。

[注释]

①公输子：即公输般，亦称鲁班。春秋时鲁国人。著名建筑工匠。②欧冶：古代传说中的铸剑巧匠。

[译文]

有论说道：行远路的人，借助于车马；渡江海的人，借助于舟船。因此，贤士立功成名，也必须借助外在的力量。如何证明这个道理呢？公输子能够借助君主的材木来建构宫室台榭，但却不能为自己建造一所狭小的房屋，这是建筑材料不足的缘故。欧冶能够用国君的铜铁铸造金炉大钟，却不能为自己造一些壶鼎盘盂，因为没有可资利用的材料。君子能够利用君主的朝政团结百姓，辅济众生，但却不能因以自富，这是形势不便的缘故。所以舜当年在历山躬耕时，其恩泽不能普及州里；姜太公在朝歌宰牛时，其利不能推及妻子儿女。等他们被重用以后，其恩泽流遍八荒，德行溢满四海。所以舜才能的发挥是借助于尧，太公才能的发挥是借助于周文王。君子只能借道来修炼自身，而不能图谋财利背弃了道。

语曰："夫有国之主，不可谓举国无深谋之臣，阖朝无智策之士，在听察所考精与不精，审与不审耳。"何以明之？在昔汉祖，听聪之主也。纳陈恢之谋，则下南阳；不用娄敬之计①，则困平城②。广武君者③，策谋之士也。韩信纳其计，则燕、齐举；陈余不用其谋④，则泜水败。由此观之，不可谓事济者有计策之士，覆败者无深谋之臣。虞公不用宫之奇之谋⑤，灭于晋；仇由不听赤章之言，亡于智氏；蹇叔之哭⑥，不能济崤渑之覆；赵括之母⑦，不能救长平之败。此皆人主之听不精不审耳。天下之国，莫不有忠臣谋士也。黄石公曰："罗其英雄，则敌国穷。"夫英雄者，国家之干；士民者，国家之半。得其干，收其半，则政行而无怨。知人则哲，唯帝难之，慎哉。

[注释]

①娄敬：汉高祖刘邦的谋士。齐人。又名刘敬。建议刘邦定都关中，被刘邦采纳，因赐姓刘。汉立，封关内侯。刘邦败于匈奴，他又提出和亲主张，刘邦采纳了他的建议，并命他出使匈奴，缔结和约。②平城：古地名。在今山西大同市。汉高祖刘邦曾被匈奴围困于此，后用陈平之计，才得以脱离险境。③广武君：即李左车。秦汉之际著名谋士。韩信曾请他做军师。④陈余：秦末魏国名士。大梁（今河南开封）人。陈胜起义后，他与张耳从武臣占据赵地。武臣被诛杀，他又与张耳立旧贵族赵偃为王。后因项羽封张耳为王，他为侯，心有不平，与张耳绝交，并击走张耳，自为代王。在韩信破赵之战中兵败被杀。⑤宫之奇：春秋时期虞国的大夫。公元前658年，晋献公贿赂虞公，借道伐虢，虞公许之。宫之奇力谏无效。前655年，晋又借道伐虢，宫之奇再谏无果。晋得以灭虢，回师灭虞。⑥蹇叔：春秋时期秦臣。秦穆公欲伐郑，蹇叔力谏无果，后果然败于殽。⑦赵括之母：战国时期赵国大将赵括的母亲。赵王欲任用赵括为将，迎击秦军，赵括之母力谏不可，赵王不听，导致长平之败，四十万将士被秦军坑杀。

[译文]

古语有言："作为一国之主，切不可轻易说：举国上下竟没有一位深谋远虑的大臣，满朝文武竟无一名充满智慧善于筹划之士。关键在于国君对人才的听闻考察精当不精当，仔细不仔细而已。"何以说明这个道理呢？从前的汉高祖堪称善于纳谏的聪听之主，采纳了陈恢的计谋，则一举攻下了南阳；不用娄敬之计，则被匈奴困于平城。广武君是一位智谋之士，韩信采纳了他的计策，便顺利攻下了燕、齐；陈余不用他的谋略，结果兵败泜水。由此看来，就不能说事情成功了是因为手下有计策之士，遭到失败是因为手下没有深谋远虑之臣。虞国的国君不用宫之奇的谋划，因而被晋国所灭；仇由不听赤章的谏言，对智氏手软而亡国；蹇叔哭谏，不能挽救崤渑之战的惨败；赵括的母亲不能挽救赵军在长平之战的覆亡。这些都是做人主的纳谏不精密周到所致。天下无论哪个国家，都不可能没有忠臣谋士。黄石公说："把敌国的英雄都网罗在自己的周围，则敌国就会陷入困境。"所谓英雄，是一个国家的栋梁骨干；士大夫和百姓占国家力量的一半。能够得到国家的栋梁和骨干，便得到了国家力量的一半，那么政令就能通行无阻，而百姓无怨言。能够识别人才、发现人才的，才称得上圣哲，唯有帝王最难做，一定要谨慎啊！

政体第八

古之立帝王者,非以奉养其欲也,为天下之人。强掩弱,诈欺愚,故立天子以齐一之。谓一人之明,不能遍照海内,故立三公、九卿以辅翼之。为绝国殊俗,不得被泽,故立诸侯以教诲之。夫教诲之政,有自来矣。何以言之?管子曰:"措国于不倾之地,授有德也;积于不涸之仓,务五谷也;藏于不竭之府,养桑麻、育六畜也;下令于流水之源,以顺人心也;使士于不净之官,使人各为其所长也;明必死之路,严刑罚也;开必得之门,信庆赏也;不为不可成,量人力也;不求不可得,不强人以其所恶也;不处不可久,不偷取一世宜也。知时者,可立以为长;审于时,察于用,而能备官者,可奉以为君。"故曰,明版籍,审什伍,限夫田,定刑名,立君长,急农桑,去末作①,敦学斅②,核才艺,简精悍,修武备,严禁令,信赏罚,纠游戏,察苛克,此十五者,虽圣人复起,必此言也。夫欲论长短之变,故立政道以为经焉。

[注释]

①末作:中国古代以农业为本,以手工业和商业为末。②斅(xiào):教。

[译文]

古代之所以拥立帝王,并不是为了满足他的个人欲望,而是为了天下的百姓。因为社会上有以强凌弱、以诈欺愚的现象，所以才拥立天子来整顿社会，统一天下。又因为天子一人的圣明，还不足以遍照海内，所以要立三公九卿来辅佐天子。因为偏远的小国，风俗迥异，天子的恩泽不易推及这些地区，所以分封诸侯，以便教诲他们。分封诸侯，广施教诲的政治体制，由来已久了。为什么这样说呢？管子说："把国家立于不败之地，是因为实行了德政；粮仓储积永不枯竭，是因为重视了五谷生产；府库储备不竭，是因为重视养桑麻、育六畜；下达的政令如同从源头奔流而下的江水畅行无阻，是因为政令顺应了民心；令士人在自己的职位上，无异意、无怨言，必须使其更好发挥各自的长处；向人明示必死的道路，就必须严明刑罚；要打开成功之门，必须信守奖赏的原则；不去做那些不可能做成的事情，这叫量人力而行；不强求不可能得到的东西，就是不强求别人做他们所厌恶的事情；不去做不可能长久的事情，因为不能苟取一时之安。能够洞察时务的人，可以立他做一方的首领；能够洞悉时势，详察用人之道，善于发现、储备人才的，可以奉立他做国君。"所以说，察明土地版图，核实户籍人口，限定农夫种田的数量，制定刑法，拥立君长，大力提倡农桑，限制工商末作，敦厚教化，考核才艺，简选精兵悍将，加强武备，严明禁令，赏罚守信，纠正游戏作风，严厉查办对百姓苛刻的行为，以上十五项，即便圣人再生，其所作所为必定超越不出这个范围。因为要论述长短纵横的变化，所以要奠立以上立国的政道作为准则。

卷二（德行）

君德第九

夫三皇无言，化流四海，故天下无所归功。帝者，体天则地，有言有令，而天下太平。君臣让功，四海化行，百姓不知其所以然。故使臣不用礼赏功，美而无害。王者制人以道，降心服志。设矩备衰，有察察之政、兵甲之备，而无争战血刃之用心。天下太平，君无疑于臣，臣无疑于主。国定主安，臣以义退，亦能美而无害。霸主制士以权，结士以信，使士以赏。信衰士疏，赏毁士不为用。故曰，理国之本，刑与德也。二者相须而行，相待而成也。天以阴阳成岁，人以刑德成治。故虽圣人为政，不能偏用也。故任德多，用刑少者，五帝也；刑德相半者，三王也①；仗刑多，任德少者，五霸也②；纯用刑，强而亡者，秦也。

[注释]

①三王：夏禹、商汤、周文王。②五霸：春秋时先后称霸的五个诸侯。指齐桓公、晋文公、楚庄王、吴王阖闾、越王勾践。亦称"五伯"。

[译文]

三皇虽然没有留下什么惊世骇俗的言论，但他们的教化之德流遍四海，以致天下人不知道应归功于谁。做帝王的人，如果能够遵守顺应天地运行的自然规律，有言有令，天下就会太平无事。君臣礼让，相互推让已有的功劳，德化流遍四海，百姓深受其恩德却不知恩德从何而来。所以，任用臣子，不必实行礼法奖赏制度，就能做到美满而无害。做君王的要以道制人，使人心悦诚服。设立制度规矩，是为了防备衰败的事情发生，虽有督察的政体和机构，虽有坚甲利兵的武备，但却没有挑起战乱、涂炭生灵的用心。天下太平时，君臣之间互不猜疑，国家稳定，君主安心，做大臣的能以义引退，上下关系也能美满而无害。天下的霸主控制士人靠权变和谋略，招揽结交士人靠守信用，任用驱使士人则靠奖赏。如果信用衰败，那么士人就会疏远他；奖赏不行，则士人就不为所用。所以说，治理国家的根本是"刑"和"德"。二者互为依存的条件，相辅相成。如同天必须靠白天黑夜、春夏秋冬等阴阳的变化才能形成岁月的更替运行一样，人则必须依靠刑和德两个方面才能达到天下大治的目的。所以说，即便圣人治国理政，也不能偏用一方而舍弃了另一方。所以说，治理天下用德多、用刑少的，是五帝的政治；刑和德相半而用的，是三王的政治；用刑多用德少的，是春秋五霸的政治；纯用刑治国，虽达到了一时的强盛，但很快灭亡了的，便是秦朝的政权。

或曰："王霸之道，既闻命矣。敢问高光二帝，皆拔起垄亩，芟夷祸难，遂开王业。高祖豁达以大度，光武谨细于条目。各擅其美，龙飞凤翔，故能拨乱庇人，拯斯涂炭。然比大德，方天威，孰为优劣乎？"

曹植曰[①]："昔汉之初兴，高祖因暴秦而起，遂诛强楚，光有天下，功齐汤武，业流后嗣，帝王之元勋，人君之盛事也。然而名不纯德，行不纯道。身没之后，崩亡之际，果令凶妇肆酷虐之心[②]，嬖妾被人彘之刑[③]，赵王幽囚[④]，祸殃骨肉。诸吕专权，社稷几移。凡此诸事，岂非高祖寡计浅虑，以致斯哉？然其枭将画臣，皆古今之所鲜，有历代之希睹。彼能任其才而用之，听其言而察之，故兼天下而有帝位也。

世祖体乾灵之休德，禀贞和之纯精，蹈黄中之妙理，韬亚圣之懿才⑤。其为德也，聪达而多识，仁智而明恕，重慎而周密，乐施而爱人。值阳九无妄之世⑥，遭炎精厄会之运，殷尔雷发，赫然神举，奋武略以攘暴，兴义兵以扫残，军未出于南京，莽已毙于西都。尔乃庙胜而后动众，计定而后行师，故攻无不陷之垒，战无奔北之卒。宣仁以和众，迈德以来远，故窦融闻声而影附⑦，马援一见而叹息⑧。敦睦九族，有唐虞之称；高尚纯朴，有羲皇之素；谦虚纳下，有吐握之劳⑨；留心庶事，有日昃之勤。是以计功则业殊，比隆则事异，旌德则靡僭，言行则无秽，量事则势微，论辅则臣弱，卒能握干图之休征，立不刊之遐迹，金石铭其休烈，诗书载其懿勋。故曰，光武其优也。"

[注释]

①曹植（192—232）：三国时魏诗人。字子健。曹操之子。因富于才学，早年曾备受曹操宠爱，一度欲立为太子。及曹丕、曹叡相继为帝，备受猜忌，郁郁而死。宋人辑有《曹子健集》。②凶妇：这里指吕后。③人彘：刘邦死后，吕后把曾受刘邦宠爱的戚夫人断去四肢，割掉舌头，挖去眼睛，扔进粪坑，称"人彘"。④赵王：戚夫人所生，刘邦死后，被吕后杀害。⑤亚圣：即孟子。⑥阳九：古代术数家的说法，四千六百七十一岁为一元，初入元一百零六岁，外有灾岁九，称"阳九"。因以指灾难之年或厄运。⑦窦融：东汉大臣。扶风平陵（今陕西咸阳西北）人。新莽末，割据河西。后归刘秀，协助攻灭隗嚣，封安丰侯，任大司空。⑧马援：东汉将军。新莽末，依附割据陇西的隗嚣，后归刘秀，参加攻灭隗嚣的战争。后任陇西太守，封新息侯。屡有战功。⑨吐握：相传周公礼贤下士，一次正在吃饭，有贤人来访，他赶快把饭从口中吐出，接待来客，如此者三。又洗澡时三次停下来握着头发接见来客，称周公"三吐握"。

[译文]

人问："称王称霸的道理和方法已领教了。请问：汉高祖和汉光武二位帝王都是由普通百姓崛起发迹，扫平祸难，终于建立了帝王之业。汉高祖豁达大度，不拘小节，汉光武则谨慎小心。二位各有所长，都能龙飞凤翔，拨乱反正，保护百姓，挽生灵于涂炭之中。然而，如果要把二位帝王的德行和威望作比较，哪一位更强一些呢？"

曹植说："从前，汉朝初兴之时，汉高祖因反抗暴秦而起义，随之又消灭了强盛一时的楚霸王项羽，光复天下，其功劳可与商汤、周武的业绩相媲美，为刘氏王朝奠定了基业，其人堪称帝王中的元勋，其功业更是人君盛事。然而他的品德不纯，其行为更不符合纯正的王道，所以在他身没驾崩之后，果然使得凶妇吕氏得以大发酷虐之心，使高祖的嬖妾惨遭'人彘'之刑，赵王被幽囚毒死，祸害殃及自己的亲生骨肉，致使诸吕专权，汉家江山险些易名改姓。凡此种种，难道不是高祖缺乏计议、浅于谋虑，以致造成如此惨痛的结局吗？然而他手下的骁勇之将，智谋计策之臣，却都是古今少有，历代罕见的。高祖能够对他们量才擢用，善于采纳他们的意见，并密切注视着他们的行动，所以能够兼并天下，建立帝王之业。

汉光武帝体验到了天地自然的美德，秉承了贞和的精神品质，通晓幽深精微的道理，胸怀仅次于圣人的才华。他的德行表现在，聪颖明达，博闻多识，富于智慧而又开明宽恕，谨慎周密，乐善好施，爱护百姓。正值大旱的灾年，汉家王朝又面临衰败的厄运，忽然如雷霆万钧，光武帝毅然奋起义兵，奋展武略扫除残暴势力，军未出南京，王莽便死于西都。汉光武用兵的特点是，庙算已定，而后出动，拟订出应付各种非常情况的数种方案后，才肯挥师而进，所以攻无不克，战无不胜。博施仁爱以团结众生，广推恩德以感召偏远。所以窦融闻声而归附，马援一见而叹息相会恨晚。汉光武敦睦九族，有唐尧虞舜的称誉；高尚淳朴，有伏羲的品德；谦虚待人，博采众议，有周公吐哺握发的辛劳；心系国家兴亡之事，事必躬亲，有夙兴夜寐的勤劳。因此，若计算他的功劳，则光武与高祖的业绩就不一样，若比功业的宏伟，则光武又与高祖的事迹不为同类，宣扬他的恩德则毫无非议之处，谈起他的品行则洁白无瑕，衡量他的实力则比汉高祖微薄，论他的辅臣则比汉高祖的弱小，然而，终于能把握并实现了建立帝业的征兆，建立了不可磨灭、流传万古的功业，金石上记载着他的美名，诗书上记载着他的功绩。所以说，相比之下，还是光武帝略优于汉高祖。"

或曰："班固称周云成康，汉言文景，斯言当乎？"虞南曰："成康承文武遗迹，以周、召为相，化笃厚之氓，因积仁之德，疾风偃草，未足为喻。至汉祖开基，日不暇给，亡嬴之弊，犹有存者。太宗体兹仁恕，式遵玄默，涤秦、项之酷烈，反轩、昊之淳风，几致刑厝，斯为难矣。若使不溺新垣之说①，无取邓通之梦②，憪憪乎庶几近于王道。景帝之拟周康，则尚有惭德。"

或曰："汉武帝雄才大略，可方前代何主？"虞南曰："汉武承六世之业，海内殷富。又有高人之资，故能总揽英雄，驾驭豪杰，内兴礼乐，外开边境，制度宪章，焕然可述，方于始皇，则为优矣。至于骄奢暴虐，可以相亚。并功有余而德不足。"

[注释]

①新垣：即新垣平。汉文帝时官至上大夫，以望气附会人事而著名。后被人告发行诈，诛死。②邓通：西汉臣。文帝时官至上大夫。颇受文帝宠幸，前后赏赐无数，并赐蜀郡严道铜山，许其铸钱，邓氏钱遍天下。景帝时免官，财产被没收，穷困而死。

[译文]

人问："班固曾说过周代帝王中值得称颂的应首推成王和康王，汉代帝王中值得称颂的应首推汉文帝和汉景帝，这样的评价妥当吗?"虞世南说:"周成王和周康王上承周文王和周武王的余业,又有周公和召公这样的圣贤为宰相,教化的是淳朴厚道的百姓,因用的是先王积累的仁德,所以政令的畅顺,比作疾风吹伏草一样,也不为过分。到了汉高祖开立汉朝的基业时,百事待举,日不暇给,秦朝政治的弊端仍有残存。汉文帝体怀仁恕之心,遵奉道家无为而治的思想,荡涤秦朝、项羽的酷刑暴政,恢复轩辕、太昊时的淳朴之风,以至于刑罚措置不用,做到这一点,的确不容易。假若文帝不沉溺于新垣平的虚妄之说,不要理睬邓通推自己上天的梦幻,那么,文帝的政治,几乎近于王道了。至于汉景帝与周康王相比,则尚有自惭之处。"

有人问:"汉武帝雄才大略,可与前代哪个帝王相比?"虞世南说:"汉武帝继承了祖上六世经营的业绩,海内殷富,又富于伟人的素质,所以能总揽英雄,驾驭豪杰,对内弘扬礼乐制度,对外拓宽疆域,其文治武功,焕然可述,比前代的秦始皇还要略胜一筹。至于武帝骄慢奢侈,为政暴虐,则略次于秦始皇。两人都属于'功有余而德不足'的帝王。"

昔周成以孺子继统,而有管、蔡四国之变①;汉昭幼年即位,亦有燕、盖、上官逆乱之谋②。成王不疑周公,汉昭委任霍光。二主孰为先后?

魏文帝曰:"周成王体圣考之休气,禀贤妣之胎诲,周、召为保傅,吕望为太师,口能言则行人称辞,足能履则相者导仪,目厌威容之美,耳饱德义之声,所谓沉渍玄流,而沐浴清风矣。犹有咎悔,聆二叔之谤,使周公东迁,皇天赫怒,显明厥咎,然后乃悟。不亮周公之圣德,而信金縢之教言,岂不暗哉?夫汉昭父非武王,母非邑姜,养惟盖主,相则桀、光,保无仁孝之质,佐无隆平之治,所谓生于深宫之中,长于妇人之手。然而德与性成,行与体并,在年二七,早知夙达,发燕书之诈,亮霍光之诚。岂将启金縢,信国史,而后乃悟哉?使成昭钧年而立,易世而化,贸臣而治,换乐而歌,则汉不独少,周不独多也。"

[注释]

①管、蔡四国之变:周成王年少继位,由其叔父周公旦辅政。成王的另外两个叔父管叔和蔡叔联合发动叛乱,周公发兵平息了叛乱。②燕、盖、上官逆乱之谋:汉昭帝即位,霍光等受命辅政。昭帝之兄燕王旦、盖长公主以及与霍光同时受命辅政的上官桀等图谋政变,拥立燕王,被霍光镇压。

[译文]

从前周成王幼年继承王位,而爆发了管、蔡等四国的叛乱;汉昭帝幼年继位,也有燕、盖、上官等人的逆乱之谋。周成王不怀疑周公,汉昭帝委任霍光,这两位帝王相比,哪个为先,哪个为后?

魏文帝说:"周成王秉承了其父母的优秀品质,又有周公、召公做保傅,吕望做太师,刚会讲话时就有行人(司仪之官)教他言辞,刚会迈步就有相者(礼仪之官)教他步伐仪表,他的眼睛从小就看够了威仪美容,耳朵充满了德义之声,堪称沉浸于玄妙的河流中,沐浴在徐徐的清风里。尽管如此,仍有惭悔之处,轻信了管、蔡二叔的诽谤言论,使周公东迁,致使皇天发怒,以明示成王的过错,成王因此而觉悟。周成王不能明察周公的圣德,而相信金縢书的教导之言,岂不是太糊涂了吗?而汉昭帝既没有像周武王那样圣明的父亲,又没有像邑姜那样贤淑的母亲,养育他的是盖长公主,辅佐他的是上官桀、霍光。保育他的人不具有仁孝的品质,辅佐他的人又无隆平世治的才能,可以说是生于深宫之中,成长于妇人之手。然而,他的德与性相成,行与体相随,十四岁时就聪敏过人,发觉燕王诬告书信的虚诈,洞明霍光忠诚无私。哪里像周成王那样,开启金縢见了周公遗书、问了史官之后才恍然大悟呢?如果使周成王和汉昭帝成年继立,再互换一下朝代的位置、手下的大臣以及彼此的礼乐制度，恐怕汉祚未必少，而周祚未必多呢。"

或曰："汉宣帝政事明察，其光武之俦欤①？"虞南曰："汉宣帝起自闾阎②，知人疾苦，是以留心听政，擢用贤良，原其循名责实，峻法严令，盖流出于申、韩③。古语云：'图王不成，弊犹足霸；图霸不成，弊将如何？'光武仁义，图王之君也；宣帝刑名，图霸之主也，今以相辈，恐非其俦。"

或曰："汉元帝才艺温雅，其守文之良主乎？"虞南曰："夫人君之才，在乎文德武功而已。文则经天纬地，词令典策；武则禁暴戢兵，安人和众。此南面之宏图也。至于鼓瑟吹箫，和声度曲，斯乃伶官之职，岂天子之所务乎？"

[注释]

①俦（chóu）：同类。②闾阎：里巷的门。一般借指里巷或普通百姓。③申、韩：指申不害和韩非。二人均为战国时期法家代表人物。

[译文]

有人问："汉宣帝政事明察，是不是汉光武一类的人物？"虞世南说："汉宣帝兴起于民间，了解百姓的疾苦，因此能够留心政事，提拔重用贤臣良将，但考察他循名责实、峻法严令的施政风格，都出自申不害、韩非法家一派的主张。古语说：'图王不成，弊犹足霸；图霸不成，弊将如何？'光武讲求仁义，是图谋王道的君主；宣帝则推崇刑名，是图谋霸道的君主。今天把二人相比，恐怕不是一类的人物。"

有人问："汉元帝颇具才艺，温文尔雅，算得上爱好艺文的良主吗？"虞世南说："做君王的才能在于文德武功而已。文方面的才能表现在经天纬地、辞令典策；武方面的才能表现在禁绝残暴，消弭兵乱，安定百姓，和睦众人。这才是君王应当追求的治国宏图。至于鼓瑟吹箫，和声度曲，这些都是戏子伶官的职责，难道是天子所应做的事吗？"

或曰："观伪新王莽①，谦恭礼让，岂非一代之名士乎？至作相居尊，骄淫暴虐，何先后相背甚乎？"虞南曰："王莽天姿惨酷，诈伪人也。未达之前，徇名求誉；得志之后，矜能傲物。饰情既尽而本质存焉。愎谏自高，卒不改悟，海内冤酷，为光武之驱除焉。"

[注释]

①王莽（前45—23）：新王朝的建立者。公元8年至23年在位。字巨君，汉元帝皇后侄。汉末，以外戚掌握政权，逐步篡汉自立，改国号为新。在位期间实行改制，引起全国政治、经济混乱。农民起义军攻入长安后，王莽被杀。

[译文]

有人问："考察伪新朝的王莽，谦恭礼让，难道还算不上一代名士吗？等到做了宰相，居身隆尊之位后，则骄淫暴虐，为什么前后的作为如此南辕北辙呢？"虞世南说："王莽天性是惨酷诈伪之人。没有显达以前，伪装谦恭，沽名钓誉；得志以后，矜恃才能、傲视外物。撕去了昔日的伪装后，其本质便暴露无遗了。刚愎自用，拒不纳谏，始终未能改悔醒悟，致使冤酷遍海内，终于被汉光武帝所铲除。"

夏少康、汉光武皆中兴之君①，孰者为最？虞南曰："此二帝皆兴复先绪，光启王业，其名则同，其实则异。何者？光武之世，藉思乱之民，诛残贼之莽，取乱侮亡，为功差易。至如少康，则夏氏之灭已二代矣。藐然遗体②，身在胎孕，母氏逃亡，生于他国，不及过庭之训，曾无强近之亲，遭离乱之难，庇身非所。而能崎岖于丧乱之间，遂成配天之业。中兴之君，斯为称首。"

[注释]

①夏少康：传说中的夏国王。姒姓。相的儿子。寒浞杀死相后，少康生在母家有仍氏，为有仍氏牧正，后又逃奔有虞氏为庖正，有田一成（方十里），有众一族（五百人）。后在有鬲氏帮助下，攻杀寒浞，恢复了夏朝统治。史称"少康中兴"。②煢然：孤立煢小貌。

[译文]

夏朝的少康、汉光武帝都是中兴之主，二人相比，哪位更优？虞世南说："这两位帝王都能兴复先祖的帝王之业，其名虽然相同，而实际则是有区别的。为什么这样说呢？汉光武之世，借助想造反的民众，诛灭了残贼王莽，这是取思乱之民众凌侮行将灭亡的残贼，成功较为容易。至于少康之时，夏朝被灭已经两代，少康的母亲孑然一身，怀着身孕，逃到别的国家生了少康。少康既不能得到正常的家庭教育，又没有强有力的亲近保护，身遭离乱之难，而无安身之所。但少康却能在丧乱之中历尽曲折，排除困难，最终成就了帝王大业。在中兴之君中，应首推少康。"

后汉衰乱，由于桓、灵，二主凶德谁则为甚？虞南曰："桓帝赫然奋怒，诛灭梁冀①，有刚断之节焉。然阉人擅命，党锢事起②，中平乱阶，始于桓帝。古语曰：'天下嗷嗷，新主之资也。'灵帝承疲民之后，易为善政，黎庶倾耳，咸冀中兴。而帝袭彼覆车，毒逾前辈，倾覆宗社，职帝之由，天年厌世，为幸多矣。"

[注释]

①梁冀：东汉外戚，两妹为顺帝、桓帝皇后。任大将军，专擅朝政长达二十余年。执政期间，骄奢横暴，强迫百姓数千人为奴，称"自卖人"。后来桓帝与宦官联手诛灭梁氏，梁冀被迫自杀。②党锢：东汉桓帝时宦官专权，世族李膺等人联合郭泰、贾彪等太学生抨击宦官集团。后有人勾结宦官诬告他们"诽讪朝政"，李膺等二百多人被捕。后虽释放，但终身不许做官。这是第一

次党锢之祸。汉灵帝即位后，外戚窦武专权，起用"党人"，并与太傅陈蕃等合谋诛杀宦官，事泄被杀。灵帝与宦官将李膺等百余人下狱处死。后又杀死、流徙、囚禁六七百人。这是第二次党锢之祸。

[译文]

人问：后汉衰败战乱，根源在桓帝和灵帝两位君主，二人政治的腐败哪一个更为严重？虞世南说："汉桓帝对外戚专权奋然动怒，诛杀了以梁冀为首的外戚势力，还算有刚猛果断的气魄。然而，继之却是宦官专权，'党锢之祸'就起始于桓帝。古语说：'天下嗷嗷待哺，正是新主可资利用的良机。'汉灵帝继位时，正值人民疲惫之时，推行德政，安抚百姓较为容易，天下都渴盼出现中兴的局面。然而灵帝却重蹈桓帝覆辙，其为政的酷毒有过于前辈，终于倾覆了汉家的社稷，推察灵帝的作为，居然还能寿终正寝，实在是太幸运啊！"

自炎精不竞①，寓县分崩，曹孟德挟天子而令诸侯，刘玄德凭蜀汉之阻，孙仲谋负江淮之固，三分天下，鼎足而立。皆肇开王业，光启霸图，三方之君，孰有优劣？

虞南曰："曹公兵机智算，殆难与敌，故能肇迹开基，居中作相，实有英雄之才矣。然谲诡不常，雄猜多忌。至于杀伏后②，鸩荀彧③，诛孔融，戮崔琰④，娄生毙于一言，桓劭劳于下拜，弃德任刑，其虐已甚。坐论西伯，实非其人。许劭所谓'治世之能臣，乱世之奸雄'，斯言为当。刘公待刘璋以宾礼，委诸葛而不疑，人君之德，于斯为美。彼孔明者，命世之奇才，伊、吕之俦匹，臣主同心，鱼水为譬。但以国小兵弱，斗绝一隅，支对二方，抗衡上国。若使与曹公易地而处，骋其长算，肆关、张之武，尽诸葛之文，则霸王之业成矣。孙主因厥兄之资，用前朝之佐，介以天险，仅得自存，比于二人，理弗能逮。"

[注释]

①炎精：这里指刘汉王朝。汉朝承火德，故称炎精。②伏后：汉献帝皇后。伏后曾致书其父伏完，要他设法诛杀曹操，事泄，伏后被鸩杀。③荀彧：曹操的谋士。因反对曹操称魏王而被鸩杀。④崔琰：曹操的尚书。遭人诬告被杀。

[译文]

自从汉朝火德日衰，天下分崩，曹孟德挟天子而令诸侯，刘备凭借蜀汉山川的险阻，孙权则凭江淮的险固，三分天下，鼎足而立。都是开启帝王之业、图谋称霸天下的君主，三方君主，彼此优劣如何？

虞世南说："曹操用兵富于智慧，长于筹算，很难有人同他相匹敌，所以能奠立帝王的基业，居中作相，控制汉朝政权，的确具有英雄的才气。然而却谲诡无常，疑心重重，颇多猜忌。至于杀害伏皇后，毒死荀彧，诛杀孔融，屠戮崔琰，娄生因一言不慎而丧命，桓劭劳于下拜而命不保。抛弃仁德，专任刑罚，暴虐非常。有人说他像西伯文王，其实，远不是这样的人。许劭称曹操为'治世之能臣，乱世之奸雄'，这个评价恰如其分。刘备对刘璋礼如宾客，委诸葛亮以重任而毫无猜疑之心，作为君王的品德，这是最为高尚的。至于诸葛孔明，为命世奇才，堪与伊尹、吕望等圣贤相媲美，臣主同心同德，如鱼水相得。但是，因国小兵弱，屈居西南一隅，仍须支应魏、吴两方，与大国强国相抗衡。如果使刘备和曹操易地而居，充分发挥自己长于谋算的优势，让关羽、张飞的武略充分施展，让诸葛亮发挥自己的智谋，霸王之业就能够成功了。孙权继承了他的兄长孙策的基业，用前朝老臣做宰辅，又有长江天险作屏障，反得以自存而毫无进取，据此来看，若同曹操、刘备相比，怕是望尘莫及的。"

晋宣帝雄谋妙算，诸葛亮冠世奇才，谁为优劣？虞南曰："宣帝起自书生，参佐帝业，济世危难，克清王道，文武之略，实有可称。而多仗阴谋，弗由仁义，猜忌诡伏，盈诸襟抱。至如示谬言于李胜①，委鞫狱于何晏②，愧心负理，君子不为。以此伪情，行之万物。若使力均势敌，俱会中原，以仲达之奸谋，当孔明之节制，恐非俦也。"

[注释]

①李胜：三国时曹魏臣。任荆州刺史时，奉曹爽之命去探望在家养病的司马懿，以便了解其有无异动。司马懿深知李胜来意，便装出病重的样子给李胜看。李胜信以为真，报告曹爽说："勿以太尉为忧。"公元249年，司马懿发动政变，逮捕曹爽、李胜等人，夷族。②何晏：三国魏玄学家。娶魏公主，官至尚书。因附曹爽，公元249年被司马懿所杀。

[译文]

晋宣帝雄谋妙算，诸葛亮冠世奇才，二人相比，谁优谁劣？虞世南说："宣帝司马懿本一介书生，后来参与辅佐帝业，匡济世事危难，清理弘扬王道，文武韬略，的确有诸多值得称颂之处。然而他为政用兵，多倚仗阴谋诡计，不用仁义之道，猜忌、残忍、诡诈、埋伏之属盈脑满胸。至于假痴不癫、以谬言蒙骗李胜，把玄学家何晏下狱，都是愧心负理的行为，是君子决不做的事情。司马懿用这种诈伪之术待人接物，假设使魏与蜀势均力敌，会兵中原，以马司仲达的奸谋同诸葛亮用兵的谋略相比，恐怕还不是诸葛亮的对手。"

或曰："晋景、文兄弟孰贤？"虞南曰："何晏称：'惟深也，故能通天下之志，夏侯太初是也①；惟几也，故能成天下之务，司马子元是也②。'故知王佐之才，著于早日。及诛爽之际，智略已宣。钦、俭称兵③，全军独克，此足见其英图也。虽道盛三分而终身北面,威名振主而臣节不亏,侯服归全,于斯为美。太祖嗣兴,克宁祸乱,南定淮海,西平庸蜀,役不逾时,厥功为重。及高贵纂历,聪明夙智,不能竭忠协赞,拟迹伊周,遂乃伪谤士彦,诿罪成济④,自贻逆节,终享恶名,斯言之玷,不可磨也。"

东晋自元帝以下,何主为贤?虞南曰:"晋自迁都江左,强臣擅命,垂拱南面,政非己出。王敦以盘石之宗⑤,居上流之要,负才矜地,志怀问鼎,非肃祖之明断⑥、王导之忠诚⑦,则晋祚其移于王氏矣。若使降年永久,仗任群贤,因瀍、涧之遗黎,乘刘、石之衰运,则克复中原,不难图也。"

[注释]

①夏侯太初:夏侯玄,字太初。早期玄学领袖。曾任魏征西将军,都督雍、凉诸军事。后因图谋铲除司马氏家族在魏国的势力,事泄,被杀。②司马子元:司马师,字子元。司马懿之子。继其父为魏大将军,专国政。③钦、俭:指文钦和毌丘俭。文钦时任扬州刺史,毌丘俭时任镇东将军。正元二年(255),二人矫诏讨伐司马师,兵败。毌丘俭被杀,文钦逃往东吴。④成济:曹魏高贵乡公时任太子舍人。高贵乡公(司马昭所立傀儡皇帝)因不满司马昭专权,率数百人去杀司马昭,中护军贾充迎战高贵乡公,并责成成济前往刺杀高贵乡公。司马昭为保护贾充,便把行刺魏帝的责任推在了成济身上。⑤王敦(266—324):东晋大臣。出身士族。西晋灭亡,与其堂弟王导拥立琅琊王司马睿建立东晋政权,任大将军、荆州牧,拥重兵镇守武昌。永昌元年(322),因司马睿抑制王氏家族,起兵攻入建康(今南京),杀晋元帝宠臣刁协等,回镇武昌。晋明帝太宁二年(324),再次进兵建康,病死军中。⑥肃祖:即晋明帝司马绍。公元323年至325年在位。⑦王导(276—339):东晋大臣。字茂弘,琅琊临沂(今山东临沂)人。为琅琊王司马睿献策移镇建康(今南京),并建立东晋。历仕元、明、成三帝,时称"王与马,共天下"。

[译文]

有人问:"晋景帝、晋文帝二兄弟哪位更贤明?"虞世南说:

"何晏曾说：'唯有思想深邃，才能通晓天下发展的道理，夏侯太初就是这样的人；唯有精细幽妙，才能成就世事功业，司马子元就是这样的人。'所以司马师所拥有的宰辅之才，在早年就显露出来了。当司马懿诛杀曹爽之际，便显示了景帝的智略，曹魏大将文钦、毌丘俭在淮南举兵，反对司马氏专擅朝政，司马师率军将其全歼，据此足见其智略和英明。虽然他智略胜人三分，但最终只能北面称臣；虽然威名震主，但始终坚守臣节，最终以诸侯的名分全身而退，值得赞美。晋文帝司马昭执政时，扫平祸乱，南定淮海，西平蜀汉，兵战工役不违农时，这是他最大的功勋。高贵乡公继承帝位后，本来聪明早智，而司马昭却不能尽忠辅佐，留下伊尹、周公辅佐天子的名迹，以至诈谤士人，杀害天子，而后开罪于成济。但毕竟自负叛逆之节，落得一个杀害天子的恶名。这些有污声誉的评价，是不容磨灭的。"

东晋自元帝以下，哪一位皇帝算得上贤明之主？虞世南说："晋朝自从迁都江左，强臣专擅朝命，皇帝形式上垂拱南面，政令却不能由自己决定。大将军王敦作为能决定朝政的王氏家族的成员，拥兵长江上游，凭仗自己的才能和有利的地理形势，心怀叛逆问鼎之志，如果不是晋明帝审慎明断，王导忠心耿耿，司马氏政权早被王氏取而代之了。如果晋明帝年寿能长一些，仗任手下的众多贤臣，以及从洛阳南迁的精锐部队，乘刘曜、石勒的衰败之机，北上收复中原，并不是困难的事情。"

伪楚桓玄有奇才远略①，而遂至灭亡，何也？虞南曰："夫人君之量，必虚己应物，覆载同于天地，信誓拟于暄寒，然后万姓乐推而不厌也。彼桓玄者，盖有浮狡之小智，而无含宏之大德。值晋末衰乱，威不逮下，故玄得肆其爪牙，以侥幸之余，而逢神武之运，至于夷灭，固其宜也。"

[注释]

①桓玄：东晋名将。桓温之子。公元403年，代晋自立，国号楚。不久，即被北府兵将领刘裕讨灭。

[译文]

伪楚桓玄有奇才远略，而最终遭致灭亡，这是为什么呢？虞世南说："作为人君的度量和胸怀，必须做到虚怀应物，其涵量如上天一样博大，如大地一样能容，还要取信于民，与百姓关系亲密，这样，百姓才乐于拥戴。而桓玄这个人，具有浮夸狡诈般的小聪明，却不具备宽宏博大的高尚德行。正值晋末衰败混乱，朝命失去了权威，桓玄才得以割据称雄，僭越帝号，侥幸之余，又遭到晋军强有力的讨伐，归于灭亡，这是他本应得到的下场。"

宋祖诛灭桓玄①，再兴晋室，梁代裴子野优之于宣、武②，其事云何？虞南曰："魏武，曹腾之孙，累世荣显，濯缨汉室，三十余年。及董卓之乱，乃与山东俱起，诛灭元凶，曾非己力。晋宣历任卿相，位极台鼎，握天下之图，居既安之势，奉明诏而诛逆节，建瓴为譬，未足喻也。宋祖以匹夫提剑，首创大业，旬月之间，重安晋鼎，居半州之地，驱一郡之卒，斩谯纵于庸蜀③，禽姚绍于崤函④，克慕容超于青部⑤，枭卢循起于岭外⑥，戎旗所指，无往不捷。观其豁达，则汉祖之风；制胜胸襟，则光武之匹。惜其祚短，志未可量，此为优矣。"

宋孝武、明帝⑦，二人孰贤？虞南曰："二人残忍之性，异体同心。诛戮贤良，割剪枝叶，内无平、勃之相，外阙晋、郑之亲，以斯大宝，委之昏稚，故使齐氏乘衅，宰制天下。未逾岁稔，遂移龟玉。缄縢虽固，适为大盗之资。百虑同失，可为长叹。鼎社倾沦，非不幸也。"

[注释]

①宋祖：南朝宋高祖刘裕。刘宋王朝的建立者。初为北府兵将领，桓玄代晋自立后，参与讨伐桓玄的战争。公元420年代晋自立，建立宋朝。②裴子野：南朝梁朝史学家。③谯纵：十六国时期后蜀国君。公元405年至413年在位。④姚绍：十六国时期后秦将领。刘裕北伐时，他曾率兵据关迎战，被刘裕攻破。⑤慕容超：十六国时期南燕国君。公元405年至410年在位。⑥卢循：东晋末年农民起义军领袖。孙恩的妹夫。初随孙恩起义，恩死，统恩余部转战于浙东一带，泛海南下至广州，赶走刺史吴隐之，自领州事，后受招安为广州刺史，公元410年，乘刘裕北伐之机，进兵建康，兵败自杀。⑦宋孝武：即南朝刘宋孝武帝刘骏，字休龙。公元453年至464年在位。宋文帝第三子，封武陵王。文帝为太子刘劭所杀，他起兵讨灭刘劭，被拥立为帝。宋明帝：即南朝刘宋皇帝刘彧，字休炳。公元466年至472年在位。宋文帝第十一子。

[译文]

宋祖刘裕诛灭桓玄，再兴晋室，梁代的裴子野认为刘裕胜过晋宣帝司马懿和魏武帝曹操，事实是这样的吗？

虞世南说："魏武帝曹操是东汉宦官曹腾的孙子，累世荣耀显达，在汉室为官达三十余年。在董卓之乱时，便同山东诸侯一道起兵，诛灭了元凶董卓，这不是他一个人的力量所致。晋宣帝司马懿历任卿相，位极台鼎，控制全国的局势，居于安稳的形势，奉皇上明诏而诛伐逆贼，居高临下，以高屋建瓴为比喻，并不过分。南朝宋祖刘裕以普通百姓从戎征战，首创大业，他能在旬月之间，平定叛乱，重新稳定晋朝的江山。凭借半州之地、一郡的兵马，斩谯纵于巴蜀，擒姚绍于崤函，破慕容超于青部，斩卢循于岭外，战旗所指，无往而不胜。论其豁达，有汉高祖之风；制胜胸襟，则可与汉光武相匹敌。可惜他在位时日很短，否则，其志未可估量。刘裕是一位杰出的帝王。"

又问：宋孝武帝和宋明帝哪位较贤明？虞世南说："二人残忍的性格，真可谓异体而同心。诛戮贤良，残害骨肉之亲，朝内没有像陈平、周勃这样的宰相，外又缺乏像春秋时期晋国和郑国间稳固强大的姻亲，将国器权柄委予昏聩无知的大臣手中，故使萧齐氏乘内乱之机，掌握了宰制天下的大权，不到一年，刘氏的龟玉宝器便移到萧齐手中了。好比箱子封锁得很牢固，正好方便了大盗的偷窃，千思百虑，均告失败，令人叹息。至于社稷的倾覆，也算不上什么不幸之事。"

齐建元、永明之间①，号为治世，诚有之乎？虞南曰："齐高创业之主②，知稼穑之艰难。且立身俭素，务存简约。武帝则留意后庭③，雕饰过度，然能委任王俭④，宪章攸出，礼乐之盛，咸称永明。宰相得人，于斯为美。"

宋、齐二代，废主有五，并骄淫狂暴，前后如一。或身被贼杀，或倾坠宗社，岂厥性顽凶，自贻非命，将天之所弃，用亡大业乎？虞南曰："夫上智下愚，特禀异气；中庸之才，皆由训习。自宋、齐以来，东宫师傅，备员而已。贵贱礼隔，规献无由，多以位升，罕由德进。此五君者，禀凡庸之性，无周、召之师，远益友之箴规，狎宵人之近习，以斯下质，生而楚言，覆国亡身，理数然也。"

[注释]

①建元：南朝齐高帝萧道成年号。永明：南朝齐武帝萧赜年号。②齐高：即齐高帝。南朝齐的建立者萧道成。公元479年至482年在位。③武帝：即齐武帝萧赜。齐高帝长子。公元482年至493年在位。④王俭：南齐大臣、学者。好学博闻，历任侍中、尚书令、中书监等。

[译文]

齐建元、永明之间，被称为治世，史事果真如此吗？虞世南说："齐高帝作为开国创业的皇帝，颇知稼穑之艰难，而且自身生活节俭朴素，为政务求简约。齐武帝则沉溺后宫，生活奢侈，雕饰过度。然而，还能任用王俭这样的贤良之臣，宪章朝仪都由他规划和推出，礼乐之盛，人们都称颂永明年间。所任用的宰相得力，这一点是很值得称颂的。"

南朝宋、齐两个朝代，有五位被废的君主，都是骄淫狂暴之辈，前后并无二致。这五位被废的君王中，有的被逆贼所杀，有的倾坠社稷，丢掉了帝位，难道是他们生性顽凶，自取灭亡，为上天所抛弃，从而使其帝王大业付诸东流了吗？虞世南说："极端的聪慧和愚鲁都是天生的，而天赋一般的人其才能则要靠后天的训导和教习。而自宋、齐以来，太子的师傅都是形同虚设的备员而已。品位较低的属僚即便能发现问题，欲图劝导规谏，却又碍于贵贱之礼和途径不通而无法办到；而且，官位的晋升也多根据原有的爵位和资格，很少根据德行的优劣来决定。这五位被废的帝王，才气平庸，既没像周公、召公那样的德才兼备之人做老师，又听不到良朋益友的规劝，整日同奴才小人婢妾宫女厮混，以较低下的天赋，生活在粗蛮的环境中，最后遭致覆国亡身的下场，也是理所当然的事情。"

梁元帝聪明才学，克平祸乱，而卒致倾覆，何也？虞南曰："梁元聪明伎艺，才兼文武，仗顺伐逆，克雪家冤，成功遂事，有足称者。但国难之后，伤夷未复，信强寇之甘言，袭褊心于怀楚。蕃屏宗支，自为仇敌，孤远悬僻，莫与同忧，身亡祚灭，生人涂炭，举鄢、郢而弃之，良可惜也。"

后齐文宣帝，狂悖之迹，桀纣之所不为。而国富人丰，不至于乱亡，何也？虞南曰："昔齐桓奢淫亡礼，人伦所弃。假六翮于仲父，遂伯诸侯。宣武帝鄙秽忍虐，古今无比。委万机于遵彦①，保全宗国，以其任用得才，所以社稷犹存者也。"

陈武帝起自草莱，兴创帝业，近代以来，可方何主？虞南曰："武帝以奇才远略，怀匡复之志，龙跃海隅，豹变岭表，扫重氛于绛阙，复帝座于紫微。西抗周师，北夷齐寇，宏谋长算，动无遗册，实开基之令主，拨乱之雄才。比宋祖则不及，方齐高则优矣。"

[注释]

①遵彦：即杨愔。字遵彦。

[译文]

梁元帝聪慧有才学，能够克平祸乱，而最终仍然导致帝位倾覆，这又是为什么呢？虞世南说："梁元帝聪明而富有技艺，文武兼备，顺应民心，讨伐叛逆，报雪家国之冤，功成事就，其功业的确有可称道之处。但国家遭难之后，满目疮痍，尚未恢复，却轻信了强寇的甜言蜜语，即位于楚都江陵，摒弃宗室兄弟，视若仇敌，无异于将自己置于悬远荒僻之地，结果造成无人与他共同分忧国事，最后落得身亡国灭，生灵涂炭，鄢郢之地弃于敌手，实在可惜。"

后齐文宣帝狂妄暴虐，灭绝天理，其作为比之桀纣，可谓有过之而无不及。然而文宣之世，国家殷富，人民丰衣足食，不至于乱亡，这是为什么呢？虞世南说："从前齐桓公奢侈淫逸，不遵守礼法，为一般人伦所不齿。但他把大权委予管仲，遂使齐国成为诸侯的霸主。神武帝和文宣帝贪鄙残忍，疯狂暴虐，无与伦比。然而，他把朝政大权委予杨愔，宗庙社稷得以保全。这是因为他善于任用人才，所以才不致江山移位。"

陈武帝起自草寇，最终开创了帝王大业，他可以和近代以来哪一位国君相比？虞世南说："武帝以其奇才远略，胸怀匡复社稷的远大志向，其作为如同巨龙跃于江海，雄豹应变于岭外，他扫除宫廷的威胁，使处于危难中的国君恢复帝王的宝座。他西抗北周的军队，北克北齐的来犯之师，他精于谋略，长于料算，动而必成，万无一失,堪称开国奠基的一代英主,拨乱反正的盖世雄才。把他同宋祖刘裕相比,则略显逊色,若同齐高帝萧道成相比,则又略胜一筹。"

隋文帝起自布衣,光有神器,西定庸蜀,南平江表,比于晋武,可为俦乎?虞南曰:"隋文因外戚之重,周室之微,负图作宰,遂膺宝命。留心政治,务从恩泽,故能绥抚新旧,缉宁遐迩,文武制置,皆有可观。及克定江淮,咸同书轨,率土黎献①,企伫太平②。自金陵灭后,王心奢汰,虽威加四海,而情坠万机,荆璧填于内府,吴姬满于下室。仁寿雕饰,事将倾宫,万姓力殚,中民产竭。加以猜忌心起,巫蛊事兴,戮爱子之妃,离上相之母,纲维已紊,礼教斯亡,牝鸡晨响③,皇枝剿绝,废黜不辜,树立所爱,功臣良佐,诛翦无遗。季年之失,多于晋武,卜世不永,岂天亡乎?"

[注释]

①黎献:众多贤能的人。这里喻指天下百姓。②伫(zhù):久立等待。③牝鸡晨响:此指隋文帝皇后独孤氏干预朝政,而文帝事事依从。牝鸡,即母鸡,喻指皇后。

[译文]

隋文帝杨坚起自布衣百姓,最后登上了皇帝的宝座。他西定庸蜀,南平江表,把他同晋武帝划为一档,是否妥当?虞世南说:"隋文帝借外戚的重要地位,乘北周王室衰微之机,专权朝政,并最终取而代之,登上了皇帝的宝座。他专心政治,博施恩泽,所以能够使新旧臣僚各得其所,进而安定天下,文治武功,皆有可称道之处。到后来他平定江淮,统一天下,全国百姓都渴盼从此过上安居乐业的生活。但自平定南陈以后,隋文帝的生活奢侈起来,虽然威震四海,但仍然欲壑难填,玉石宝器填满了内府,江南美色充斥后宫。仁寿年间，大兴土木，百姓差役繁重，力不能胜，中产之家亦纷纷破产。再加上晚年心怀猜忌，巫蛊（利用巫术诅咒人）一案，杀了爱子杨俊之妃，又将大臣杨素之母下狱。至此，国家纲纪紊乱，礼教衰亡，甚至听信独孤皇后之言，残杀皇室骨肉，废黜无辜太子杨勇，另立杨广为太子，功臣良相，诛杀殆尽。隋文帝晚年的过失多于晋武帝，隋朝未能长久，能说是上天要使它灭亡吗？"

或曰："王霸之略，请事斯语矣。敢问殁而作谥[1]，及改正朔、易服色，以变人之耳目，其事奚象？"对曰：古之立谥者，将以戒夫后代。随行受名，君亲无隐。今之臣子不论名实，务在尊崇。斯风替也久矣。

昔季康子问五帝之德于孔子，孔子曰："天有五行，木、火、金、水及土，分时替化，育以成物。其神为五帝纬。"古之王者，易代改号，取法五行。五行更王，终始相生，亦象其义。故其生为明王者，而死配五行。是以太皞配木，炎帝配火，少皞配金，颛顼配水，黄帝配土。帝王改号，于五行之德，各有所尚，从其所王之德次焉。夏后氏以金德王而尚黑，殷人以水德王而尚白，周人以木德王而色尚赤，此三代之所以不同也。及汉之初，公孙、贾谊以为汉土德，以五行之传，从所不胜。秦在水德，故谓汉据土而克之。刘向父子以为帝出于震，故庖牺氏始受木德，其后以母传子，终而复始，自神农、黄帝，下历唐虞三代，而汉得火焉。故高祖始起，神母夜号，著赤帝之符，得天统矣。昔共工以水德间于木火，与秦同运，非其次，故皆不永也。以此观之，虽百代可知也。

[注释]

①谥：古代帝王、贵族、大臣或其他有地位的人死后被人加封的带有或褒或贬意义的称号。

[译文]

有人问:"称王称霸之韬略的优劣得失,谨奉你以上的论说。那么,请问帝王死后的谥号,以及改换正朔、变易服色,以便令人耳目一新,这究竟是怎么一回事呢?"回答说:古代之所以为帝王立谥号,目的在于以此告诫后代。谥号根据帝王的生前事迹而立,无论对君王还是对自己的双亲都不加隐讳的。今天的臣子为帝王立谥号,也不管名与实是否相符合,唯求尊崇,这种风气替代古代立谥的原则已经很久了。

从前,季康子向孔子请教五帝的德行,孔子说:"天有五行:木、火、金、水、土,五行分时轮替,才化育成万物。五行之神即为五帝之行星。"古代的王改朝换代时,变易称号,都是取法于五行更替的道理。按照五行的顺序而变换称王,终始相生,也是仿照五行相生的道理。所以生为明王,死后以五行相配。因此,以太皞配木,炎帝配火,少皞配金,颛顼配水,黄帝配土。帝王改号,于五行之德各有不同的崇尚,根据其称王时所崇尚的德来排列次序。如夏后氏因金德而称王,所以崇尚黑色;殷人因水德而称王,所以崇尚白色;周人因木德而称王,所以崇尚红色。这便是三代所崇尚的德和色各不相同的原因。到了汉初,公孙弘、贾谊认为汉应为土德,顺从五行相生相克的道理,就能无往而不胜。秦为水德,所以汉根据土德而灭了秦朝。刘向、刘歆父子认为汉高祖出震(八卦之一,雷之象),庖犧氏最初受木德,其后以母传子,五行终而复始,自神农、黄帝,又经唐、虞、三代,排到汉应为火德。所以高祖初发迹时,有神母夜间哭号,高祖应赤帝的符兆,才得以继天下大统。从前,共工氏曾以水德居于木德和火德之间,同秦国一样,因他们都不符合五行生克的序列,所以命运都未能长久。由此看来,按照五行生克的次序来推演,即便百代以后的事,也是可以预先推知的。

臣行第十

夫人臣萌牙未动,形兆未见,昭然独见存亡之机,得失之要,豫禁乎未然之前,使主超然立乎显荣之处,如此者,圣臣也。虚心尽意,日进善道,勉主以礼义,谕主以长策,将顺其美,匡救其恶,如此者,良臣也。夙兴夜寐,进贤不懈,数称往古之行事,以厉主意,如此者,忠臣也。明察成败,早防而救之,塞其间,绝其源,转祸以为福,使君终已无忧,如此者,智臣也。依文奉法,任官职事,不受赠遗①,食饮节俭,如此者,贞臣也。国家昏乱,所为不谀,敢犯主之严颜,面言主之过失,如此者,直臣也。是谓"六正"。

[注释]

①遗(wèi):给予,赠送。

[译文]

作为大臣,当事情尚未萌芽,形迹尚未表现出来时,能够走在众人之先,对事物发展之存亡得失的机理洞若观火,并能及时采取相应的措施,防患于未然,使自己的君主超然立于不败之地、显荣之处。能做到这一点,可称之为"圣臣"。能谦虚谨慎,尽职尽责,时常向主上进献好的建议,用礼义来劝勉主上,以长远之策来晓谕主上,称颂推动主上的美德美政,匡救主上的恶德恶政,这样的人，可称之为"良臣"。为政辛劳，早起晚睡，不断为国举荐贤才，持之以恒，经常以往古正反两方面的经验来教育主上，以使主上保持清醒的头脑，这样的人，可称之为"忠臣"。能明察事物发展的成败之势，及早采取补救措施，堵塞漏洞，根绝祸源，转祸为福，使君王终无罹患之忧，这样的人，可称之为"智臣"。遵纪守法，忠于职守，不受贿赂，饮食节俭，这样的人，可称之为"贞臣"。在君昏国乱之时，能够做到不阿时弊，敢于犯颜直谏，这样的人，可称之为"直臣"。这六种类型，总称为"六正"。

安官贪禄，不务公事，与世沉浮，左右观望，如此者，具臣也①。主所言皆曰善，主所为皆曰可，隐而求主之所好而进之，以快主之耳目，偷合苟容，与主为乐，不顾后害，如此者，谀臣也。中实险诐②，外貌小谨，巧言令色，又心疾贤，所欲进则明其美，隐其恶；所欲退则彰其过，匿其美，使主赏罚不当，号令不行，如此者，奸臣也。智足以饰非，辩足以行说，内离骨肉之亲，外妒乱于朝廷，如此者，谗臣也。专权擅势，以轻为重，私门成党，以富其家，擅矫主命，以自显贵，如此者，贼臣也。谄主以佞邪，坠主于不义，朋党比周③，以蔽主明，使白黑无别，是非无闻，使主恶布于境内，闻于四邻，如此者，亡国之臣也。是谓"六邪"。

[注释]

①具臣：备位充数之臣。具，准备。②诐（bì）：邪僻。③比：勾结。

[译文]

安于官位，贪取俸禄，不务公事，随波逐流，左右观望，缺乏主见和独立的人格，这样的臣僚，可称为"具臣"。凡是主上所说的，都一味加以赞美；凡是主上所做的，都一味加以肯定。暗中寻访主上所喜好的东西，然后向主上进献，以快主上之耳目，奉承拍马，迎合主上，而不顾将造成的祸害，这样的臣僚，可称为"谀臣"。内怀险诈之心，外貌唯唯诺诺，舌巧如簧，面泛媚色，嫉贤妒能，对自己所要举荐的人，只宣扬他的优点而不指出他的缺点，对自己想要贬退的人，只宣扬他的缺点而不同时指出他的优点，使主上赏罚不当，号令不行，这样的人，可称为"奸臣"。其智慧足可以文过饰非，其舌辩的才能足以说动主上，对内分离骨肉之亲，对外使满朝文武相互猜忌，造成混乱，这样的人，可称为"谗臣"。专擅国柄朝政，颠倒轻重，结党营私，壮大私人势力，矫诏窃命，居身显位，目中无人，这样的臣僚，可称为"贼臣"。用佞邪之言谄媚主上，陷君主于不义之地，结纳朋党，以堵塞主上聪听之路，使主上不明真相，黑白颠倒，是非无闻，使君主的恶名布于境内，传播四邻，这样的臣僚，可称为"亡国之臣"。以上六类大臣，统称为"六邪"。

子贡曰："陈灵公君臣宣淫于朝①，泄冶谏而杀之。是与比干同也。可谓仁乎？"子曰："比干于纣，亲则叔父，官则少师，忠款之心，在于存宗庙而已，故以必死争之，冀身死之后，而纣悔悟，其本情在乎仁也。泄冶位为下大夫，无骨肉之亲，怀宠不去，以区区之一身，欲正一国之淫昏，死而无益，可谓怀矣。《诗》云：'民自多僻，无自立辟。'其泄冶之谓乎？"

或曰："叔孙通阿二世意，可乎？"司马迁曰："夫量主而进，前哲所韪。叔孙生希世度务，制礼进退，与时变化，卒为汉家儒宗。古之君子，直而不挺，曲而不挠，大直若诎，道同逶迤，盖谓是也。"

[注释]

①陈灵公君臣宣淫于朝：春秋时期，陈国大夫御叔之妻夏姬在御叔死后便与陈灵公及朝中大夫私通，陈国大夫泄冶犯颜劝谏，陈灵公便用刺客杀了

泄冶。

[译文]

子贡向孔子问道:"陈灵公君臣公然在朝中淫乱,泄冶毅然进谏反而被杀。泄冶的事迹同比干相同,他的行为可称得上仁吗?"孔子回答说:"比干同纣王的关系,从血亲方面说,他是纣王的叔父;从官职上说,他是少师,款款忠心,唯在保存社稷宗庙而已,所以,他以必死的决心向纣王进谏,希望能以自己的死来唤起纣王的悔悟,这样的情愫就出于仁。泄冶身为下大夫这样的小官,同君王并无骨肉之亲,却希冀于得到陈灵公的宠爱,因而不肯离去,以区区之身,意图匡正整个国家淫昏的风气,虽然是为君而捐躯,但结果并无益于国,像泄冶这样的人可算是有抱负的人。《诗经》上说:'民自多僻,无自立辟。'说的不正是泄冶谏陈灵公这样的事情吗?"

有人问:"叔孙通对秦二世颇多阿谀谄媚的言行,这样做对吗?"司马迁说:"根据不同的君主而采取不同的立身处世的原则,这是前代哲人所赞同的。叔孙先生顺应世事,揣度时务,制定礼法,进退变化,与时俱进,最终成为汉家一代儒宗。古代的所谓君子,正直而不坚挺固执,貌似弯曲而并不诚心屈服,大直若诎,其方法灵活多变,如同蜿蜒曲折的小道,大概说的就是这个意思。"

或曰:"然则窦武、陈蕃①,与宦者同朝廷争衡,终为所诛,为非乎?"范晔曰:"桓、灵之世,若陈蕃之徒,咸能树立风声,抗论昏俗,驱驰岨峿之中,而与腐夫争衡,终取灭亡者,彼非不能洁情志,违埃雾也。悯夫世士,以离俗为高,而人伦莫相恤也。以遁世为非义,故屡退而不去;以仁心为己任,虽道远而弥厉。及遭值际会,协策窦武,可谓万代一时也。功虽不终,然其信义足以携持世心矣。"

[注释]

①窦武：东汉大臣。灵帝时拜大将军，封闻西侯，掌握朝政。起用反对宦官的力量，又联络太学生，与陈蕃等人谋诛宦官，事泄，兵败自杀。陈蕃：东汉大臣。字仲举。桓帝时任太尉，灵帝时任太傅。与大将军窦武等谋诛宦官，事败被杀。

[译文]

人问："既然如此，那么像窦武、陈蕃这样的人，同宦官在朝中争衡，最终被宦官所杀害，难道也不值得称颂吗？"范晔回答说："东汉桓帝、灵帝之世，像陈蕃一般人，都能树立风声，与昏政乱俗相抗衡，在艰难险阻中前进，与宦官作斗争，而最终遭致败亡，其原因，并不是他们不能躲避时雾尘埃而够洁身自好，独善其身。而是因为他们可怜世人，以脱离世俗为清高，致使人伦冷漠，互不关心。陈蕃等人把消极遁世作为不义之举，所以，虽屡遭贬斥而不肯离去；以恢复仁心为己任，虽道路漫长而斗志更加激昂。待峰回路转，重新出任后，陈蕃便出谋献策，协助窦武，意图铲除阉患，可谓万代难逢的时机，虽然没有获得成功，然而他们的信义之举也足以激励世人，给他们以心灵的慰藉的。"

或曰："臧洪死张超之难①，可谓义乎？"范晔曰："雍丘之围，臧洪之感愤，壮矣！相其徒跣且号，束甲请举，诚足怜也。夫豪雄之所趣舍②，其与守义之心异乎？若乃缔谋连衡，怀诈算以相尚者，盖惟势利所在而已。况偏城既危，曹、袁方穆，洪徒指外敌之衡，以纾倒悬之会。忿悁之师，兵家所忌。可谓怀哭秦之节，存荆则未闻。"

[注释]

①张超之难：东汉末年，广陵太守张超委政务于臧洪。曹操围雍丘（今河南杞县），臧洪向其盟友袁绍求救，袁绍不肯出兵，雍丘城破，张超被诛族，臧洪因此与袁绍绝交。后绍攻洪，城破诛洪。②趣：同"趋"。

[译文]

有人说:"臧洪死于张超之难,称得上义举吗?"范晔回答说:"张超被曹操围困于雍丘时,臧洪急于救朋友出危难的激愤之情溢于言表,看他顿足呼号,束甲请战的举动,着实令人赞叹。豪杰霸主的行为取舍原则,恐怕与守义之心不同吧?他们之间或缔谋连衡,或以诡诈算计相加,都根据形势于己的利害而变化罢了。况且,当时张超的偏城已危在旦夕,曹操与袁绍正值敦睦友好之时,在这种情况下,臧洪仍幻想借助已与敌人连横的袁绍之力,解张超于倒悬之危。忿悁之师,为兵家所忌。臧洪虽然胸怀申包胥哭秦廷之节义,却不能收到保存楚国的实际效果。"

或曰:"季布,壮士①。而反摧刚为柔,髡钳逃匿,为是乎?"司马迁曰:"以项羽之气,而季布以勇显于楚,身屡典军搴旗者数矣,可谓壮士。然至被刑戮,为人奴而不死,何其下也!彼必自负其材,故受辱而不羞,欲有所用其未足也,故终为汉名将。贤者诚重其死,夫婢妾贱人,感慨而自杀者,非勇也,其计尽无复之耳。"

或曰:"宗悫之贱也②,见轻庾业,及其贵也,请业为长史,何如?"裴子野曰③:"夫贫而无戚,贱而无闷,恬夫天素,宏此大猷,曾、原之德也④;降志辱身,俛眉折脊,忍屈庸曹之下,贵骋群雄之上,韩、黥之志也⑤。卑身之事则同,居卑之情已异。若宗元干无怍于草具,有韩、黥之度矣,终弃旧恶,长者哉。"

[注释]

①季布:汉初名将。楚人。楚汉战争中,为项羽部将,数困刘邦。汉立,被刘邦追捕,剃发为奴。由朱家通过夏侯婴向刘邦进言,得赦免。成为汉初名将。季布本为楚地游侠,重信义。人称"得黄金百斤,不如得季布一诺"。

②宗悫：南朝刘宋名将，字元干。官至豫州刺史监五州诸军事。少时贫寒，任侠尚武。为同乡大族庾业所轻。后来做了豫州刺史，不念旧恶，请庾业做了长史。③裴子野：南朝史学家、文学家。《三国志注》作者裴松之的曾孙。著述颇丰。④曾、原：即孔子的学生曾参、原宪。⑤韩、黥：指西汉大将韩信、黥布。韩信少时贫寒，曾受胯下之辱。黥布曾坐法黥面。二人均受辱不羞，成就了一代名将。

[译文]

有人说："季布是一位壮士，竟然能做到摧刚为柔，剃发为奴，四处逃匿，这样的行为也值得称赞吗？"司马迁说："以项羽惊天动地的气概，而季布居然还能以自己特有的英雄气概名显于楚军，并屡次率军斩将夺旗，不愧壮士。然而到后来项羽战败，季布也为汉王所通缉，为避免刑戮，削发为奴，以免一死，又是何等的卑下！他一定是自认胸怀非凡的才能，所以虽备受侮辱，但却并不以此为羞，其目的在于伺机施展自己尚未发挥的才能，所以最终成为汉代的名将。贤者的确把死节看得很重，但这样的死，并不同于婢妾贱人因一时感愤而自杀的死法，这样的自杀，并不是勇敢的表现，而是黔驴技穷，无路可走的表现。"

人问："宗悫身份微贱之时，曾被庾业所轻视，到后来贵为一州太守时，反而请庾业出任自己的长史，这样的做法该如何评价？"裴子野说："贫贱时没有戚容，没有忧闷，恬然自得，安之若素，如此博大的胸怀，有曾参、原宪一般的德性；降志辱身，俯眉折腰，忍心屈居于平庸之辈的手下，贵则能驰骋于群雄之上，如此能屈能伸，是韩信、黥布一类的情怀和志向。这两种人居卑贱之位时行事相同，但情感则有所不同。像宗元干受之粗茶淡饭而面无愠色，颇有韩信、黥布那样的度量，而且不念旧恶，的确有长者之风啊！"

世称郦寄卖交①**，以其给吕禄也**②**，于理何如？班固曰："夫**

卖交者,谓见利忘义也。若寄,父为功臣而执劫,虽摧吕禄,以安社稷,义存君亲,可也。"

或曰:"靳允违亲守城,可谓忠乎?"徐众曰:"靳允于曹公,未成君臣。母,至亲也,于义应去。昔王陵母为项羽所拘③,母以高祖必得天下,因自杀以固陵志。明心无所系,然后可得事人,尽其死节。卫公子开方仕齐,十年不归。管仲以其不怀其亲,安能爱君,不可以为相。是以求忠臣必于孝子之门。允宜先救至亲。徐庶母为曹公所得④,刘备遣庶归。欲为天下者,恕人子之情,公又宜遣允也。"

[注释]

①郦寄:西汉臣。与吕禄交情深厚。吕后死,周勃、陈平等谋诛诸吕,便劫持郦寄之父郦商,逼郦寄骗吕禄出游,周勃乘机入据北军,诛吕之谋得以成功。②吕禄:吕后之侄,掌握禁军。③王陵:西汉大臣,官至右丞相、太傅。④徐庶:三国颍川(今河南禹州)人。初与诸葛亮交友,后归刘备,乃荐诸葛亮于刘备,曹操取荆州,随刘备南行,因其母为曹军所执,被迫归曹。官至右中郎将。

[译文]

世人都说郦寄欺骗吕禄是卖友的行为,应该如何评价?班固说:"所谓出卖朋友,是指见利而忘义的行为。而郦寄之父身为功臣被周勃劫持,虽然摧灭了诸吕,但安定了汉家社稷,从保存国君和亲人这两方面来说,郦寄之举都是值得称赞的。"

人问:"靳允不救至亲而死守城池,算得上忠吗?"徐众说:"靳允与曹操的关系不是君臣关系。母亲,则是自己的至亲,从义的要求来说,应弃城而救母。从前王陵的母亲被项羽拘执,王母认为刘邦定能得天下,因此自杀以巩固王陵侍奉汉王的决心。这说明,只有内心无所牵挂,才能全身心投入所从事的事业,为人主效死尽节。卫公子开方在齐国做官,十年不归。管仲认为,开方既然对自己的至亲都不怀心上,怎么会诚心爱他的国君呢?这样的人不宜做宰相。因此说,若要寻求忠臣,就必须到孝子中去寻求。靳允应该先营救自己的母亲。徐庶的母亲被曹操所得,刘备当即放徐庶赴曹营探母。如果要想得天下,就必须恕量母子亲情,由此看来,曹操也应该遣靳允先救他的母亲。"

魏文帝问王朗等曰①:"昔子产治郑,人不能欺;子贱治单父②,人不忍欺;西门豹治邺③,人不敢欺。三子之才,于君德孰优?"对曰:"君任德,则臣感义而不忍欺;君任察,则臣畏觉而不能欺;君任刑,则臣畏罪而不敢欺。任德感义,与夫导德、齐礼、有耻且格等趋者也;任察畏罪,与夫导政、齐刑、免而无耻同归者也。优劣之悬,在于权衡,非徒钧铢之觉也。"

[注释]

①王朗:三国曹魏大臣。初从陶谦、孙策,后应曹操之召,潜返中原。曹魏立国后,官至司空、司徒等职。②子贱:孔子的弟子。单父(shàn fǔ):古地名。在今山东单县。③邺:古地名。治所在今河北临漳西南邺镇。

[译文]

魏文帝问王朗等人道:"从前子产治理郑国时,人不能够相互欺负;子贱治理单父时,人们不忍心彼此欺负;西门豹治理邺时,人们不敢彼此欺负。这三个人的才能,以做君王的品德来衡量,哪一个最优?"王朗等回答说:"君王如果推行德政,那么,他的臣下因感受其主的仁义之举,因而不忍心欺负;君王能够明察秋毫,那么,他的臣下害怕被察觉,因而不能欺负;君王严刑峻法,那么,他的臣下害怕获罪,因而不敢欺负。推行德政,用仁义之举相感化,与对百姓导之以德,齐之以礼,使百姓有廉耻之心,从而达到能够自我约束,二者的实质和效果都是一样的。君王明察秋毫,使臣下谨慎小心,如履薄冰,这种方法同导之以政,齐之以刑,百姓虽然免于罪过，但并无廉耻之心，二者的效果是一样的。任德与任刑二者的悬殊之大，好比秤锤同所称物体的区别，绝不是钧铢、斤两之间的差别。"

或曰："季文子①、公孙宏②，此二人皆折节俭素，而毁誉不同，何也？"范晔称："夫人利仁者，或借仁以从利；体义者，不期体以合义。季文子妾不衣帛，鲁人以为美谈；公孙宏身服布被，汲黯讥其多诈。事实未殊而毁誉别者，何也？将体之与利之异乎？故前志云：'仁者安仁，智者利仁，畏罪者强仁。'校其仁者，功无以殊；核其为仁，不得不异。安仁者，性善者也；利仁者，力行者也；强仁者，不得已者也。三仁相比，则安者优矣。"

[注释]

①季文子：鲁国贵族。历相宣、成、襄三公。以廉洁清俭而著称。家无衣帛之妾，厩无食粟之马，府无金玉。②公孙宏：西汉大臣。武帝时官至丞相，封平津侯。曾建议设五经博士，置弟子员。

[译文]

有人问："季文子、公孙宏二人都能甘心居下，生活俭朴，然而却毁誉不同，这是为什么呢？"范晔说："想通过仁爱之举而获取利益的人，往往借仁爱的名义去获取个人利益；而真正体会到义的精髓的人，不必时时处处去考虑何谓义举，但却时时处处合乎义的要求。季文子的妾不穿帛做的衣服，鲁国人传为美谈；而公孙宏身穿布衣，汲黯却讥讽他故作朴素，是伪诈之举。同样的事实却毁誉不同，是什么道理呢？莫非是以朴素为体与以朴素为利的区别吧？所以《汉书》的《志》上说：'真正具有仁爱之心的人，以推行仁爱之举为安；狡猾的人却是通过仁爱之举谋取私利；畏惧获罪的人，则是勉强行施仁爱之举。'比较仁爱之举，其事功效果没有什么差别；但若考察以上仁爱之举的实质，却是彼此不同的。以仁爱之举为安的人，是本性善良而自觉行仁；欲通过推行仁爱之举获利的人，是努力行仁；勉强行施仁爱之举的人，则是不得已而为之。三种仁举相比较，以仁为安的人，最可称道。"

或曰："长平之事，白起坑赵卒四十万①，可为奇将乎？"何晏曰："白起之降赵卒，诈而坑其四十万，岂徒酷暴之谓乎？后亦难以重得志矣。向使众人预知降之必死，则张虚拳，犹可畏也，况于四十万被坚执锐哉？天下见降秦之将，头颅依山，归秦之众，骸积成丘，则后日之战，死当死耳，何众肯服？何城可下乎？是为虽能裁四十万之命，而适足以强天下之战；欲以要一朝之功，而乃更坚诸侯之守。故兵进而自伐其势，军胜而还丧其计。何者？设使赵众复合，马服更生，则后日之战，必非前日之对也；况今皆使天下为后日乎？其所以终不敢复加兵于邯郸者，非但忧平原之补缝②，患诸侯之救至也。徒讳之而不言耳。且长平之事，秦人十五以上，皆荷戟而向赵矣。夫以秦之强，而十五已上，死伤过半，此为破赵之功小，伤秦之败大也。又何称奇哉？"

[注释]

①白起：战国时秦国名将。屡获战功，公元前278年，攻克楚都郢（今湖北江陵），封武安君。长平之战，坑杀赵国降卒四十万。后为相国范雎所忌，被逼自杀。②平原：即平原君赵胜。战国时赵国贵族。惠文王之弟。封于东武城（今山东武城西北），号平原君。任赵相。门下食客数千人。

[译文]

有人问："长平之战，秦将白起坑杀赵军四十万，称得上是奇将吗？"何晏说："秦将白起迫使赵军投降后，却背信弃义，坑杀赵军四十万，这难道仅仅是残酷狂暴所能形容的吗？以后恐怕很难再得志了。假使人们预知即便投降,也不免于一死,那么,即使是赤手空拳,其势也令人畏惧,更何况四十万披坚执锐的将士呢?天下人看到投降秦军的将领,头颅堆积如山;归附秦军的士兵,骸骨成丘,那么日后若再同秦军交战,必抱死战到底的决心,哪会有人肯降服?哪会有城池能轻易攻下?白起的这种做法,虽然消灭了赵军四十万生命,但也同时更加强了天下守疆抗秦的战斗力;想要邀取一时的战功,却更加坚定了诸侯固守抗战的决心。所以说,虽然表面上侵占了别人的土地,实际上却削弱了自己的军事实力和本来有利的军事态势;虽然取得了战役的胜利,却反而败坏了并吞六国的大计。为什么这样说呢?假设使赵军重新聚合,马服君赵奢重生,日后与秦国的战争再起,就绝非往日之战可比了;况且,秦军今日之举,已经使山东六国抗秦决心更加坚定了呢!长平之战后,秦军之所以不敢重新加兵于邯郸,并不是仅仅因为秦国以平原君的救国活动为忧,而是害怕诸侯援兵到来罢了。只是白起讳莫如深,不敢明言而已。而且在长平之战中,秦人凡十五以上,均荷枪赴赵国参战了。以秦这样的强国,十五以上的人已死伤过半,这可称为击破赵军的战功为小,而秦国大伤元气的败举为大。白起之举,又有什么可称奇的呢?"

或曰:"乐毅不屠二城①,遂丧洪业,为非乎?"夏侯玄曰:"观乐生与燕惠王书,其殆乎知机合道,以礼终始者欤!夫欲极道德之量,务以天下为心者,岂其局迹当时、止于兼并而已哉?夫兼并者,非乐生之所屑;强燕而废道,又非乐生之所求。不屑苟利,不求小成,斯意兼天下者也。举齐之事,所以运其机而动四海也。围城而害不加于百姓,此仁心著于遐迩矣;迈令德以率列国,则几于汤、武之事矣。乐生方恢大网,以纵二城;收人明信,以待其弊,将使即墨、莒人顾仇其上;开宏广之路,以待田单之徒②；长容善之风，以伸齐士之志。昭之东海，属之华裔，我泽如春，人应如草，思戴燕主，仰风声，二城必从，则王业隆矣。虽淹留于两邑，乃致速于天下也。不幸之变，势所不图，败于垂成，时变所然。若乃逼之以兵，劫之以威，侈杀伤之残，以示四海之人，虽二城几于可拔，则霸王之事，逝其远矣。乐生岂不知拔二城之速了哉？顾城拔而业乖也；岂不虑不速之致变哉？顾业速与变同也。由是观之，乐生之不屠二城，未可量也。"

[注释]

①乐毅：战国时燕将。燕昭王二十八年（前284），率军击破齐国，先后攻下七十余城，燕惠王即位，中齐反间计，用骑劫为将，他出奔赵国，被封于观津（今河北武邑东南），号望诸君。后死在赵国。②田单：战国时齐将。燕将乐毅破齐时，他坚守即墨（今山东平度东南），施反间计，使燕惠王改用骑劫为将，他用火牛阵击破燕军，一举收复七十多城，被齐襄王任为相国，封安平君。后入赵，任相国，封平都君。

[译文]

有人问："乐毅不屠戮莒和即墨二城，遂使霸图宏业功败垂成，这岂不是重大的失策吗？"夏侯玄说："看了乐毅致燕惠王的书信，觉得乐毅大体上可称为明晓事物发展的机理、遵守道义、始终不越礼规的人吧！想充分发挥道德的能量、胸怀天下百姓的人，其作为难道应仅仅局限于一时一事的得失或者仅仅局限于攻伐兼并吗？以攻伐兼并为目的，是乐毅不屑去做的；以废弃道义的代价来换取燕国的强大，也不是乐毅所追求的。不屑于蝇营狗苟的小利，不着意追求局部的成功，这本身就是真正的兼并天下之举。进攻齐国这件事，不过是乐毅运用他的机谋以震动四海而已。围困齐城而不加害于城中百姓，使自己的仁爱之心退迩闻名；弘扬美德而使列国倾慕，则可与商汤周武的事迹相媲美。乐毅以其恢弘的大网，放纵莒和即墨二城，围而不攻；取明信于齐人，以待其自行瓦解，将使即墨和莒二城的百姓对齐王产生怨恨情绪；示人以宏广之路，以待田单等齐将回心转意；大兴对齐国降将宽容和善之风，以伸张齐国士人自尊自重的情怀。以此来感召东海之滨，属连华夏之裔，使燕王的恩泽如和煦的春风，人们响应燕王如同渴盼春风沐浴的小草，人们思念拥戴燕王如仰风声，如此，二城必定自动放下武器，归从燕国，王业也将随之兴隆。这样，虽然在即墨和莒两座城池耗费了时间，但在整体上却加快了感召天下的速度。不幸的是燕王中齐反间之计，变易将帅，形势急转直下，功败垂成，这是突然的事变所致。如果对二城加兵逞威，以残酷的杀戮来昭示四海百姓，二城虽然可能攻拔，那么，霸王之业也便随之付诸东流了。乐毅难道不明白自己有能力迅速攻拔二城吗？只是顾虑攻下城池的同时也损害了王霸事业。乐毅难道还不懂得不速战速决、延误时间易生变故的道理吗？只是顾虑加快攻战速度，也同样容易发生意想不到的变故。由此看来，乐毅不屠戮二城，其深远的战略意义，是不可估量的。"

或曰："商鞅起徒步，干孝公，挟三术之略，吞六国之纵，使秦业帝，可为霸者之佐乎？"刘向曰："夫商君，内急耕战之业，外重战伐之赏，不阿贵宠，不偏疏远，虽《书》云'无偏无党'，《诗》云'周道如砥，其直如矢'，《司马法》之厉戎士，周后稷之劝农业，无以易此。此所以并诸侯也。故荀卿曰：'四世有胜，非幸也，数也。'夫霸君若齐桓、晋文者，桓不倍柯之盟①，文不负原之期②，而诸侯信之，此管仲、咎犯之谋也。今商君倍公子卬之旧恩，弃交魏之明信，诈取三军之众，故诸侯畏其强而莫亲信也。藉使孝公遇齐桓、晋文，得诸侯之统将，合诸侯之君，驱天下之兵以伐秦，秦则亡矣。天下无桓、文之君，故秦得以兼诸侯也。卫鞅始自以为知王霸之德，原其事，不伦也。昔周、召公施美政，其死也，后世思之。'蔽芾甘棠'之诗是。尝舍于树下，不忍伐其树，况害于身乎？管仲夺伯氏骈邑三百户，无怨言。今卫鞅内刻刀锯之刑，外深铁钺之诛，身死车裂，其去霸者之佐亦远矣。然孝公杀之③，亦非也。可辅而用，使卫鞅施宽平之法，加之以恩，申之以信，庶几霸者之佐乎？"

[注释]

①柯之盟：相传齐君与鲁君在柯（今山东阳谷）会盟，鲁国武士曹沫手握宝剑劫持齐君订立盟约，归还被齐侵占的鲁国土地。齐君虽是被刀剑相逼，但仍然履行了盟约。②原之期：晋文公率兵攻原邑，与城中百姓约，以三日为期，攻城不下，即引兵而去。后三日不下，果然引兵而退。③孝公杀之：秦孝公任用商鞅实施变法，国富兵强。孝公死后，商鞅被旧贵族诬害，车裂而死。秦孝公并未杀商鞅。此处有误。

[译文]

有人问："商鞅以一介布衣说服秦孝公并得重用，胸怀富国强兵的谋略，最终使秦国吞并了合纵抗秦的山东六国，成就了帝王之业，可称得上辅佐称霸的人才吗？"刘向说："商鞅这个人，对内狠抓农耕战备之事，对外重视战功的奖赏，他不阿尊贵受宠之人，不歧视被疏远的人，《尚书》所说'无偏无党'，《诗经》所说'周道如砥，其直如矢'，《司马法》所讲的激励将士，周人先祖后稷的劝勉农业，都未必能赶得上商鞅的所作所为。这是秦国之所以能兼并诸侯的根本原因。所以荀子说：'四世强盛，就不是偶然的，而是命数和规律决定的。'春秋的霸主，如齐桓公、晋文公等，齐桓公不违背在柯会盟时的诺言，晋文公不负与原邑百姓的期约，这些是管仲和咎犯进献的谋略。而商鞅却背弃了公子卬的旧恩，背弃了与魏国结好的盟约（商鞅在魏国时，与公子卬是好朋友，后来商鞅率秦军伐魏，公子卬率魏军迎击。商鞅诈称要与魏结盟罢兵，公子卬轻信赴宴会盟，遭秦伏兵袭击，魏军因而大败，被迫割河西之地与秦求和），采用欺诈手段袭破魏国三军之众。所以，山东六国诸侯都慑于秦国强大的军事实力，内心并不与秦国亲近。假若秦孝公遇上像齐桓公、晋文公那样的霸主，能够号令山东诸侯，集结六国的军队，讨伐秦国，秦国恐怕要归于灭亡了。只是当时天下没有像齐桓公、晋文公这样的国君，所以秦国才得以兼并山东六国。商鞅原来自以为通晓王霸之德，考察他的所作所为，并不是那么一回事。从前，周公、召公推行善政，虽然他们已经死了，但人们仍然怀念他们。《诗经》中'蔽芾甘棠'的诗句，讲的正是这个道理。人们曾在树下纳凉，当然不忍心砍伐它，更何况曾是朋友，怎么忍心去伤害他的身体呢？管仲曾经剥夺了伯氏骈三百户封邑，而伯氏骈并无怨言。而商鞅对内实行严刑苛法，对外加紧吞并攻战，最后竟落得车裂身亡的可悲下场，所以他距霸王的良佐这样的称号还远着呢。然而，秦孝公杀商鞅也是一个错误。对商鞅这样的人，还可以有引导性、选择性地加以任用，使他推行宽容平和的法规，再注意施行恩德，发扬信义。这样，大概就可称为霸王的良佐了吧？"

诸葛亮以马谡败于街亭①，杀之。后蒋琬谓亮曰②："昔楚杀得臣，然后文公喜，可知也。天下未定，而戮智计之士，岂不惜哉？"亮流涕曰："孙武所以能制胜者，用法明也。是以杨干乱法，魏绛戮之。四海分裂，兵交方始，若复废法，何用讨贼耶？"习凿齿曰③："诸葛亮之不能兼上国也，岂不宜哉？夫晋人视林父之后济，故废法而收功；楚成暗得臣之益己，故杀之以重败。今蜀僻陋一方，才少上国，而杀其俊杰，退收弩下之用；明法胜才，不师三败之道，将以成业，不亦难乎？"

[注释]

①街亭：古地名。又称街泉亭。故址在今甘肃庄浪东南。②蒋琬：三国蜀汉臣。为诸葛亮所推重。③习凿齿：东晋学者。博学多闻。大司马桓温召为

从事。温图谋篡晋，习凿齿著《汉晋春秋》，推蜀为正统，贬曹魏篡逆。

[译文]

三国时，诸葛亮因马谡兵败街亭，将他斩首。后来蒋琬对诸葛亮说："从前楚国杀得臣（因与晋国打仗，兵败被楚所杀），晋文公听说后非常高兴，据此可见，楚杀得臣是一个错误。如今天下未定，而你却杀了马谡这样富于智谋的人，难道不可惜吗？"诸葛亮含泪回答说："孙武用兵，之所以战无不胜，在于军法严明。因此，从前杨干乱法，魏绛毫不留情地杀了他。如今四海分裂，战争的烽烟才刚刚燃起，假使废弛军法，还怎么能去讨伐逆贼呢？"习凿齿说："诸葛亮最终不能兼并曹魏这样的大国，这个结局不正与诸葛亮的行事相适应吗？春秋时期，晋侯看到林父以后必然有助于晋国，所以不因一时的兵败而杀他，后来果然立了大功；楚王不明白得臣对自己的作用，所以杀了他，结果又一次遭致了失败。而蜀汉偏居西南一隅，人才本来就比曹魏少，居然不惜杀掉了俊杰之士，任用那些庸碌之辈，把严明军法置于任用人才的原则之上，没有认真总结北伐多次失败的教训，想成就统一大业，这不是相当困难的事吗？"

代以周勃功大霍光，何如？对曰：勃本高帝大臣，众所归向，居太尉位，拥兵百万。既有陈平、王陵之力，又有朱虚诸王之援，郦寄游说，以谲诸吕，因众之心，易以济事。若霍光者，以仓卒之际，受寄托之任，辅弼幼主，天下晏然。遇燕王绾之乱，诛除凶逆，以靖王室。废昌邑，立孝宣，任汉家之重，隆中兴之祚，参声伊、周，为汉贤相。推验事效，优劣明矣。

后汉陈蕃上疏荐徐稚、袁闳、韦著三人。帝问蕃曰："三人谁为先后？"蕃曰："闳生公族，闻道渐训；著长于三辅①，礼义之俗，所谓不扶自直，不镂自雕；至于稚者，爰自江南卑薄之域，而角立杰出，宜当为先。"

[注释]

①三辅：汉景帝二年（前155），分内史为左、右内史，与主爵中尉（后改为主爵都尉）同治长安城中，所辖皆京畿之地，故合称"三辅"。汉武帝太初元年（前104），改左右内史、主爵都尉为京兆尹、左冯翊、右扶风。辖境在今陕西中部地区。

[译文]

历代认为周勃的功劳大于霍光。该如何看待这一问题？答道：周勃本是汉高祖的大臣，万众仰慕，又身居太尉这样重要的官位，拥兵百万。既有陈平、王陵这些重臣的支持，又有朱虚侯诸王的援助，郦寄游说诸吕，施以诈术，顺应众心，因而易于成事。而霍光的情形就不同了，他是在仓促之际，受武帝托孤之任，辅佐年幼的汉昭帝，使天下安然无事。燕王卢绾之乱爆发后，他诛除叛乱逆贼，安定了王室。后来，又废除昌邑王，迎立汉宣帝。他执掌汉家王朝的重权，促使汉朝国运中兴，其功名可与伊尹、周公的事迹相媲美，堪称汉家的贤相。考察比较周勃和霍光的事迹，其优劣可自然而明。

后汉陈蕃上疏皇帝，举荐徐稚、袁闳、韦著三人。皇上问陈蕃："他们三人谁先谁后？"陈蕃回答说："袁闳生于大族之家，从小受到良好的教育，可谓耳濡目染；韦著在三辅地区长大，颇受礼义的熏陶，正所谓不扶自直，不镂自雕；至于徐稚，生长于江南礼义风俗卑薄的偏远地区，而能够出人头地，应当以徐稚为先。"

或曰："谢安石为相①，可与何人为比？"虞南曰："昔顾雍封侯之日②，而家人不知，前代称其质重，莫以为偶。夫以东晋衰微，疆场日骇。况永固，六夷英主，亲率百万；苻融俊才名相，执锐先驱，厉虎狼之爪牙，骋长蛇之锋锷，先筑宾馆，以待晋君。强弱而论，鸿毛太山不足为喻，文靖深拒桓冲之援，不喜谢玄之书，则胜败之数，固已存于胸中矣。夫斯人也，岂以区区万户之封动其方寸者欤？若论其度量，近古已来，未见其匹。"

隋炀帝在东宫，尝谓贺若弼曰③："杨素、韩擒虎、史万岁三人④，俱称良将，其间优劣何如？"对曰："杨素是猛将，非谋将；韩擒虎是斗将，非领将；史万岁是骑将，非大将。"太子曰："善。"

[注释]

①谢安：东晋大臣。字安石。陈郡阳夏（今河南太康）人。东晋名士。年四十出仕，官至司徒。公元383年，前秦王苻坚率百万大军南下，朝廷震恐。他镇定自若，出入如常。出奇制胜，取得了淝水之战的胜利，创造了中国军事史上以少胜多的著名战例。②顾雍：三国孙吴大臣。官至丞相。③贺若弼：隋朝名将。字辅伯，河南洛阳人。献灭陈十策，为文帝所重。因灭陈之功封宋国公，官至右武侯大将军。后被炀帝杀死。④杨素：隋大臣。因灭陈之功封越国公。后任尚书左仆射，执掌朝政。参与宫廷阴谋，废太子杨勇，拥立炀帝。后封楚国公，官至司徒。韩擒虎：隋将。在灭陈战争中，他最先攻入宫城，俘陈后主。因功进位上柱国。史万岁：隋将。位至柱国。后遭杨素忌恨，被杀。

[译文]

有人问："谢安这样的丞相，可与什么人相比？"虞世南说："从前顾雍封侯时，连自己家里的人也不知晓，前代人称赞他性格稳重，没有人能和他相比。谢安做宰相的时代，正是东晋国势衰微，战争形势日益严峻之时。前秦王苻坚，作为六夷英主，亲率百万大军南下；苻融则为俊才名相，率部为先驱，披坚执锐，厉如虎狼之爪牙，锐似长蛇之锋锷，预先筑好宾馆，以备将做俘虏的东晋国君使用。就东晋和前秦的强弱形势而论，用鸿毛和泰山来作比也不为过。而谢安，大敌当前，镇定自若，拒绝了镇守荆州的桓冲入援京师的请示，接到谢玄从前线送来的大破秦军的捷报后，仍然不动声色，据此可见，胜败之数他似乎早已了然于胸了。像谢安这样的人，难道以区区万户侯的封赏，能够使他乱了方寸、欣喜若狂吗？若论谢安的度量，近代以来，还未发现能够与他相匹敌的人。"

隋炀帝在东宫做太子时，曾问贺若弼："杨素、韩擒虎、史万岁三人，都被称为良将，但如果比较他们三人，谁优谁劣？"贺若弼回答说："杨素是猛将，不是谋将；韩擒虎是一员斗将，不是一员善于带兵的领将；史万岁是一位善于出偏师破敌的骑将，还算不上一位善于网罗英雄、知人善任的大将。"太子说："你讲得很有道理。"

故自六正至于问将，皆人臣得失之效也。古语曰："禹以夏王，桀以夏亡；汤以殷王，纣以殷亡。"阖庐以吴战胜①，无敌于天下，而夫差以见擒于越②；穆公以秦显名尊号，而二世以劫于望夷。其所以君王者同，而功迹不等者，所任异也。是以成王处襁褓而朝诸侯，周公用事也；赵武灵王年五十而饿死于沙丘③，任李兑也④。故魏有公子无忌⑤，削地复得；赵任蔺相如，秦兵不敢出；楚有申包胥⑥，而昭王反位；齐有田单而襄王得国。因斯而谈，夫有国者，不能陶冶世俗，甄综人物，论邪正之得失，撮霸王之余议，有能立功成名者，未之前闻。

[注释]

①阖庐（？—前496）：春秋末吴国国君。名光。公元前514年至前496年在位。用专诸刺杀吴王僚而自立。灭徐破楚，曾一度攻占楚都郢。后被越王勾践打败，重伤而死。②夫差（？—前473）：春秋末吴国国君。阖庐子。公元前495年至前473年在位。在夫椒（今浙江苏州市洞庭西山）打败越军，乘胜攻破越都，迫使越为属国。开邗沟连接江淮，以图北上称霸。公元前482年，与诸侯会盟黄池（今河南封丘西南），与晋争霸，越乘虚攻入吴都。后越再次兴兵，攻灭吴国。吴王自杀。③赵武灵王：战国时赵国国君。名雍。公元

前325年至前299年在位。实行军事改革,提倡"胡服骑射"。灭中山,破林胡、楼烦,国势大盛。后让位给少子何(即赵惠文王),自称主父,引起内乱。后被李兑围困于沙丘宫,饿死。④李兑:战国时赵国大臣。公元前295年,公子章反叛,他与公子成起兵保惠文王,杀公子章等,困死主父于沙丘宫。官至相国。⑤公子无忌:即魏无忌。战国时魏国贵族,魏安釐弟。号信陵君。公元前257年,曾设法窃得兵符,击杀将军晋鄙,夺取兵权,救赵胜秦。后十年,为上将军,联合五国击退秦军。有食客三千。⑥申包胥:春秋时楚国大夫。伍子胥率吴军破楚,他赴秦求救,在秦宫中七日不食,日夜哭泣,秦王感动,发兵救楚。楚昭王得以返国。

[译文]

　　以上所谈的从"六正"到"问将",都是做臣子的得失的典型事例。古语说:"禹能做夏朝的王,而桀却使夏朝灭亡;汤能做殷商的王,而纣却使殷商灭亡。"阖庐能使吴国强盛而无敌于天下,而夫差却使吴国灭亡,做了越国的俘虏;秦穆公能使偏远的秦国名震诸侯,做了诸侯的霸主,而秦二世却使秦朝灭亡、被劫杀于望夷宫。他们同为君王,而功绩却悬殊不等,原因是他们所重用的臣子大相异趣。因此,周成王尚处襁褓之中而诸侯来朝拜,这是周公当政的缘故;赵武灵王五十岁时饿死于沙丘,是因为他错用了李兑。所以,魏国因为有公子无忌,就能重新收复已失去的土地;赵国任用蔺相如为相,秦国便不敢加兵于赵;楚国有申包胥,昭王才得以复位;齐国有田单,齐襄王才得以复国。由此看来,身为一国之君,如果不能陶冶世俗,甄别网罗人才,深深懂得臣子邪正的利弊得失,掌握称霸称王的要领,做不到这些,仍然能够立功成名的,历史上还没有过这样的事例。

德表第十一

孔子曰："性相近也，习相远也。"言嗜欲之本同，而迁染之涂异也。夫刻意则行不肆，牵物则其志流①。是以圣人导人理性，裁抑流宕，慎其所与，节其所偏。故《传》曰："审好恶，理情性，而王道毕矣。"治性之道，必审己之所有余，而强其所不足。盖聪明疏通者，戒于太察；寡闻少见者，戒于壅蔽；勇猛刚强者，戒于太暴；仁爱温良者，戒于无断；湛静安舒者，戒于后时；广心浩大者，戒于遗忘。

《人物志》曰："厉直刚毅，材在矫正，失在激讦②；柔顺安恕，美在宽容，失在少决；雄悍桀健，任在胆烈，失在多忌；精良畏慎，善在恭谨，失在多疑；强楷坚劲，用在桢干，失在专固；论辩理绎，能在释结，失在流宕；普博周洽，崇在覆裕，失在溷浊；清介廉洁，节在俭固，失在拘局；休动磊砢③，业在攀跻④，失在疏越；沉静机密，精在元微，失在迟懦；朴露径尽，质在中诚，失在不微；多智韬情，权在谲略，失在依违。此拘亢之材，非中庸之德也。"

[注释]

①牵物：被物所牵。这里指受环境影响。②讦（jié）：攻击别人的短处或揭发他人的隐私。③磊砢（luǒ）：才能卓越；壮大貌。④跻：登，升。

[译文]

孔子说:"性相近也,习相远也。"意思是说,人们先天的嗜好和欲望基本上是相同的,而后天的教习熏染造成了彼此的重大差别。如果对自己严格要求,行为就不至于放肆不轨;如果被物欲牵着鼻子走,就会丧失远大的志向。因此,圣人用理性来教导人,裁抑放荡不羁的行为,慎重人的交往,节制人的偏差。所以《传》说:"明辨好恶,调理情性,做国王的道理和方法尽在其中了。"修身养性的道理和方法,必须认真分析自己的长处,克服自己的不足。一般来讲,聪明智慧的人,要注意防止钻牛角尖;孤陋寡闻的人,要力戒故步自封、耳目闭塞;勇猛刚强的人,要力戒狂暴;仁爱温良的人,要力戒优柔寡断;性情沉静、安于既有舒适生活的人,要力戒被时代所淘汰;心胸宽广,不拘小节的人,要力戒粗心大意。

《人物志》说:"性格严厉、正直刚毅的人,其长处是匡邪扶正,不足是言辞激烈、不留情面;柔顺安恕的人,优点是宽容大度,不足是优柔寡断;雄悍倔强的人,长处是侠肝义胆、勇于赴难,缺点是易生猜忌之心;精细审慎的人,优点是谦恭谨慎,不足是多虑多疑;刚强坚劲的人,可做栋梁之材,缺点是容易固执;能言善辩的人,优点是善于解释疑难,缺点是容易流于诡辩、失去根本;圆通周到的人,优点是交往广泛、左右逢源,缺点是交往流于滥杂;清正廉洁的人,优点是能安于俭朴、固守节操,缺点是拘泥固执、不善变通;光明磊落、志向超远的人,能够攀登上进,缺点是容易脱离实际、流于空想;性情沉静、行为缜密的人,优点是思虑精微,缺点是行动迟缓、顾虑重重;质朴无华、坦诚无隐的人,优点是忠诚老实,不足是不够细致机密;富于智慧、胸怀韬略的人,优点是足智多谋,缺点是心眼太活、主意不定。以上讲的都是具有突出才能而又有严重不足、失之偏颇的人。"

《文子》曰:"凡人之道,心欲小,志欲大,智欲圆,行欲方,能欲多,事欲少。"所谓心小者,虑患未生,戒祸慎微,不敢纵其欲也。志大者,兼包万国,一齐殊俗,是非辐辏,中为之毂也①。智圆者,终始无端,方流四远,深泉而不竭也。行方者,直立而不挠,素白而不污,穷不易操,达不肆志也。能多者,文武备具,动静中仪也。事少者,执约以治广,处静以待躁也。夫天道极即反,盈则损。故聪明广智,守以愚;多闻博辩,守以俭;武力毅勇,守以畏;富贵广大,守以狭;德施天下,守以让。此五者,先王所以守天下也。《传》曰:"无始乱,无怙富,无恃宠,无违同,无傲礼,无骄能,无复怒,无谋非德,无犯非义。"此九言,古人所以立身也。

[注释]

①毂(gǔ):车轮中心的圆木,周围与车辐的一端相接,中有圆孔,可以插轴。

[译文]

《文子》说:"做人的大体目标是:心欲追求小,志欲追求大,智慧追求圆满,品行追求方正,能力追求多,事功追求少。"所谓"心小",即防患于未然,力戒祸端,谨小慎微,不敢纵欲行事。所谓"志大",就是兼并万国,统一风俗,万方辐辏,以我为中心。所谓"智圆",丰富的智慧,如圆环一般无始无终,如丰富的深泉之水,流播远方而不竭。所谓"行方",就是刚直不阿,不屈不挠,清正廉洁,虽处穷困之境而不失节操,虽居通达之位而不为所欲为。所谓"能多",就是文武兼备,行为举止不逾礼仪。所谓"事少",就是指为政处事深得要领,以简约的方法统揽和处置繁博的事物,以自己的沉静和稳重来等待敌人的浮躁。自然界的规律是:事物的发展一旦走向极端,便会向相反的方向转化,盈满之后便会亏损。所以，精明强干、富于智慧的人，要用愚鲁的方式来固守；博闻强记、善于雄辩的人，要用收敛简约的方法来固守；强健刚勇的人，要以畏惧的方式来固守；富贵广大，要以减削节制的方法来固守；恩德博施天下的人，要以谦让的方式来固守。以上五点，是先王用以守天下的法宝。《传》说："不要首先发难为乱，不要以富有而自恃，不要以受宠而有恃无恐，不要别出心裁，不要傲慢无礼，不要因自己的能力而骄傲，不要经常发怒，不谋求不符合道德的事，不做不符合义的事。"这九条，是古人赖以安身立命的准则。

《玉钤经》曰："夫以明示者浅，有过不自知者弊，迷而不反者流，以言取怨者祸，令与心乖者废，后令缪前者毁，怒而无威者犯，好众辱人者殃，戮辱所任者危，慢其所敬者凶，貌合心离者孤，亲佞远忠者亡，信谗弃贤者惛，私人以官者浮，女谒公行者乱①，群下外恩者沦，凌下取胜者侵，名不胜实者耗，自厚薄人者弃，薄施厚望者不报，贵而忘贱者不久用，人不得其正者殆，为人择官者失，决于不仁者险，阴谋外泄者败，厚敛薄施者凋。"此自理之大体也。故傅子曰："立德之本，莫尚乎正心。"心正而后身正，身正而后左右正，左右正而后朝廷正，朝廷正而后国家正，国家正而后天下正。故天下不正，修之家；家不正，修之朝廷；朝廷不正，修之左右；左右不正，修之身；身不正，修之心。所修弥近，所济弥远，禹、汤罪己，其兴也勃焉，正心之谓也。

[注释]

①谒：名帖。把自己的姓名、籍贯、官爵以及有关事项书于其上，备进见之用。女谒公行，指女人干政。

[译文]

《玉钤经》说："喜好向人卖弄聪明的人，是浅薄的；不能自己发现自己缺点的人就会自我蒙蔽；居身迷途而不能返回的，就会随波逐流；因言辞不当而结怨的人容易遭致祸端；违背众心的法令就不能通行；前后相悖的法令等于一纸空文，爱好发怒而又没有威望的人，容易遭到人的侵犯；好在大庭广众面前侮辱人的人，就容易遭殃；肆意戮辱部属的人，便会处在危险之中；轻慢本应受到尊敬的人，凶多吉少；对人貌合心离的人，将处于孤立的境地；亲近奸佞小人而疏远忠臣的人，必然要灭亡；轻信谗言而舍弃贤人的人，是糊涂昏庸的人；用封官许愿来笼络私人感情的人，就会失去事业的基础；女人干预公务，容易造成混乱；部属如果接受了外人的恩赐，斗志就会沉沦；欺凌弱小而取得了胜利，是侵略的举动；名不副实的，就会自我损耗；对自己宽厚而对别人刻薄的人，终将被人所抛弃；吝啬刻薄而又希望得到丰厚收益的人，必然事与愿违；富贵而忘了贫贱就好景不长；如果用人不当，将面临危险；替别人选择举荐官员，是不明智的行为；使不具备仁爱之心的人为重大问题作决策，是十分危险的；机密外泄，必然导致失败；厚敛薄施的人，必然自我凋敝。"以上是自我调理的大体原则。所以傅子说："树立道德的根本，莫过于正心。"心正而后才能身正，身正而后身边的人才能正，身边左右的人正而后朝廷才能正，朝廷正而后国家正，国家正而后天下正。所以，如果天下不正，则首先要修正国家；国家不正，首先要修正朝廷；朝廷不正，首先要修正身边左右的人；左右不正，要修正自身；自身不正，就要修炼自己的心，达到心正。所以越是能从自身、从近处修炼做起，其力量的感召范围就越是广远。夏禹和商汤能反躬自责，所以夏、商才得以蓬勃发展，这是正心的缘故。

理乱第十二

夫明察六主,以观君德;审惟九风,以定国常;探其四乱,核其四危,则理乱可知矣。

何谓六主?荀悦曰①:"体正性仁,心明志固,动以为人,不以为己,是谓王主;克己恕躬②,好问力行,动以从义,不以从情,是谓治主;勤事守业,不敢怠荒,动以先公,不以先私,是谓存主;悖逆交争,公私并行,一得一失,不纯道度,是谓衰主;情过于义,私多于公,制度逾限,政教失常,是谓危主;亲用谗邪,放逐忠贤,纵情逞欲,不顾礼度,出入游放,不拘仪禁,赏赐行私,以越公用,忿怒施罚,以逾法理,遂非文过,而不知改,忠言雍塞,直谏诛戮,是谓亡主。"

[注释]

①荀悦:东汉史学家、政论家。字仲豫。颍川颍阳(今河南许昌)人。受汉献帝之命,依编年体改写《汉书》,撰成《汉纪》三十篇。另有《申鉴》五篇。②躬:自身。

[译文]

明察六种不同类型的国主,就能看出做国君的君德如何;审察九种风气,就可以推定一国的国情;分析一国的"四乱"、"四危",一国的治乱状况便可一目了然。

什么是"六主"？荀悦说："以身作则，情性仁厚，心明眼亮，志向稳固，做事是为了大众百姓而不是为了自己，这样的君主是能够称王于天下的君主；严于律己、宽于待人，虚心好学、身体力行，做事以符合道义为准则，不感情用事，这样的君主是能够使天下大治的君主；勤于政事，恪守祖业，不敢荒疏朝政，做事先公后私，这样的君主是能够守江山的君主；做事违背众人的意愿，争强好胜，公私不分，做事时常得失相半，不符合道德和法度，这样的君主，是致国家于衰亡的君主；做事私情多于道义，私利多于公益，不守制度，政教失常，这样的君主，是使国家处于危险之中的君主；亲近重用谗邪小人，放逐忠君贤良之臣，纵情逞欲，不顾礼仪法度，出宫游乐，不拘王家礼仪禁忌，以个人的好恶和私情赏赐臣下，置法理于不顾，因个人一时的愤怒滥施刑罚，文过饰非，不知悔改，不听逆耳忠言，杀戮犯颜直谏之臣，这样的君主，就称为亡国之主。"

何谓九风①？君臣亲而有礼，百寮和而不同，让而不争，勤而不怨，唯职是司，此礼国之风也；礼俗不一，职位不重，小臣谗疾，庶人作议，此衰国之风也；君好让，臣好逸，士好游，民好流，此弱国之风也；君臣争明，朝廷争功，大夫争名，庶人争利，此乖国之风也；上多欲，下多端，法不定，政多门，此乱国之风也；以侈为博，以伉为高，以滥为通，遵礼谓之拘，守法谓之固，此荒国之风也；以苛为察，以利为公，以割下为能，以附上为忠，此叛国之风也；上下相疏，内外相疑，小巨争宠，大臣争权，此危国之风也；上不访下，下不谏上，妇言用，私政行，此亡国之风。

[注释]

①九风：下文所述共"八风"，疑有误。

[译文]

什么是九风？君臣亲睦，相待以礼，朝臣百官和睦融洽又各有主见，相互谦让而不你争我夺，做事辛劳而无怨言，忠于职守，这是"礼国之风"；国家礼俗不统一，官位不被敬重，小臣谗言不断，百姓议论纷纷，这是"衰国之风"；君爱责备，臣爱安逸，士爱交游，民不安分，这是"弱国之风"；君臣互争高明，群臣争功，大夫争名，老百姓争利，这是"乖国之风"；做国君的欲壑难填，做臣下的是非不断，国无定法，政出多门，这是"乱国之风"；以奢侈无度为博大，以傲慢无礼为崇高，以滥交为通达，以遵礼为拘束，以守法为固执，这是"荒国之风"；以苛刻为明察，以获利为公心，以割剥下民为能耐，以阿附上级为忠诚，这是"叛国之风"；君臣上下相互疏远，朝廷内外相互猜疑，小臣争宠，大臣争权，这是"危国之风"；做国君的不询访下情，做臣下的也不向上谏言，后宫干预朝政，为政以谋取私利为原则，这称为"亡国之风"。

何谓四乱？管子曰①："内有疑妻之妾，此家乱也；庶有疑嫡之子，此宗乱也；朝有疑相之臣，此国乱也；任官无能，此众乱也。"

何谓四危？又曰："卿相不得众，国之危也；大臣不和同，国之危也；兵主不足畏，国之危也；民不怀其产，国之危也。"此治乱之形也。

凡为人上者，法术明而赏罚必者，虽无言语而势自治；法术不明而赏罚不必者，虽日号令，然势自乱。是故势理者，虽委之不乱；势乱者，虽勤之不治。尧、舜拱己无为而有余，势理也；胡亥、王莽驰骛而不足，势乱也。故曰，善战者求之于势，不责于人。是故明主审法度而布教令，则天下治矣。

论曰：夫能匡世辅政之臣，必先明于盛衰之道，通于成败之数，审于治乱之势，达于用舍之宜，然后临机而不惑，见疑而能断。为王者之佐，未有不由斯者矣。

[注释]

①管子：即管仲。春秋初期政治家。名夷吾，字仲。由鲍叔牙推荐，被齐桓公任命为卿。辅佐齐桓公，使之成为春秋时第一个霸主。相传著有《管子》八十六篇，实系后人托名于他的著作。今存七十六篇。

[译文]

什么是"四乱"？管子说："家内有猜疑妻子的妾，称之为家乱；庶子猜疑嫡子，称之为宗乱；朝廷内有猜疑宰相的大臣，称之为国乱；所任官员庸碌无能，称之为众乱。"

什么是"四危"？管子又说："卿相大臣得不到大众百姓的拥戴，国家就危险了；大臣不相互团结和睦，国家就危险了；统兵的主帅不足以令敌人畏惧，国家就危险了；人民不安心生产，国家就危险了。"以上所讲的，是治与乱的情形。

作为统治者，如果能做到法纪严明，赏罚必信，虽不大喊大叫，其势必然自治；如果法纪不严明，赏罚不行，即便天天发号施令，也必然走向混乱。因此，已成治理的态势，即便是委政于人，也不会发生混乱；已成混乱的态势，虽然勤勉劳作，也不能达到大治。尧舜拱已无为却能有余，这是态势所趋的缘故；秦二世和王莽虽然奔驰不暇，仍不能归于理治，也是态势已乱的缘故。所以说，善于领导的人，往往致力于造就于己有利的态势，而不对人求全责备。因此，圣明的君主，只需审明法度，将法度公布于众，就可以达到天下大治。

论者说道：能够匡扶世事、辅佐君王行政的大臣，必须首先明辨盛衰之道，精通成败之数，精审治乱的形势，通达用舍之宜，然后方能做到面临突发的局面而不迷惑，遇到疑难的问题而能决断。要真正成为君王的得力辅佐，没有不由此道的。

卷三（权变）

反经第十三

臣闻三代之亡，非法亡也，御法者非其人矣。故知法也者，先王之陈迹，苟非其人，道不虚行。故《尹文子》曰①："仁、义、礼、乐、名、法、刑、赏，此八者，五帝三王治世之术。故仁者，所以博施于物，亦所以生偏私。义者，所以立节行，亦所以成华伪。礼者，所以行敬谨，亦所以生惰慢。乐者，所以和情志，亦所以生淫放。名者，所以正尊卑，亦所以生矜篡。法者，所以齐众异，亦所以乖名分。刑者，所以威不服，亦所以生凌暴。赏者，所以劝忠能，亦所以生鄙争。"

[注释]

①《尹文子》：相传为战国时尹文著。经后人考证，可能是魏晋人的伪托之作。一卷，分上、下两篇。其说与黄老刑名之说相近。

[译文]

我听说夏、商、周三代之所以灭亡，并不是因为法规不当造成的，而是因为执行法律的人不得当。所以，知法这件事，根据先王的历史经验，如果用非其人，正道废弛，法律也难以真正落实和推行。所以《尹文子》说："仁、义、礼、乐、名、法、刑、赏，这八宗，便是五帝三王治理天下的方法。所谓仁，要求泛爱博施，同时也容易发生偏私。所谓义，要求守节立行，同时也容易流于哗众取宠。所谓礼，要求行为恭敬谨慎，同时也容易流于怠慢。所谓乐，能够调和情志，同时也容易使人生淫逸放荡之心。所谓名，可以用来正尊卑之序，也容易使人生矜持篡逆之心。所谓法，可以使众人整齐如一，也容易使人背离本分。所谓刑，可以镇服那些不服法令的人，但也容易导致凌辱、暴虐百姓的行为发生。所谓赏，既可以激励人们尽忠献能，也容易导致人们之间的纷争。"

《文子》曰①："圣人其作书也，以领理百事，愚者以不忘，智者以记事；及其衰也，为奸伪，以解有罪而杀不辜。其作囿也②，以奉宗庙之具，简士卒，戒不虞；及其衰也，驰骋弋猎③，以夺人时。其上贤也，以平教化，正狱讼，贤者在位，能者在职，泽施于下，万人怀德；至其衰也，朋党比周，各推其与，废公趋私，外内相举，奸人在位，贤者隐处。"

《韩诗外传》曰④："夫士有五反：有势尊贵，不以爱人行义理，而反以暴傲；家富厚，不以振穷救不足，而反以侈靡无度；资勇悍，不以卫上攻战，而反以侵凌私斗；心智惠，不以端计教，而反以事奸饰诈；貌美好，不以统朝莅人，而反以蛊女从欲。"

[注释]

①《文子》：撰人佚名。一说文子姓辛名钘，号计然，范蠡之师，受业于老子。其说不可考。②囿：畜养禽兽的园地。③弋猎：泛指射猎。弋，用带绳子的箭射。④《韩诗外传》：西汉韩婴撰，今本十卷。其书杂述古事古语，每引《诗》以与古事相印证。另有《内传》四卷，今佚。

[译文]

《文子》说："圣人发明文字的目的，在于领导民众理解总结万事万物的道理，使愚鲁的人加强记忆，使聪明智慧的人用来记载史实，但当世道衰败之时，也容易为奸诈之人所利用，成为替有罪的人开脱罪责、杀戮无辜的工具。辟建苑囿，本来是为了向人提供狩猎的场所，以供人们祭祀宗庙、检阅训练士卒、以防不测，但当世道衰败之时，便成为王者公族驰骋弋猎、贻误农时的祸害。尊崇任用贤才，本来是为了推广教化，使狱讼公正，让贤人居于应有的地位，让有才能的人担任相应的官职，以便使君王的恩泽博施于下层百姓，使广大百姓感怀君王的恩德，但当世道衰微之时，推荐贤才之举，却成了拉帮结派、徇私废公、奸人在位、贤人下野的借口和工具。"

《韩诗外传》说："士人往往会发生五种与本意相反的情况：身居尊贵之位，却不能泛爱百姓、推行义理，反而残暴傲慢；家境富厚，却不能因此赈济穷困、救援不足，反而侈靡无度；天资勇敢强悍，却不能因以保卫君王、驰骋沙场，反而侵凌弱小，勇于私斗；富于智慧，却不能致力于治国用兵的良策，反而用来耍阴谋诡诈之术；相貌堂堂、仪表不凡，却不能在朝中认真做官，为人表率，反而以此蛊惑女色，极情纵欲。"

太公曰："明罚则人畏慑，人畏慑则变故出。明察则人扰，人扰则人徙，人徙则不安其处，易以成变。"

晏子曰①："臣专其君，谓之不忠；子专其父，谓之不孝；妻专其夫，谓之嫉妒。"韩子曰："儒者以文乱法，侠者以武犯禁。"子路拯溺而受牛，谢孔子，孔子曰："鲁国必好救人于患也。"子贡赎人而不受金于府。孔子曰："鲁国不复赎人矣。"子路受而劝德，子贡让而止善。由此观之，廉有所在，而不可公行。

慎子曰②："忠未足以救乱代，而适足以重非。"何以识其然耶？曰，父有良子而舜放瞽叟，桀有忠臣而过盈天下。然则孝子不生慈父之家，而忠臣不生圣君之下。故明主之使其臣也，忠不得过职，而职不得过官。

[注释]

①晏子：即晏婴。春秋时期齐国大夫。字平仲。历任灵公、庄公、景公三世卿。机敏善辩。传世《晏子春秋》，是战国时人收集他的言行编辑而成。
②慎子：即慎到。战国时期赵国人。法家主要代表人物之一。曾在齐稷下学宫讲学，负有盛名。著有《慎子》四十二篇，今佚。现存《慎子》为后世辑录，仅七篇。

[译文]

太公说："刑罚严明则人心畏慑，人心畏慑则易生变故。在上的人如果目光锐利，明察秋毫，在下的就容易纷扰不安，纷扰不安则导致人员流徙，人员流徙则导致不安其处，因此易生变乱。"

晏子说："做臣子的专擅国君的大权，叫做不忠；做儿子的专擅父亲的权力，叫做不孝；做妻子的专擅丈夫的权力，叫做嫉妒。"韩子说："儒生用仁义礼仪扰乱了法纪，侠士因果敢勇武而冒犯禁令。"子路拯救了溺水的人，因而领受了溺者家人一头牛的答谢，并将此事告知孔子，孔子听了以后便说："鲁国从此一定会形成乐于救人于患难之中的风气。"子贡用自己的钱赎回了被卖到别国的鲁国人后，谢绝了本应从官府得到的奖赏，孔子知道这件事以后说："鲁国从此便不会再有人肯自己掏钱赎人了。"子路接受了人的报赏，从而起到了劝勉人们行德的作用；子贡谦让，谢绝受赏，反而阻止了人们的善行。由此看来，廉洁的美德并不是可以不分时间地点广泛推行的。

慎子说："忠君行为并不足于拯救乱世，反而起到了助恶伐善的作用。"用什么来证明这一论点呢？父亲有了不敢违抗父命的好儿子，所以瞽叟便把舜放逐了；夏桀正是因为有一批忠臣，所以他的罪过满天下。因此，孝子并不生在慈父之家，而忠臣也不生在圣君之下。所以圣明的君主任用臣子，其忠君行为不得超过他所在的职分，而他的职分又不得超过他的官位所限定的范围。

鬼谷子曰："将为胠箧探囊发匮之盗①，为之守备，则必摄缄縢②，固扃鐍③，此世俗之所谓智也。然而巨盗至，则负匮揭箧，担囊而趋，唯恐缄縢扃鐍之不固也。然则向之所谓智者，有不为盗积者乎？其所谓圣者，有不为大盗守者乎？"何以知其然耶？昔者齐国，邻邑相望，鸡狗之音相闻，网罟之所布④，耒耨之所刺⑤，方二千余里。阖四境之内，所以立宗庙社稷，治邑屋州闾乡里者，曷尝不法圣人哉！然而田成子一朝杀齐君而盗其国⑥，所盗者岂独其国耶？并与圣智之法而盗之。故田成子有乎盗贼之名，而身处尧、舜之安，小国不敢非，大国不敢诛，十二代而有齐国。则是不乃窃齐国，并与其圣智之法，以守其盗贼之身乎？

[注释]

①胠箧（qū qiè）：从旁边把手提箱子打开。探囊：掏摸口袋。发匮（guì）：揭开大箱子。②摄缄縢：捆扎绳子，使其牢固。③扃鐍（jiōng jué）：扃，门窗，箱柜上的开关。鐍，箱子上加锁的铰钮。④网罟（gǔ）：猎具。罟，网的总名。⑤耒耨（lěi nòu）：农具。耒，耜犁的木柄，代指犁。耨，小手锄，锄草的农具。⑥田成子：即田常。或作陈成子。春秋时期齐国的大臣。

[译文]

鬼谷子说："为了防备翻箱、探囊、开柜一类的盗贼，就把箱子捆绑好、再上锁固定好，这些预防措施，在世俗人的眼里，是很聪明的办法。但是，如果大盗来到后，他们背着箱子、抬着柜子、担囊而去，还唯恐这些箱子、柜子捆绑得不牢固、锁得不结实呢。既然如此，以上所说的所谓的聪明之举，不正是在为大盗偷东西做积累的准备吗？世俗所称的圣主贤臣，不都成了窃国大盗的守护者了吗？"为什么这样说呢？从前在齐国，邻邑相望，鸡狗之声相闻，可供人们捕鱼打猎、耕田播种的水面田地，方圆达两千余里。四境之内，遍立宗庙社稷，建州闾乡里，以及修城建屋，没有一宗不效法圣人的做法。然而，田成子于一朝之内便杀掉了齐国的国君而盗了他的国家。田成子所盗窃的仅仅是齐国这一个国家吗？而且把圣明智慧的治国方法也一并盗窃去了。因此，田成子虽然有盗贼之名，但他的君王的交椅却坐得如同尧舜一样的安稳，小国不敢妄加非议，大国不敢兴兵讨伐，田氏国君宝座传了十二代。这难道不是盗窃齐国，连同圣明智慧的治国方法也一并盗去，用来保护其盗贼自身吗？

跖之徒问于跖曰①："盗亦有道乎？"跖曰："何适而无有道耶？夫妄意室中之藏，圣也；入先，勇也；出后，义也；知可否，智也；分均，仁也。五者不备而能成大盗者，天下未之有也。"

由是观之，善人不得圣人之道不立，盗跖不得圣人之道不行。天下之善人少，而不善人多，则圣人之利天下也少，而害天下也多矣。由是言之，夫仁、义、礼、乐、名、法、刑、赏，忠孝贤智之道，文武明察之端，无隐于人，而常存于代。非自昭于尧汤之时，非故逃于桀纣之朝。用得其道则天下理，用失其道而天下乱。故知制度者，代非无也，在用之而已。

[注释]

①跖（zhí）：即盗跖。春秋战国之际鲁人。相传从卒九千人，侵暴诸侯，横行天下。

[译文]

盗跖的门徒问盗跖："偷盗难道也有价值标准和原则吗？"盗跖回答说："什么事能够没有标准和原则呢？能够预测室中所藏的东西，就叫做'圣'；偷盗时敢于一马当先，叫做'勇'；撤退时殿后，叫做'义'；能决断可不可偷，叫做'智'；分配偷来的东西时能均分，叫做'仁'，不具备这五种品质而能够成为天下大盗的，这样的事情我还从未有听说过。"

由此看来，善良的人不掌握圣人之道，就难立身处世；盗跖不掌握圣人之道，也就难以行盗。正因为天下善良的人少，而不善良的人多，那么，所谓的圣人，他们为天下带来的利益就少，而给天下带来的祸害也就多了。据此可以说，仁、义、礼、乐、名、法、刑、赏，忠孝贤智、文武明察之类，可以在各种人身上表现出来，而历代常存。并不是在尧汤这样的圣明时代就出现，而在桀纣时代便逃之夭夭了。关键在于如何使用它：使用得当则天下大治，使用不当则天下大乱。所以可知，仁、义、礼、乐、名、法、刑、赏等制度，任何一个朝代都有，区别在于使用的方法不同、效果不同而已。

是非第十四

夫损益殊涂,质文异政。或尚权以经纬,或敦道以镇俗。是故前志垂教,今皆可以理违。何以明之?《大雅》云①:"既明且哲,以保其身。"《易》曰②:"天地之大德曰生。"《语》曰:"士见危致命。"又曰:"君子有杀身以成仁,无求生以害仁。"

[注释]

①《大雅》:属《诗经》中的雅类诗。②《易》:即《易经》。

[译文]

"损"和"益"是两种不同的方法,"质"和"文"也是两种不同的施政方法。有的人崇尚以权治国,有的人主张用道来教化世俗。因此,凡前人的教导或经验,今天都可以找出正好相反的根据,予以反驳。如何证明这一点呢?《诗经·大雅》说:"用聪明智慧的方法来保护自己的身体。"《易经》上说:"天地的大德叫做生。"而《论语》里却说:"士人见到危险要舍命相救。"又说:"君子有舍弃自己的生命来成全仁的道理的,没有为求生而危害了仁的道理的。"

《管子》曰:"疑今者察之古,不知来者视之往。"古语曰:"与死人同病者,不可生也;与亡国同行者,不可存也。"《吕氏春秋》曰："夫人以食死者，欲禁天下之食，悖矣；有以乘舟死者，欲禁天下之船，悖矣；有以用兵丧其国者，欲偃天下之兵①，悖矣。"杜恕曰②："夫奸臣贼子，自古及今，未尝不有。百岁一人，是为继踵；千里一人，是为比肩。而举以为戒，是犹一噎而禁人食也，噎者虽少，饿者必多。"

[注释]

①偃（yǎn）：停止。②杜恕：三国时魏人。官至幽州刺史。

[译文]

《管子》说："对今天的事情有疑问的，可以去考察古代；不知道将来会走向何处，看看过去是怎么发展的便知道了。"古语说："与病死的人害同样病的人，是难以活命的；与亡国之君施行同样的政治的国家，也是注定要灭亡的。"

而《吕氏春秋》却说："见有人因吃东西而噎死了，就要禁止天下的人吃东西，这种做法是荒谬的；看到有人因乘船不慎淹死了，就想禁止天下的人乘船，这种做法是荒谬的；看到有的国家因战争而亡了国，就想在全天下禁绝战争，这也是不可能实现的幻想。"杜恕也说过同样道理的话："奸臣贼子，自古至今，历代都有。百年内出一个人，便觉着像前脚接后脚那样的没有间断；方圆千里内出一个人，便觉着像肩并着肩一样稠密。如果以此为戒，选拔人才缩手缩脚，就犹如一人噎死了，就禁止众人吃东西。这样做，虽然噎死的人少了，但饿死的人却多了。"

孔子曰："恶讦恶以为直①。"《管子》曰："恶隐恶以为仁者。"魏曹羲曰②："夫代人所谓掩恶扬善者，君子之大义；保明同好者，朋友之至交。斯言之作，盖闾阎之白谈。所以收爱憎之相谤，非笃正之至理、折中之公议也。世士不料其数而系其言，故善恶不分，以覆过为宏也；朋友忽义，以雷同为美也。善恶不分,乱实由之;朋友雷同,败必从焉。谈论以当实为情,不以过难为贵;相知以等分为交,不以雷同为固。是以达者存其义,不察于文;识其心,不求于言。"

[注释]

①恶(wù)讦恶(è):前"恶"为厌恨,厌恶。后"恶"即邪恶,不好的事物。②曹羲:三国魏人,曹真次子。中领军。

[译文]

孔子说:"憎恶那些以攻击他人来标榜自己正直的人。"而《管子》却说:"憎恶那些以掩护他人的恶迹为仁爱之举的人。"曹羲也论证过同样的道理,他说:"世人认为隐恶扬善,是君子应有的大义之举;保护与自己志同道合、关系友善的人,是友情敦厚的表现。这些言论,纯属街头巷尾的浅薄之谈。这些论谈,助长了爱憎相诽谤的趋势,非难了笃实正确的道理,混淆了公理与谬误的界限。世人不能明辨其中的道理,而被这些具有欺骗性的语言所迷惑,所以致使善恶不分,以掩盖过失为崇高;置义节于不顾,反而以相互认同为美德。善恶不分,是造成混乱的原因;朋友间无原则地相互认同,必然导致失败。相互间的谈论应当以实事求是为准则,不应相互苛求、相互非难;朋友相知,应当以平等的态度、真实的情感相交往,不应以相互认同、一团和气来巩固友情。因此,聪明达观的人只领会其中大义,而不在文辞上多计较;务在认识人的真实心理,而不苛求于人的表面语言。"

《越绝书》曰①:"衒女不贞②,衒士不信。"《汉书》曰:"大行不细谨,大礼不让辞。"

黄石公曰:"务广地者荒,务广德者强。有其有者安,贪人有者残。残灭之政,虽成必败。"司马错曰③:"欲富国者,务广其地;欲强兵者,务富其人;欲王者,务博其德。三资者备,而后王业随之。"

《传》曰:"心苟无瑕,何恤乎无家?"语曰:"礼义之不愆④,何恤乎人言。"语曰:"积毁销金,积谗磨骨,众羽溺舟,群轻折轴。"

[注释]

①《越绝书》:又称《越绝记》。东汉袁康撰。记吴、越二国史地及伍子胥、子贡、范蠡等人的活动。多采传闻异说。与《吴越春秋》多出入。②衒女:爱自我炫耀的女人。③司马错:战国时期秦国将领。建议秦王兴兵灭蜀。曾为蜀郡守。④愆(jiàn):越权。

[译文]

《越绝书》说:"喜欢向人炫耀的女人是不贞洁的女人,喜欢向人自我夸耀的士人是不值得信赖的人。"而《汉书》上却说:"做大事业不必拘于小节,注重大礼不必拘于谦让之辞。"

黄石公说:"一味贪图土地广大,就会造成土地荒芜;以推广德行为务就会日益强盛。拥有自己应该拥有的,生活就安定;贪图本属他人拥有的东西,就会有残灭侵暴行为发生。残灭的政治,虽能一时得逞,但终将遭到失败。"而司马错却说:"要想使国家富强,必须首先扩大土地;要想建立强大的军队,就必须首先使人民富有;要想称王于天下,就必须博施恩德。这三件事情做好了,称王大业也就能随之而实现。"

《左传》里说:"假若心灵纯洁无瑕,何须担心无家可归呢?"古语也说:"如果自己的行为符合礼义规范,又何须担心别人的风言风语呢?"可是古语还有另一种意义的话:"毁谤之言多了,可以把金属熔化;谗言积累多了,可以把人的骨头磨损;羽毛多了,可以把船压沉;重量轻的东西积累多了,同样可以把车轴压折。"

孔子曰:"君子不器,圣人智周万物。"列子曰①:"天地无全功,圣人无全能,万物无全用。故天职生覆②,地职载形,圣职教化。"

孔子曰:"君子坦荡荡,小人长戚戚。"孔子曰:"晋重耳之有霸心也,生于曹卫;越勾践之有霸心也,生于会稽。故居下而无忧者,则思不远;覆身而常逸者,则志不广。"

韩子曰:"古之人,目短于自见,故以镜观面;智疑于自知,故以道正己。"老子曰:"反听之谓聪,内视之谓明,自胜之谓强。"

[注释]

①列子:即列御寇。战国时期学者。著有《列子》八篇,又称《冲虚真经》。原书早佚。今本《列子》可能是晋人的托名之作。内容多为民间故事、寓言和神话传说。是道家著作。②生覆:覆育生命万物。覆,庇护。

[译文]

孔子说:"君子不像一件固定的器物只有一种用途,圣人的智慧可以通晓万事万物的道理。"而列子却说:"天地也没有无不包全的功能,圣人也不是无所不能,万物也不是全部有用。所以,天的职责是覆育生命,地的职责是载育万物,圣人的职责是教化万民。"

孔子说:"君子心胸坦荡,而小人总是面带忧伤之情。"而孔子还说过意思相反的话:"晋公子重耳的称霸之心,就产生于他在曹、卫二国受人歧视的时候;越王勾践的称霸之心,就产生于他在会稽受辱、卧薪尝胆的时候。所以,居人之下而无忧患之心的人,他的思虑就不可能长远;身处逆境却身心安逸的人,他的志向就不可能广大。"

韩子说:"古代的人感到自己的眼睛看不到自己的面貌,所以便借助镜子来观照自己的相貌;感到自己的智慧还不足以有自知之明,所以便时常用道来矫正自己。"而老子却说:"不听而晓叫做聪,能够自我观照叫做明,自己战胜自己、提高自己叫做强。"

唐且曰①："专诸②怀锥刀而天下皆谓之勇，西施被短褐而天下称美。"慎子曰："毛嫱③、西施，天下之至姣也，衣之以皮倛④，则见者皆走；易之以元缟⑤，则行者皆止。由是观之，则元缟色之助也，姣者辞之，则色厌矣。"

项梁曰："先起者制服于人，后起者受制于人。"《军志》曰："先人有夺人之心。"史佚有言曰："无始祸。"又曰："始祸者死。"语曰："不为祸始，不为福先。"

[注释]

①唐且：即唐雎（jū）。战国时期魏人。齐、楚攻魏，魏求救于秦，秦拒不发兵。唐雎西入，说服秦王发兵。②专诸：春秋末期侠客、勇士。吴国人。吴王僚代嫡继位，公子光便与伍子胥派专诸刺王僚。在一次宴会上，专诸置匕首于鱼腹中，借进肴之机，当场刺死吴王僚，他本人亦被杀。③毛嫱：古代美女。④倛（qī）：古时驱鬼面具，状狰狞丑恶。⑤元缟（xī）：黑色细布。"元"本为"玄"，因避讳改之。

[译文]

唐且说："专诸胸怀短刀，受人之托而行刺君王，天下都称赞他勇敢；西施身着短布衣，天下人还称赞她美丽。"而慎子却说："毛嫱和西施，被誉为天下最美的人，若让她们披上狰狞丑恶的皮毛，看见她们的人都会被吓跑；如果让她们身着漂亮的纱衣，行人就会驻足观赏。由此看来，漂亮的衣服可以衬托出她们的美色，美丽的人如果离开漂亮的衣服，她们的美丽就会大为逊色。"

项梁说："先动手的，可以制服他人，后动手就会受制于人。"《军志》里也说："先下手可以夺人之心。"而史佚却说："不要首先发难。"又说："首先发难就会灭亡。"古语也告诫说："不第一个发难，也不第一个去抢夺福利。"

慎子曰:"夫贤而屈于不肖者,权轻也;不肖而服于贤者,位尊也。尧为匹夫,不能使其邻家,及至南面而王,则令行禁止。由此观之,贤不足以服物,而势位足以屈贤矣。"贾子曰①:"自古至今,与民为仇者,有迟有速耳,而民必胜之矣。故纣自谓天王也,而桀自谓天父也,已灭之后,民亦骂之也。以此观之,则位不足以为尊,而号不足以为荣矣。"

汉景帝时,辕固与黄生争论于上前②。黄生曰:"汤、武非受命,乃杀也。"固曰:"不然。夫桀、纣荒乱,天下之心,皆归汤、武。汤、武与天下之心而诛桀、纣。桀、纣之人弗为使而归汤、武,汤、武不得已而立,非受命而何?"黄生曰:"冠虽敝,必加于首;履虽新,必贯于足。何者?上下之分也。今桀、纣虽失道,然君上也;汤、武虽圣,臣下也。夫君有失行,臣不正言匡过,以尊天子,反因过而诛之,代立南面,非杀而何?"

[注释]

①贾子:即西汉大臣、政论家贾谊。②辕固:西汉时期《诗经》博士。

[译文]

慎子说:"贤人之所以屈居于庸人之下,是因为贤人的权力小;不贤的人服从于贤人,是因为贤人有尊贵的地位。当尧还是一位匹夫百姓时,连他的邻家也指使不动,等他南面称王后,却能做到令行禁止。由此看来,贤的品质不足以制伏任何事物,而较高的权势和地位却足以使贤人屈服。"而贾子却有相反的论述:"自古至今,与民为仇的暴君,尽管有的横行的时间长,有的横行的时间短,但最终都要被人民所战胜。所以,纣自称为'天王',桀自称为'天父',他们覆灭以后,无不遭到人民的唾骂。由此看来,占据较高的地位不一定就尊贵,戴上较高的名号也未必就光荣。"

汉景帝时,辕固和黄生在景帝面前辩论。黄生说:"商汤、周武都不是受天命而称王,而是通过杀害自己的君王而篡夺了王位的。"辕固说："不是这样。桀、纣荒淫乱国，天下百姓已归心于商汤和周武，商汤、周武顺应民心而诛灭了桀、纣。桀、纣的臣民不愿再为桀、纣效劳，而归附了商汤、周武，商汤、周武不得已而自立，这不是受天命是什么呢？"黄生说："帽子虽然破旧了，但它毕竟是往头上戴的东西；鞋子虽然很新，它也只能穿在脚上。为什么呢？上下名分决定的。商汤周武，虽然圣明，但毕竟是臣下。君王发生了失误，做臣子的不向君王进言、帮助君王改正错误，以此来表示对天子的尊重，反而因君王有过失，便兴兵诛杀他，取而代之，南面称王，这不是弑君篡位是什么？"

太公曰："明罚则人畏慑，人畏慑则变故出；明赏则不足，不足则怨长。故明王之理人，不知所好，不知所恶。"文子曰："罚无度则戮而无威，赏无度则费而无恩。"故诸葛亮曰："威之以法，法行则知恩；限之以爵，爵加则知荣。"

文子曰："人之化上，不从其言，从其行也。故人君好勇，而国家多难；人君好色，而国家昏乱。"秦王曰："吾闻楚之铁剑利而倡优拙①。夫铁剑利则士勇，倡优拙则思虑远。以远思虑御勇士，吾恐楚之图秦也②。"

墨子曰③："虽有贤君，不爱无功之臣；虽有慈父，不爱无益之子。"曹子建曰④："舍罪责功者，明君之举也；矜愚爱能者，慈父之恩也。"《三略》曰："含气之类，皆愿得申其志。是以明君贤臣，屈己申人。"

[注释]

①倡优：妓女，艺人。②图：图谋，谋取。③墨子：即墨翟。相传为宋国人，后长期居住在鲁国。春秋战国之际的思想家、政治家。墨家学派的创始人。有《墨子》传世，为墨子及其后学者所著。④曹子建：即曹植，字子建。曹操第三子。三国时期著名文学家。

[译文]

太公说:"严明刑罚,就会使人产生畏惧心理,人有畏惧心理易生变故。奖赏制度明确,人们就会感到不满足,人们有了不满足的心理,就会对在上的产生怨恨情绪。所以圣明的君王统治人民,往往使人不知道他的好恶。"而文子却说:"滥施刑罚,超过了限度,即便杀戮很多,也不能树立法律的威慑力量;滥施奖赏超过了限度,破费虽多,也不能使人感恩。"所以诸葛亮说:"要用法律威慑人,法令得以推行,人才会知恩;要限制滥封爵位,这样,一旦将爵位授予人,人就会感到荣耀。"

文子说:"老百姓受君王的教化,不是听他的语言,而是看他的行为。所以,做国君的如果好勇,则国家多难;做国君的如果好色,则国家昏乱。"而秦王的观点则相反:"我听说楚国的铁剑很锐利而倡优却很笨拙。铁剑锐利就说明士卒勇敢;倡优笨拙则说明国王的思虑远大。以思虑远大的国王指挥勇敢的军队,我担心楚国将会图谋秦国。"

墨子说:"虽然有贤明的君王,但他并不爱无功的大臣;虽然有慈祥的父亲,但他并不爱无益于家庭的儿子。"曹操的儿子曹子建却说:"原谅有罪过的人,严格要求有功劳的人,这才是圣明之君所应采取的举措;怜悯和同情愚鲁的儿子,疼爱有才能的儿子,这才是慈父应有的恩德。"《三略》说:"凡胸怀志气的人,都希望得到伸展自己志气的机会。因此,明君贤臣,都能够委屈自己,而把伸展志气的机会让与别人。"

《传》曰:"人心不同,其犹面也。"曹子建曰:"人各有好尚,兰芷荪蕙之芳①,众人所好,而海畔有逐臭之夫;咸池、六英之发②,众人所乐,而墨子有非之之论,岂可同哉?"语曰:"以心度心,间不容针。"孔子曰:"其恕乎!己所不欲,勿施于人。"

管子曰："仓廪实知礼节，衣食足知荣辱。"古语曰："贵不与骄期而骄自至，富不与侈期而侈自来。"

语曰："忠无不报。"《左传》曰："乱代则谗胜直。"

[注释]

①兰、芷、荪、蕙：均为香草。②咸池：周代"六舞"之一。相传为尧时代的乐舞，周代用以祭祀地神。六英：帝深造喾之乐。

[译文]

《左传》说："人心彼此不同，就如人的面目千差万别一样。"曹子建说："人各有所好。像兰、芷、荪、蕙等花草的芬芳，为大众所喜好，而海边却有喜逐臭气的人。咸池、六英等名曲为众人所喜爱，而墨子却有非难音乐的论说。人心岂能相同一？"而古语却说："拿人心与人心相比较，其间的差别之小，还不及针尖那样大。"孔子也说："关于'恕'的意思，就是凡自己不喜欢的，就不要强加给别人。"

管子说："粮仓充实了，人们才可能去讲究礼节；丰衣足食后，人们才可能有荣辱之感。"古语却说："尊贵和骄傲虽然没有预先约定，但一个人一旦尊贵后，骄傲的情绪便会油然而生；富有与奢侈虽然没有预先约定，但人一旦富有了，奢侈的行为就会自然发生。"

古语说："忠诚的人没有不得到应有的报答的。"而《左传》上却说："世道衰乱时，谗邪胜过忠直。"

韩子曰："凡人之大体，取舍同则相是，取舍异则相非也。"《易》曰："同声相应，同气相求。水流湿，火就燥，云从龙，风从虎。"《易》曰："二女同居，其志不同。"语曰："一栖不两雄，一泉无二蛟。"又曰："凡人情以同相妒。故曰，同美相妒，同贵相害，同利相忌。"

韩子曰："释法术而以心理，尧、舜不能正一国；去规矩而妄意度，奚仲不能成一轮①。使中主守法术，拙匠执规矩，则万不失矣。"《淮南子》曰："夫矢之所以射远贯坚者，弓弩力也；其所以中的剖微者，人心也。赏善罚暴者，政令也；其所以行者，精诚也。故弩虽强，不能独中；令虽明，不能独行。"杜恕曰："世有乱人，而无乱法。若使法可专任，则唐、虞不须稷、契之佐，殷、周无贵伊、吕之辅矣②。"

[注释]

①奚仲：传说中车的创造者。任姓，黄帝之后。夏代的车正。②伊、吕：即伊尹和吕尚。

[译文]

韩子说："大体说来，人们之间凡观点一致、取舍相同，就会相互肯定、相互支持；凡观点相悖、取舍不同的，就会相互非难。"《易经》说："同声相应，同气相求，水流湿，火就燥，云从龙，风从虎。"而《易经》里还有意义相反的话："二女同居，彼此的志向却不同。"古语也说："一窝里容不下两只雄性，一泉里容不了两只蛟。"又说："人之常情是同类间相互妒忌。所以说，具有相同美色的人就相互妒忌，具有同样尊贵地位的人就相互谋害，具有同等利益的人就相互忌恨。"

韩子说："如果抛开法术而靠心意治理国家，即便是尧、舜这样的圣人也不可能把一个国家治理好；不用规矩测量，而光凭感觉经验来揣度，即便是奚仲这样的造车能手也难以制成一个车轮子。如果使具有中等水平的君主运用法术来治国，笨拙的工匠运用规矩来制造，都能做到万无一失。"而《淮南子》却说："箭矢之所以能飞得遥远、贯穿坚厚的物体，靠的是弓弩的力量。它之所以能射中靶子、剖开微小的物体，靠的却是人心的作用。赏善罚暴，要凭借政令的力量；但政令的真正贯彻执行，则要靠执行人的精诚。所以说弓弩虽然具备强大的力量，但它不能独自射中目标；政令虽然严明，却不能独自推行。"杜恕也说："世上只有乱人而无乱法。如果光靠法令就能治理天下，那么唐尧、虞舜就无须稷、契这样的良臣来辅佐，殷朝和周朝也不会因具有伊尹、吕望这样的宰辅之才而感到可贵了。"

虑不先定，不可以应卒；兵不先办，不可以应敌。《左传》曰："豫备不虞，古之善政。"《左传》曰："士芴谓晋侯曰①：'臣闻之，无丧而戚，忧必仇之；无戎而城，仇必保焉。'"《春秋外传》曰："周景王将铸钱②，单穆公曰③：'不可。古者天灾降戾，于是乎量资币，杖轻重，以振救人。夫备预，有未至而设之，有至而后救之，是不相入也。可先而不备，谓之怠；可后而先之，谓之召灾。周固羸国也④，天未厌祸焉，而又离人以佐灾，无乃不可乎？'"

《左传》曰："古人有言，一日纵敌，数代之患也。"晋、楚遇于鄢，范文子不欲战⑤，曰："吾先君之亟战也有故。秦、狄、齐、楚皆强，不尽力，子孙将弱。今三强服矣，敌，楚而已。惟圣人能内外无患。自非圣人，外宁必有内忧，盍释楚以为外惧乎？"

[注释]

①士芴：春秋时期晋国大夫。②铸钱：铸大钱、大钟。③单穆公：周代单襄公五世孙，名旗，曾为周王官伯。④羸国：弱国。羸，弱细。⑤范文子：即士燮。春秋时晋国大夫。

[译文]

事先没有计划，就不能应付突然的事变；军队不预先训练，就不能对付来犯的敌人。《左传》说："预先做好对付突发事变的准备，是古代良好的为政传统。"《左传》里还有意义相反的话："士芮对晋侯说:'我听说没有丧事却面带戚容,真正令人忧伤的事情就会随之而来;没有兵患却大修城防,则为国内的敌人提供了据守的场所。'"《春秋外传》记载:"周景王将要铸造大钱,单穆公说:'不能这样做。古时候天灾降临时,政府便会衡量物资与货币之比,权衡轻重,救济灾民。所谓预防不测,有备无患有两种类型:一种是事情尚未发生,就预先做好了准备;一种是灾情降临后再组织救助。这两种类型各有各的作用,不可相互替代。本应先行准备而不做准备的,这叫做急惰;本应事情发生后再做救助的反而事先去做准备,这样就容易招来灾祸。周国本来就是一个弱小的国家,天灾又接连不断,如今又要使人离心而扩大灾情,这恐怕是很不应该做的事情吧?'"

《左传》里说:"古人曾说过,一日放走了敌人,便会贻患数代。"然而,却有相反的事例。晋国和楚国的军队在鄢遭遇,范文子不想同楚军交战,便说:"我们的先君时代,战争频繁是有原因的,当时,秦、狄、齐、楚都很强大,如果晋国不致力征战,传到儿孙手中就会削弱下来。如今三大强国(齐、秦、狄)都已服从了晋国,晋国的敌人也唯有楚国而已。唯有圣人才能做到内外无患。而我们又不是圣人,所以,外部安宁,内部就必生忧患,因此,何不放掉楚国,让它成为晋国的外部威胁呢?"

《三略》曰:"无使仁者主财,为其多恩施而附于下。"陶朱公中男杀人①,因于楚。朱公欲使其少子,装黄金千镒②,往视之。其长男固请,乃使行。楚杀其弟。朱公曰:"吾固知必杀其弟。是长与我俱见苦为生之难,故重其财。如少弟生见我富,乘坚驱良,逐狡兔,岂知财所从来,固轻弃之。今长者果杀其弟,事理然也。无足悲。"

语曰:"禄薄者不可与入乱,赏轻者不可与入难。"慎子曰:

"先王见不受禄者不臣,禄不厚者,不与入难。"田单将攻狄,见鲁仲子③,仲子曰:"将军攻狄,弗能下也。何者?昔将军之在即墨,坐而织蒉④,立而杖插⑤,为士卒倡,此所以破燕。今将军东有掖邑之奉,西有菑上之娱,黄金横带,而驰乎淄、渑⑥之间,有生之乐,无死之心,所以不胜也。"后果然。

语曰:"贫贱之交不可忘,糟糠之妻不下堂。"语曰:"交接广而信衰于友,爵禄厚而忠衰于君。"

[注释]

①陶朱公:即范蠡。春秋时期越国大夫。政治家。辅佐越王勾践灭吴。后弃官从商,三致千金。行至陶(今山东定陶),改名陶朱公。②镒(yì):古时度量衡名称。二十四两为一镒。③鲁仲子:即鲁仲连,鲁连。战国时齐人。④蒉(kuì):草编的筐子。这里指草席。⑤杖插:用锸掘土。插同锸,铁锹之类的器具。⑥淄、渑:即临淄、渑池。

[译文]

《三略》说:"不要让仁慈的人主管财物,因为这样的人对下属多施恩惠,下属就会拥戴他。"但却有相反的事例。陶朱公的二儿子因杀人被囚在楚国。陶朱公打算让他的幼子携带黄金千镒,前往楚国探视。而陶朱公的长子却固请前往,陶朱公不得已,只好改派长子前往。结果长子无功而返,他的弟弟还是让楚国给杀了。陶朱公得到这一消息后说:"我本来就已意料到他的弟弟必定死在他长兄的手中。这是因为长子随我创业,颇知为生的艰难,所以把钱财看得很重。而他的小弟出生时,我已经相当富有,乘坐豪华的车辆,骑优良的马,郊游射猎,哪里懂得钱财来之不易,所以,他不以钱财为意,舍得扔钱。如今长子果然杀了他的弟弟,本在情理之中,不值得悲伤。"

古语说:"做君王的不可与俸禄微薄的人共度乱世,不可与受赏轻的人共赴危难。"慎子说:"先王见到不肯受俸禄的人,就不命他做大臣，受俸禄不丰厚的，也不与他共赴危难。"但历史上却有相反的例子。田单将要率军攻打狄国，来见鲁仲子，鲁仲子说："将军这次出征，肯定难以得手。为什么这样说呢？从前，将军坚守即墨时，坐下来便同士卒一同编草筐，站起来就同士卒一起种田，处处为士卒做表率。这是将军能够大破燕军的原因。如今将军东有掖邑丰厚的收入，西有黄上的娱乐，腰横金玉之带，驰骋于淄、渑之间，意欲享受人间的快乐，并无死战的决心，所以难于取胜。"后来，果如鲁仲子所言。

古语说："贫贱之交不可忘，糟糠之妻不下堂。"古语又说："交接广泛了，就会失信于朋友；爵禄丰厚了，对君王的忠心也便随之减弱。"

《春秋后语》曰①：楚春申君使孙子为宰②，客有说春申君曰："汤以亳，武王以鄗，皆不过百里，以有天下。今孙子，贤人也，而君藉之百里之势，臣窃为君危之。"春申君曰："善。"于是使人谢孙子。孙子去之赵。赵以为上卿。客又说春申君曰："昔伊尹去夏入殷，殷王而夏亡；管仲去鲁入齐，鲁弱而齐强。夫贤者之所在，其君未尝不尊，其国未尝不荣也。今孙子，贤人也，君何为辞之？"春申君又曰："善。"复使人请孙子。

[注释]

①《春秋后语》：东晋孔衍著。已佚。②春申君：战国时楚国贵族。考烈王时任令尹。门下有食客三千，战国四大君子之一。

[译文]

《春秋后语》记载：楚国春申君任命孙子做邑宰，门客中有人向春申君说："商汤在亳，周武王在鄗，地方都不过百里，但最后都取得了天下。如今您所举荐的孙子是一位贤人，您打算给他相当于百里之地的势力，我为您感到危险。"春申君说："您说得很有道理。"于是派人辞退了孙子。孙子便离开楚国到了赵国,赵国却封孙子做上卿。又有门客对春申君说:"从前伊尹离开了夏王到殷王那里去,殷重用伊尹,终于夺取了天下,而夏朝则归于灭亡。管仲离开鲁国到齐国去,鲁国由此而弱,齐国却由此而强。凡贤人所在之地,这个地方的国君未尝不尊贵,国家也未尝不因此而荣耀。如今的孙子就是一位贤人,您为什么将他辞退了呢?"春申君又说:"您说得很有道理。"于是又派人把孙子请了回来。

韩宣王谓樛留曰①:"吾两欲用公仲、公叔②,其可乎?"对曰:"不可。晋用六卿而国分,简公两用田成、阚止而简公弑③,魏两用犀首、张仪④,而西河之外亡。今王两用之,其多力者,内树其党;其寡力者,又藉于外权。群臣或内树其党,以擅主命;或外为势交,以裂其地,则王之国危矣。"又曰:"公孙衍为魏将,与其相田儒不善。季文子为衍说魏王曰⑤:'王独不见夫服牛骖骥乎⑥?不可百步。今王以衍为可使将,固用之也,而听相之计,是服牛骖骥之道,牛马俱死而不成其功,则王之国伤矣,愿王察之。'"

傅子曰:"天地至神,不能同道而生万物;圣人至明,不能一捡而治百姓。故以异致同者,天地之道也;因物制宜者,圣人之治也。既得其道,虽有相害之物,不伤乎治体矣。水火之性,相灭也。善用之者,陈鼎釜乎其间,爨之煮之,而能两尽其用,不相害也。天下之物,为水火者多矣,何忧乎相害?何患乎不尽其用耶?《易》曰:'天地睽而其事同也⑦,男女睽而其志通也,万物睽而其事类也。'"

[注释]

①樛留:人名。②公仲:战国时韩国贵族,曾任韩相。公叔:战国时卫献公少子发。③阚(kàn)止:春秋时齐悼公的家臣,字子我。受宠于齐简

公。④犀首：即公孙衍。战国时纵横家。主张合纵抗秦。公元前323年，发起燕、赵、中山、韩、魏"五国相王"。曾任魏相。张仪：战国时纵横家。魏国贵族后代。秦惠文君十年（前328），任秦相，封武信君。迫使魏献上郡，帮助秦惠文君称王，游说各国服从秦国，瓦解齐、楚联盟，夺取楚国汉中之地。秦武王即位后，入魏为相。⑤季文子：春秋时鲁国执政。季孙氏，字行父。历相宣公、成公、襄公。⑥服牛骖（cān）骥：用牛驾辕，用骏马在辕两拉车。骖骥，泛指好马。骖，一车驾三马。又特指旁边的马。⑦睽（kuí）：背离。

[译文]

韩宣王问摎留："我打算同时重用公仲和公叔两人，这样行吗？"摎留回答说："这样做不行。从前，晋国重用六卿（韩、赵、魏、范、中行、智氏），最后导致了晋国的分裂；齐简公重用田成子和阚止，而简公最终被田氏所杀；魏国曾重用犀首和张仪，结果河西之地尽失。如今大王准备同时重用两人，其中势力较大的，就会在朝内树立私党；势力较弱的，则会借助于外国势力。群臣或者在朝内结成私党，专擅君主之命；或者借助外国势力，分裂国土，这样，大王的国家也就危险了。"摎留进一步说："公孙衍在魏国做将军时，与魏相田儒关系不睦。季文子替公孙衍向魏王说情：'大王难道没有见过用牛驾辕又配上三匹马的车吗？这样的车连一百步也走不了。如今大王以公孙衍做将军，这本是对他的重用，同时却又对田儒言听计从，这无异于让牛和马同拉一辆车，结果是牛马俱死，不能成全它们本应发挥的功用，这样，大王的国家必将受到损伤，请大王明察。'"

而傅子的观点与上述正好相反，他说："天和地最富于神通的，但如果它们彼此的作用相同，就不能生育万物；圣人当然是最聪明的，但他们也不能用一种方法来治理百姓。所以，用不同的方法和途径达到共同的目的，这是天地化育万物的原则；让不同的事物充分发挥各自不同的作用，是圣人治理天下的原则。只要懂得了不同事物的道理，虽然是性质上相互侵害的事物在一起，也是无妨大体的。比如，水和火，其性质是互不相容的，但善于运用的人，在中间吊起锅,下面烧火,上面煮水,两尽其用,彼此并不相侵害。天下的事物,像水火一样在性质上相互侵害的,很多很多了,但只要懂得了因物制用的道理,又何必为事物间的相互侵害而担忧呢?又何患它们不能各尽其用呢?《易经》说:'天地有别,但它们的事功是相同的;男女有别,但他们的情志是相通的;万物有别,它们的作用是不可相互替代的。'"

陈登为吕布说曹公曰①:"养吕布,譬如养虎,常须饱其肉,不饱则噬人。"曹公曰:"不似卿言。譬如养鹰,饥则为人用,饱则扬去。"

刘备来奔曹公,以为豫州牧。或谓曹公曰:"备有雄志,今不早图,后必为患。"曹公以问郭嘉②,嘉曰:"有是。然公提剑起义兵,为百姓除暴,推诚仗信,以召俊杰,犹惧其未来也。今备有英雄之名,以穷归己而害之,以害贤为名,则智士将自疑,回心择主,公谁与定天下者?夫除一人之患,以沮四海之望,安危之机,不可不察。"曹公曰:"善。"

傅子称:郭嘉言于太祖曰:"备有雄志而甚得众心,关羽、张飞,皆万人之敌也,为之死用。以嘉观之,其谋未可测也。古人有言曰:'一日纵敌,数世之患。'宜早为之所。"曹公方招怀英雄,以明大信,未得从嘉谋。

[注释]

①陈登:三国下邳(今江苏睢宁)人。字元龙。曹操任为广陵太守,因图吕布之功加伏波将军。②郭嘉:三国时曹操谋士。颍川阳翟(今河南禹州)人。初投袁绍,后归曹操。多谋善断,深得曹操器重,为统一北方作出了贡献。死时年仅三十八岁。

[译文]

陈登为吕布劝曹操说:"养吕布就好比养一只老虎,必须让它把肉吃饱，否则它就会吃人的。"曹操却说："并不像您所说的那样。我觉得养吕布应该像养一只鹰一样，饥饿时尚能听人使唤，吃饱了，它就飞走了。"

刘备来投奔曹操，被任命做豫州牧。有人对曹操说："刘备有雄图大志，今天不及早除掉他，将来必成大患。"曹操以此向郭嘉请教，郭嘉说："的确是这样。不过您手提宝剑倡举义兵，为百姓铲除暴贼，推诚致信，以广招英雄豪杰，犹恐有才之士不来归附。如今刘备有英雄之名，因无路可走而来投奔，如果我们把他杀了，就会背上残害贤才的名声，那么智慧之士也将因此而疑心重重，回心转意，另择贤主，您将依靠谁来打天下呢？除一人之患，而使四海的才能之士失望，这其中的安危得失，不可不认真考察。"曹操说："你讲得很好。"

而傅子却说郭嘉曾向曹操进言道："刘备胸怀大志而又深得众心。关羽、张飞都是力敌万人的大将，肯为刘备效死力。以我看来，他们的图谋深不可测。古人有言：'一日纵敌，数世之患。'应该对他早日下手。"此时曹操正在广招天下英才，为了示信于人，未能采纳郭嘉的建议。

《家语》曰①："子路问孔子曰：'请释古之道，而行由之意，可乎？'子曰：'不可也。昔东夷慕诸夏之礼，有女而寡，为内私婿，终身不嫁。不嫁则不嫁矣，然非贞节之义矣。仓吾娆取妻而美②，让与其兄。让则让矣，非礼让之让也。今子欲舍古之道而行子之意，庸知子意以非为是乎？'"语曰："变古乱常，不死则亡。"《书》云："事弗师古，以克永代，匪说攸闻。"

赵武灵王欲胡服③，公子成不悦。灵王曰："夫服者所以便用，礼者所以便事。圣人观乡而顺宜，因事而制礼，所以利其人而厚其国。夫剪发文身，错臂左衽④，瓯越之人也。黑齿雕题⑤，鳀冠秫缝⑥，犬戎之国也。故礼服莫同，而其便一也。乡异而用变，事异而礼易。是以圣人谋可以利其国，不一其用；谋可以便其礼，不法其故。儒者一师而俗异，中国同礼而离教，况于山谷之便乎？故去就之变，智者不能一；远迩之服，贤圣莫能同。穷乡多异俗，曲学多殊辩。今叔父之言，俗也；吾之所言，以制俗也。叔父恶变服之名，以忘效事之实，非寡人之所望也。"公子成遂胡服。

移风易俗，莫善于乐。孟子曰："天道因则大，化则细。因也者，因人之情也。"

[注释]

①《家语》：即《孔子家语》。原书二十七卷，久佚。今本十卷，系三国时王肃所撰。②仓吾娆：人名。生平事迹不详。③胡服：即着胡人的服装。④左衽：衣襟向左开。⑤雕题：在额头上刻花纹或字。⑥鳀（tí）冠秫缝：用鱼皮缝制的帽子。鳀，鱼名。秫，通"鈢"，长针。

[译文]

《孔子家语》说："子路问孔子：'请让我放弃古代的原则，而按照我自己的意向行事，这样做可以吗？'孔子回答说：'这样做是不行的。从前，东方的少数部族非常羡慕华夏的礼俗，有女子成寡妇以后，就暗中为她招个女婿，终身不再嫁人。不嫁人归不嫁人，然而，她的做法已经不符合贞节的意义了。仓吾娆娶了一位妻子非常漂亮，便把他美丽的妻子让给了他的兄长。让归让，但这里的让已不是礼让所要求的意义了。如今你想舍弃古代的道理而按照你自己的意思来行事，谁知道你的意思是不是以非为是呢？'"古语还说："变古乱常，不死则亡。"《尚书》说："做事不效法古人，而要使国家万世长存，还未听说过这样的事情。"

然而，还有相反的例子。赵武灵王打算让国人改穿北方胡族的服装，以便于骑马征战。他的叔父公子成很不高兴。灵王说："服装的作用应该便于使用，礼的作用在于方便做事。圣人总是顺应乡俗民风，因事情的不同和方便而制定不同的礼仪，目的正是为了给人民提供方便，使国家富强。短发文身，错臂左衽，这是瓯越人的风俗。染黑牙齿，文刺前额，头戴做工粗劣的鱼皮帽子，这是犬戎之国的风俗。虽然礼仪和服装不同，但方便使用的目的是相同的。地域环境不同，所使用的东西和使用的方法就有所不同；事情不一样，礼仪也就随之变易。因此，圣人主张以有利于国家为目的，而不去统一达到目的的方法；追求如何使礼仪方便人民，而不要求一定要效法古礼。儒家虽然师承一样，但各地风俗却迥然不同；华夏诸国虽然礼法相同，但教化的方法依然有别，更何况我们是为了在山谷行走的方便呢？所以，去就的变化，即便是智慧之人亦不能统一；远近地域的服饰，即便是圣贤也不能同一。穷乡僻壤，风俗多异，乡曲间的学问多有分歧和争辩。今天叔父所说的是旧有的风俗，而我所说的则是要改变旧有的风俗。叔父只知道厌恶改变服装这个名声，却忘记了改穿胡服的便利之处，您的这种做法不是我所希望看到的。"公子成于是改穿了胡服。

移风易俗，没有比音乐的作用更大的了。而孟子却说："天地自然的法则是：因袭传统则强大，变化传统则弱小。所谓'因'，就是要借助人之常情。"

李寻曰①："夫以喜怒赏诛，而不顾时禁，虽有尧、舜之心，犹不能致和平。善言古者，必有效于今；善言天者，必有征于人。设上农夫欲冬田，虽肉袒深耕，汗出种之，犹不生者，非人心不至，天时不得也。《易》曰：'时止则止，时行则行，动静不失于时，其道光明。'《书》曰：'敬授人时。'故古之王者，尊天地，重阴阳，敬四时，严月令，顺之以善政，则和气可以立致，犹枹鼓之相应也②。"

太公谓武王曰："天无益于兵。不胜而众将所居者九，曰：法令不行而任侵诛，无德厚而用日月之数，不顺敌之强弱而幸于天，无智虑而候氛气，少勇力而望天福，不知地形而归过于时，敌人怯弱不敢击而信龟策，士卒不勇而法鬼神，设伏不巧而任背向之道。凡天道鬼神，视之不见，听之不闻，不可以决胜败，故明将不法。"司马迁曰："阴阳之家使人拘而多忌。"范晔曰："阴阳之道，其弊也巫。"

[注释]

①李寻：西汉学者。好阴阳之事、灾异之说。②枹（fú）鼓：用枹击鼓。枹，同"桴"，打鼓的槌。

[译文]

李寻说："根据自己的喜怒之情来奖赏和诛罚，而毫不顾及当时的禁忌，虽然有尧、舜一样的善心，也不能够使天下太平。善于谈论古代的人，必定对今天有所效用；善言天道的人，必定对人事有所启迪。假设让一位上等的农夫在冬天耕种田地，即便赤臂深耕，汗流浃背，撒播种子，禾苗仍然长不出来，这并不是人没有尽心尽力，而是因为不得天时。《易经》上说：'天时需要我的事情停止我就停止，天时有助于我的事情实行我就实行，或动或静，不失天时，就能走上光明大道。'《尚书》上说：'谨慎准确掌握人事的时机。'所以，古代的君王遵循天地变化的规律，重视阴阳的变化，不失四时月令，再加上对百姓施行善政，所以和气兴旺的景象就能很快实现，如同鼓槌和鼓音一样相呼应。"

还有相反的例子。太公曾对周武王说："上天对用兵打仗并不会有多大帮助。打了败仗，众将指挥的失误有九种情况：法令难以推行，而任意诛戮；不施厚德，而迷信日月数术；用兵不根据敌人的强弱之情，而侥幸于天命；没有智谋远虑，而坐等有利的气象条件；不激励将士的勇气，而希冀于上天降福；不懂作战地形的利弊，吃了败仗归过于天时；敌人怯懦，却不敢果断出击，而轻信龟策占卜；士卒不勇敢，而祈求借助鬼神的保佑；设伏不巧妙，伏击圈误设在敌人不经过的地方。凡天道鬼神之类，看不见，听不着，不能以此决定胜败，所以明智的将领是不效法天地鬼神的。"司马迁也说："阴阳家让人拘束而多忌讳。"范晔说："阴阳之道，其弊端在于其中颇多巫术的成分。"

翼奉曰①："治道之要，在知下之邪正。人诚向正，虽愚为用；若其怀邪，智益为害。"夫人主莫不爱己也；莫知爱己者，不足爱也。故桓子曰："捕猛兽者，不令美人举手；钓巨鱼者，不使稚子轻预。非不亲也，力不堪也。奈何万乘之主，而不择人哉？"故曰，夫犬之为猛，有非则鸣吠，而不遑于夙夜，此自效之至也。昔宋人有沽酒者，酒酸而不售，何也？以有猛犬之故。夫犬知爱其主，而不能为其主虑酒酸之患者，智不足也。

语曰："巧诈不如拙诚。"晋惠帝为太子②，和峤谏武帝曰③："季世多伪，而太子尚信，非四海之主，忧不了陛下家事。"武帝不从。后惠帝果败。

[注释]

①翼奉：西汉学者。字少君。治齐诗。为博士、谏议大夫。②晋惠帝：司马衷。历史上著名的痴呆皇帝。③和峤：西晋大臣。字长舆。历任颍川太守、中书令。惠帝时任太子少傅。家富性吝。

[译文]

翼奉说："治理天下的方法，最重要的是能够分辨出臣下的奸邪和正直。人诚实正派，虽愚笨一些，也可以任用；如果人的心术不正，越是富于智慧，就越是会造成危害。"与此相反的观点是：凡人主没有不爱自己的，不知道爱自己的人是不值得人们去爱的人。所以桓子说："捕获猛兽的事情不能让美人去做，钓大鱼的事也不能让幼稚的童子去做。不是不信任他们，而是因为他们的力量还不足以做这些事情，为什么做国君的不善于择人而用呢？"所以说，猛犬之所以是猛犬，是因为稍有是非，它便鸣吠个不停，而不管是白天或者是夜晚，它对主人的效忠之心可谓达到了无以复加的程度。从前，宋国有位卖酒的人，酒放得发酸了，仍然卖不出去，什么原因呢？因为他家养了一条猛犬。猛犬固然很爱它的主人，但它却不能替它的主人排解酒酸滞销的忧患，因为它的智力还达不到。

古语说："灵巧而诡诈的人不如笨拙而诚实的人。"相反的事例是：晋惠帝被立为太子时，和峤向武帝进谏说："末世人情颇多伪诈，而太子过于诚实，易轻信，不是做天下之主的材料，我担心他难以继承陛下的帝王大业。"武帝没有采纳和峤的建议，后来晋惠帝果如和峤所言。

《左传》曰："孔子叹子产曰：'言以足志，文以足言，不言谁知其志？言之无文，行而不远。'晋为伯，郑入陈，非文辞不为功。慎辞也哉。"《论语》曰："诵诗三百，授之以政，不达；使于四方，不能专对，虽多，亦奚以为？"

汉文帝登虎圈，美啬夫口辩①，拜为上林令②。张释之前曰③："陛下以绛侯周勃，何如人也？"上曰："长者。"又问曰："东阳侯张相如④，何如人也？"上复曰："长者。"释之曰："此两人言事，曾不能出口，岂效此啬夫，喋喋利口捷给哉！且秦以任刀笔之吏，争以亟疾苛察相高。然其弊，徒文具耳，亡恻隐之实，以故不闻其过，陵迟至于二世，天下土崩。今陛下以啬夫口辞而超迁之，臣恐天下随风而靡，争口辩，无其实，且下之化上，疾于影响，举错之间，不可不审。"帝乃止。

[注释]
①啬夫：古代官名。管理琐屑事物的较低级的官。②上林令：掌管皇家

苑囿上林苑的官名。③张释之：西汉南阳堵阳（今河南方城）人。字季。文帝时官至廷尉。景帝时任淮南相。④张相如：西汉大臣。文帝时封东阳侯，拜大将军，击匈奴有功。

[译文]

《左传》："孔子感叹郑子产道：'他的语言足以表达他的心态，他的文辞足以表达他想要说的话。没有语言的表达，别人怎么能知道他的志向？善于语言表达而不善于书面文辞，就难以传播久远。'晋国是诸侯的霸主，郑国人到晋国去办外交，离开文辞强辩就难以成事。文辞必须谨慎啊！"《论语》说："能够背诵诗三百篇，如果授他以政事，不能完成；派他出使四方，又不能灵活运用诗经中的句子作答，这样背诵的虽然很多，又有什么用呢？"

相反的例子是：汉文帝到虎圈去看虎，非常欣赏啬夫的口才，于是就拜他做上林令。张释之上前说："陛下觉得绛侯周勃这个人怎么样？"文帝回答："有长者之风。"张释之又问："东阳侯张相如这个人怎么样？"文帝回答："有长者之风。"张释之说："这两个人谈事情的时候，常结结巴巴，表达不清，哪里像这位啬夫伶牙俐口、喋喋不休！况且秦朝因重用刀笔之吏，竞相比赛对官吏的亟疾苛察，然而其弊病是流于表面文章，他们并无真正关心国家命运的恻隐之心。因此，秦始皇就听不到指摘他的过失的谏言，坏风气延续到了秦二世，天下便土崩瓦解了。如今陛下仅仅因为啬夫的口齿伶俐，就破格提拔他，我担心天下因此而形成风潮，争口辩而不重实际，况且由陛下开风气之先，影响迅疾，所以陛下的一举一动，都须慎重。"于是文帝便取消了升迁啬夫的打算。

太史公曰："《春秋》推见至隐，《易》本隐以之显。《大雅》言王公大人①，而德逮黎庶②，《小雅》讥己之得失，其流及上。所言虽殊，其合德一也。相如虽虚辞滥说③，然其要归，引之节俭,此与诗之讽谏何异?"

扬雄以为④,赋者,将以讽也。必推类而言,极丽靡之辞,闳侈钜衍,竞于使人不能加也,既乃归之于正。然览者已过矣。往时武帝好神仙,相如上《大人赋》,欲以讽帝,帝反缥缥有凌云之志。由是言之,赋劝而不止,明矣。又颇类俳优,非法度所存。贤人君子,诗赋之正也。

[注释]

①《大雅》:《诗经》的组成部分之一。三十一篇。多是西周王室贵族的作品。主要歌颂从后稷到武王、宣王等的功绩。②逮:及。③相如:即司马相如。西汉文学家。④扬雄:西汉学者。文学家、哲学家、语言学家。主要著作有《法言》、《太玄》、《方言》等。

[译文]

太史公说:"《春秋》把明显的事理推至隐晦,而《周易》则把隐晦的事理加以阐释和明显。《大雅》先讲王公大人之德,后及黎庶百姓,《小雅》则先诉自己的得失,然后波及在上者为政的得失。它们谈论问题的方法虽然不同,但都符合德的要求。司马相如的赋虽然虚辞滥说,但其要义在于引导节俭,这与《诗经》的讽谏意义有什么区别?"

而扬雄则认为,赋是用来讽谏君王的,就必须用推类排比的语言,辞藻极尽丽靡,铺陈繁富,气势宏大,令人叹为观止,然后才言归正题。但这对读者来说则嫌过分,达不到作赋的真正目的。往时,汉武帝喜欢神仙之说,司马相如将他所作的《大人赋》呈上,本想借此讽谏武帝,武帝读了赋以后,反而飘飘然如有凌云之志。由此看来,赋发挥的是劝勉鼓励的作用,而不是制止的作用,这是无可争辩的事实。他的赋又颇类俳优,没有法度。而贤人君子的诗赋,却是很正统的。

《淮南子》曰:"东海之鱼名鲽,比目而行;北方有兽,名曰娄,更食,更候;南方有鸟,名曰鹣,比翼而飞。夫鸟兽鱼鲽,犹知假力,而况万乘之主乎?独不知假天下之英雄俊士,与之为伍,岂不痛哉!"狐卷子曰①:"父贤不过尧而丹朱放②,兄贤不过周公而管、蔡诛③,臣贤不过汤、武而桀、纣伐。况君之欲治,亦须从身始,人何可恃乎?"

[注释]

①狐卷子:战国时魏人。此处引文是他回答魏文侯所问"贤足恃乎"的话。②丹朱:传说为尧之子,名朱,因居丹水,故名丹朱。傲慢荒淫,尧因此禅位给舜。③管、蔡:即管叔、蔡叔。周武王的两个弟弟。管叔姬鲜,蔡叔姬度,周灭商后,分别封于管、蔡。

[译文]

《淮南子》说:"东海有一种鱼名鲽,鲽有一种生活习惯,即两鲽结伴而行。北方有一种兽,名叫做娄,娄有一种生活习惯,即两娄轮流进食守窝。南方有一种鸟,名叫做鹣,鹣也有一种习惯,即比翼而飞。鸟兽鱼鲽等动物,尚懂得相互帮助,更何况身为一国之主的君王呢?如果不懂得借助天下英雄俊士的力量,与其共谋大业,岂不令人痛惜!"而狐卷子却说:"做父亲的贤莫过于尧,然而他的儿子丹朱却被流放;做兄长的贤,莫过于周公,然而他的弟弟管叔、蔡叔却被他诛杀;做大臣的贤,莫过于商汤和周武,而他们的君王桀和纣却受到他们的诛伐。所以,君王若要治理天下,必须事必躬亲,其他人怎么靠得住呢!"

孔子曰:"不患无位,患己不立。"孔子厄于陈、蔡①,子路愠见曰②:"昔闻诸夫子,积善者,天报以福。今夫子积义怀仁久矣,奚居之穷也?"子曰:"由,未之识也,吾语汝。汝以仁者为必信耶?则伯夷、叔齐为不饿首阳。汝以智者为必用耶?则王子比干不见剖心③。汝以忠者为必报耶？则关龙逢不见刑④。汝以谏者为必听耶？则伍子胥不见杀⑤。夫遇不遇者，时也；贤不肖者，才也。君子博学深谋而不遇时者众矣，何独丘哉？"

[注释]

①厄（è）：阻隔，穷困。②愠：心怀怨怒。③比干：商纣王的叔父。相传因屡次劝谏纣王，被剖心而死。④关龙逢：夏末大臣。相传夏桀暴虐荒淫，他多次直谏，被桀囚禁杀害。⑤伍子胥：春秋时吴国大夫。名员，字子胥。楚大夫伍奢次子。伍奢因直谏被杀，他被迫逃奔到吴国。帮助阖闾刺吴王僚，夺取王位，整军经武，国势日盛，一举攻破楚国，受封于申，又称申胥。吴王夫差时，劝谏拒绝越国求和并停止伐齐，渐被疏远。后被吴王赐死。

[译文]

孔子说："不发愁没有一定的职位，只发愁自己缺乏安身立命的本领。"孔子被困于陈、蔡，他的学生子路面有怒色，来见孔子说："从前我听您说过，积善的人，上天必定用幸福来回报他。而如今您积义举怀仁心这么长时间了，为什么还处于困穷之地呢？"孔子说："子由（子路名由）啊，你还不明白其中的道理，我来告诉你。你以为仁者一定会受到信用吗？如果是这样，伯夷和叔齐就不会饿死在首阳山了。你以为聪明智慧的人就一定会受到重用吗？如果是这样，王子比干就不会被剖心了。你以为忠心耿耿的人就一定会得到好报吗？如果是这样，关龙逢就不会遭受刑罚之苦了。你以为进谏就一定会听从吗？如果是这样，伍子胥就不会因此而被吴王所杀了。知遇与否，这是由天时决定的；贤与不肖，是由才能决定的。君子博学深谋而不被时人所用的人多得很，何止孔丘一人呢？"

神农形悴，唐尧瘦癯，舜黎黑，禹胼胝①，伊尹负鼎而干汤，吕望鼓刀而入周，墨翟无黔突②，孔子无暖席。非以贪禄位,将欲起天下之利,除万人之害。

李斯以书对秦二世云:"申子曰:'有天下而不恣睢,命之曰以天下桎。'若尧禹然,故谓之'桎'也。夫以人徇己③,则己贵而人贱;以己徇人,则己贱而人贵。故徇人者贱,而所徇者贵。自古及今,未有不然。夫尧、禹以身徇天下,谓之'桎'者,不亦宜乎?"

[注释]

①胼胝(pián zhī):手脚因劳动而磨出来的坚硬的厚皮。②黔突:即黑色的烟囱。无黔突,比喻没有时间生火做饭。③徇:屈居人下。通"殉",以身从物。

[译文]

神农氏形容憔悴,唐尧瘦弱清俊,舜面黎黑,夏禹手脚长满了厚茧,伊尹背负锅鼎去拜见商汤,吕望手持牛刀去见周文王,墨翟家的烟筒没有熏黑,孔子的炕席没有暖热过。他们这些人没有一天安稳的生活,并不是贪图禄位,而是为了兴天下之利,除天下之害。

而李斯上书秦二世,观点正与此相反:"申子说:'虽然拥有天下而不为所欲为,这可称之为把天下作自己的桎梏。'像尧、禹那样的人,就是以天下为桎梏的人。让别人来顺从自己,是因为自己尊贵而别人低贱;自己不得已顺从别人,则是因为自己低贱而别人尊贵。所以说顺从别人的人是低贱的人,令别人顺从的人是尊贵的人。自古至今,莫不如此。尧、禹拿自身去顺从服务于天下,把天下作为自身的桎梏,这样的说法不是恰如其分吗?"

《论语》曰:"举逸人①,天下之人归心焉。"魏文侯受艺于子夏②,敬段干木③,过其庐,未尝不式④。于是秦欲伐魏,或曰:"魏君贤,国人称仁,上下和洽,未可图也。"秦王乃止。

由此得誉于诸侯。

韩子曰:"夫马似鹿,此马直千金。今有千金之马,而无一金之鹿者,何也?马为人用而鹿不为人用。今处士不为人用,鹿类也。所以太公至齐而斩华士⑤,孔子为司寇而诛少正卯⑥。"

赵主父使李疵视中山可攻否。还报曰:"可攻也。其君好见严穴之士、布衣之人。"主父曰:"如子之言,是贤君也,安可攻?"李疵曰:"不然。夫上尊严穴之士,则战士殆;上尊学者,则农夫惰。农夫惰则国贫,战士殆则兵弱。兵弱于外,国贫于内,不亡何待?"主父曰:"善。"遂灭中山。

《汉书》曰:"陈平云:'吾多阴谋,道家所禁。吾世即废亡。已矣,终不能复起,以吾多阴祸也。'其后玄孙坐酎金失侯。"后汉范晔论耿弇曰⑦:"三代为将,道家所忌,而耿氏累世以功名自终。将其用兵,欲以杀止杀乎?何其独能崇也?"

[注释]

①逸人:遗逸在民间的节行高超之士。②子夏:即卜商。孔子的学生。③段干木:战国初年魏国人。姓段干,名木。求学于子夏。魏文侯给以爵禄官职,俱不受。④式:同"轼"。古代车前供扶手用的横木。⑤华士:齐国的隐士。有学问、有声望,但却不与诸侯合作。⑥少正卯:春秋末鲁国著名学者。相传他曾聚徒讲学,与孔子的论点相反,影响很大,使孔门三盈三虚。后被孔子所杀。⑦耿弇(yǎn):东汉名将。字伯昭。扶风茂陵(今陕西兴平)人。刘秀即位后,封建威大将军,后封好畤侯。明帝时列为云台二十八将之一。

[译文]

《论语》说:"能够举用那些隐逸超拔的人,就能够赢得天下人的心。"魏文侯曾受业于子夏,他很尊敬段干木,每当从段干木庐舍前经过时,未尝不下车扶轼而行。秦国准备讨伐魏国,有人劝秦王说:"魏国的国君很贤明,国人都称颂他的仁德,上下和睦融洽,不可谋伐魏国。"于是,秦王打消了伐魏的念头。魏文侯也因此而誉满诸侯。

韩子说:"马很像鹿,马的价值可达千金。如今有值千金的马,却没有值一金的鹿,这是为什么呢?这是马能够为人所用,而鹿却不能够为人所用的缘故。今天所谓的隐士不肯为人主所用,就如同不能为人们所用的鹿一样。所以,太公被分封到齐地时,首先斩了不肯同太公合作的华士,孔子做司寇后首先杀了少正卯。"

赵主父派李疵去探视中山国是否可以攻伐,李疵回来后报告说:"可以攻伐。中山国的国君喜欢会见不同官方合作的隐士和普通百姓。"主父说:"按你所说,中山国的国君正是一位贤明的君主,怎么可以攻伐呢?"李疵回答说:"不是这样。做君王的尊显那些不肯做官的隐士,那么战士就不肯冲锋陷阵;君王尊崇学者,那么农夫也就懒惰了。农夫懒惰则国家贫,战士不肯死战则军队的战斗力就减弱了。于外军队弱,于内国家贫,不亡国还能怎样?"主父说:"你讲得很有道理。"于是出兵灭了中山国。

《汉书》说:"陈平曾说:'我的阴谋太多了,是道家所禁止的。从我这一代起就将破废衰亡。尊贵和荣耀从此结束了,再也没有重新崛起的希望了,因为我所积累的阴祸太多了。'后来,他的玄孙因坐酎金一案失去侯爵。"《后汉书》中范晔论耿弇说:"祖孙三代都做将军,这是道家所忌讳的,但耿弇家却累世功名,善始善终。莫非是耿家用兵打仗,从而以杀戮制止了杀戮吗?为什么唯独他的家族能够累世受尊崇呢?"

《易》曰:"崇高莫大于富贵。"又曰:"圣人之大宝曰位。"孙子为书谢春申君曰:"鄙谚曰'厉人怜王'[①]。此不恭之言也。虽然,古无虚谚,不可不审察也。此为劫杀死亡之主言也。夫人主年少而矜材,无法术以知奸,则大臣主断图私,以禁诛于己也。故杀贤长而立幼弱,废正嫡而立不义。《春秋》戒之曰:楚王子围聘于郑②，未出境，闻王病，反问病，遂以冠缨绞王杀之③，因自立也。齐崔杼之妻美④，庄公通之。崔杼率其党而攻庄公，庄公走出，逾于外墙。射中其股，遂杀之而立其弟。近代李兑用赵，饿主父于沙丘，百日而杀之。淖齿用齐，擢闵王之筋，悬于庙梁，宿昔而死。夫厉虽肿胞之疾，上比前代，未至绞缨、射股也；下比近代，未至擢筋、饿死也。夫劫杀死亡之主，心之忧劳，形之困苦，必甚于厉矣，由此观之，厉虽怜王，可也。"

[注释]

①厉（lài）人：有癞病的人。厉，通"癞"。②楚王子围：即楚灵王。③冠缨：帽子上的带子。④崔杼：春秋时齐国大夫。其妻棠姜与庄公私通，崔杼便杀庄公立景公，自为相。后为庆封所杀。

[译文]

《周易》说："崇高莫大于富贵。"又说："圣人最大的法宝就是他的权位。"而孙子致书春申君却说："有句俗话说：'做君王的人比得癞疮的人还可怜。'这虽然是很不恭敬的语言，但自古以来，没有凭空捏造出来的谚语，不可不加以认真的分析和研究。这里所说的'王'，当然是指被人劫杀死亡的君主而言的。人主年少，自负其才，不会通过适当的方法和权术识察奸邪，那么大臣就会大权独揽，图谋私利，以防备自己受到诛杀。他们杀害贤明的长子而另立幼弱之子，废掉正嫡而另立庶出。《春秋》曾以此为戒，说：楚王子围将出访郑国，还未出国境，听说楚王有病了，便返宫探病，趁机用帽带子把楚王勒死，自己取而代之。齐国崔杼的妻子很美丽，齐庄公与她私通。崔杼便率领他的党徒围攻齐庄公，庄公翻墙出逃，被箭射中了大腿，崔杼借机杀了齐庄公，另立他的弟弟为齐王。近代的李兑在赵国当政时，把赵武灵王逼在沙丘，百日以后，便把赵武灵王杀了。淖齿在齐国当政时，抽了齐闵王的筋，悬在庙梁上，一夜之间便死去了。厉病虽然是癞疮肿包，但上比前代，还不至于像被帽带勒死、箭矢穿股那样惨；下比近代，还不至于像抽筋、饿死那样惨。被劫杀死亡的君主，其内心的忧劳，形体的困苦，比得癞病要痛苦得多。由此看来，说做君王的比患了癞病的人还可怜，也是符合事实的。"

《易》曰："备物致用，立成器以为天下利者，莫大于圣人。"《庄子》曰："圣人不死，大盗不止。虽重圣人而治天下，则是重利盗跖也。为之斗斛以量之①，则并与斗斛而窃之；为之权衡以称之，则并与权衡而窃之；为之符玺以信之②，则并与符玺而窃之；为之仁义以教之，则并与仁义而窃之。何以知其然耶？彼窃钩者诛，窃国者为诸侯。诸侯之门，而仁义存焉，则是非窃仁义圣智耶？故逐于大道，揭诸侯，窃仁义，并斗斛、权衡、符玺之利者，虽有轩冕之赏弗能劝③，斧钺之威弗能禁④。此重利盗跖而使不可禁者，是乃圣人之过也。故曰：国之利器，不可以示人。彼圣人者，天下之利器也，非所以明天下也。"

[注释]

①斛（hú）：容器单位。五斗为一斛。②符玺：兵符、印玺。秦汉以后只有帝王的印章叫做玺。③轩冕：古代卿大夫的车服。这里借指官位爵禄。④斧钺（yuè）：古代兵器。

[译文]

《周易》说："储备物资以便使用，制成器物以便使天下因此而获利，功劳之大，还没有超过圣人的。"而庄子却说："如果圣人不死，大盗就不可能停止。虽然是借重圣人来治理天下，就等于给盗跖带来重大利益。制造斗斛来盛量，就连斗斛一块儿盗去；制造权衡来称量，就连权衡一块儿盗去；制造符玺以明信用，就连符玺一块儿盗去；制定仁义规范来教化人民，就连仁义规范一块儿盗去。

如何证明这一点呢？那些偷窃带钩的人因犯刑律可能被诛杀，而那些窃国大盗则因此而贵为诸侯。在诸侯之门里，才有仁义之类的说教，这不是偷窃了仁义圣智吗？所以角逐于大的事业，如拥立诸侯，窃取仁义，以及斗斛、权衡、符玺利益的人，即使有高车冠冕的赏赐也不能劝勉他们，即使用斧钺的威刑也不能禁止他们。这些为盗跖带来重大利益，而又难以禁止的行为，都是圣人的罪过。所以说，国家的利器，不可以随意向人炫耀展示。而圣人就是天下的利器，不可以明示于天下。"

《论语》曰："君子固穷，小人穷，斯滥矣。"《易》曰："穷则变，通则久。是以自天佑之，吉无不利。"太史公曰："鄙人有言：'何知仁义？已飨其利者为有德。'故伯夷丑周，饿死首阳山，而文、武不以其故贬王。跖、蹻暴戾①，其徒诵义无穷。由此观之，'窃钩者诛，窃国者为诸侯。诸侯之门，仁义存焉'。非虚言也。今拘学或抱咫尺之义②，久孤于代，岂若卑论侪俗③，与代沈浮而取荣名哉？"

东平王苍曰："为善最乐。"语曰："时不与善，已独由之，故曰，非妖则妄。"

[注释]

①跖、蹻：盗跖、庄蹻。庄蹻，战国时楚国人民起义领袖。起义于楚怀王时，规模较大。②咫尺：比喻距离近。咫，周制八寸，合今制市尺六寸二分十厘。③侪（chái）俗：同类的俗人。侪，同类。

[译文]

《论语》说："君子即使在穷困的处境中也能坚守自己的信仰，小人如果身处穷困的境地，就会无所不为。"而《易经》则说："当处穷困之境时，就需采取变通的举措，变通才能长久。因此，得到天的保佑，就没有不吉利的。"太史公说："普通百姓有句话说：

'如何知道是否符合仁义？自己能得到利益就是有德。'所以，伯夷因憎恶周朝，不吃周朝的粮食，而饿死于首阳山，周文王和周武王也并没有因此而贬低了王道的声誉。跖和跻暴戾残忍，但他们的门徒却历代传颂着他们的侠义之行。由此来看，'偷窃带钩的人遭诛杀，而窃国大盗却贵为诸侯。诸侯之门里，才有仁义之类的说教'。这些话并不是无端的虚言。如今的一些人拘泥于既成的学问，死抱着书本上的仁义教条，长久孤立于世，哪里比得上卑论随俗、与世浮沉而求取荣名呢？"

东平王苍说："行善是最令人愉快的事。"而俗语却说："时风不好善行，而自己独行善，不是妖行惑众，就是神经错乱。"

庞统好人伦①，勤于长养，每所称述，多过于才。时人怪而问之，统曰："当今天下大乱，正道凌迟，善人少而恶人多。方欲兴风俗，长道业，不美其谈，则声名不足慕也；不足慕企，而为善者少矣。今拔十失五，犹得其半，而可以崇迈代教，使有志者自励，不亦可乎？"

《人物志》曰："君子知自损之为益，故功一而美二。小人不知自益之为损，故伐一而并失。由此论之，则不伐者，伐之也；不争者，争之也；让敌者，胜之也。是故郤至上人②，而抑下滋甚；王叔好争③，而终于出奔；蔺相如以回车取胜于廉颇；寇恂以不斗取贤于贾复④。物势之反，乃君子所谓道也。"

[注释]

①庞统：三国时刘备的谋士。字士元，襄阳（今湖北襄阳）人。初与诸葛亮齐名，号称凤雏。与诸葛亮同任军师中郎将。后中流矢死。②郤(xì)至：春秋时晋国大夫。③王叔：王子虎，周襄王季父。④寇恂：东汉初将领。贾复：东汉初将领。云台二十八将之一。

[译文]

刘备的谋士庞统喜好品评人伦高下,又勤于培养新人,他所称道和推荐的人,每每与其真实的才干不相符合。时人不解,便以此请教庞统,庞统回答说:"当今天下大乱,正义之道凌迟不立,善人少而恶人多。正想振兴固有的风俗,助长王道大业,如果不宣扬他们的美名,那么他们的声名就不足以令人倾慕;不足令人企盼和羡慕,那么做善事的人就少了。如今我虽然每提拔十人就有五人之失,但仍然得到了一半的人才,他们就能担负起弘扬正义、传播教化的当世之任,使有远大志向的人因此而自励,这样做不也可以吗?"

而《人物志》说:"君子懂得自损反而对自己的声名有助益,所以,本来一分的功劳,却能得到二分的美名。小人不懂得自我颂扬反而于己有损,所以自夸一分,就会受到二分的贬损。由此看来,不自我颂扬,反而能得到人的颂扬;不与人争,反而能得到;示敌以怯,反而能战胜敌人。正是因为这个道理,郤至好推崇人,反而压抑了人;王叔好争,而终于被逼出奔;蔺相如以回车让路的方式,终于战胜了功高傲慢的廉颇;寇恂因不与贾复争斗,反而被贾复称贤。善于利用事物发展向相反方向转化的道理,就是君子赖以立身的所谓'道'。"

《孝经》曰:"居家理,治可移于官。"郦生落魄①,无以为衣食业。陈蕃云:"大丈夫当扫天下,谁能扫一室!"

公孙宏曰:"力行近乎仁,好问近乎智,知耻近乎勇。知此三者,知所自理;知所以自理,然后知所以理人。天下未有不能自理而能理人者也。此百代不移之道。"《淮南子》曰:"夫审于毫厘之计者,必遗天下之数;不失小物之选者,惑于大事之举。今人才有欲平九州,存危国,而乃责之以闺阁之礼,修乡曲之俗，是犹以斧剪毛，以刀伐木，皆失其宜矣。"

[注释]

①郦生：即郦食其。秦汉之际陈留高乡（今河南杞县）人。本为里监门吏，贫穷落魄，时人谓之"狂生"。因献计刘邦克陈留，封广野君。楚汉战争中，说齐王田广归汉，韩信乘机袭齐，齐王以为被他出卖，把他烹死。

[译文]

《孝经》说："能够把一个家治理好，那么治家的方法同样可用于为官从政。"与此相反的例子是，郦生早年落魄，没有吃饭穿衣的门路。陈蕃据此说："大丈夫当以扫除天下为己任，谁能在家中扫屋子？"

公孙宏说："身体力行接近于仁，好问接近于智，知道廉耻接近于勇。懂得这三条的人，就算懂得了自我修炼的途径和方法；懂得如何管理自己，然后才能懂得如何管理他人。天下还没有不能管理自己反而能管理好他人的事情。这是百代不移的道理。"而《淮南子》却说："对毫厘之差能够详审清楚的人，则必然不能明辨天下兴衰的大势；对小件器物倍感兴趣的人，面对大事就可能手足无措。如果人有平定九州的才能，拯国运于危难之中的志向，而却用闺阁细礼去苛责他，用乡曲之俗去教化他，这就好比用斧头剪毛，用小刀伐树，都未能尽物之用，是不恰当的做法。"

商鞅谓赵良曰："子之观我理秦①，孰与五羖大夫贤乎②？"赵良曰："夫五羖大夫，荆之鄙人也。闻缪公之贤，而愿望见。行而无资，自鬻于秦客③，被褐饭牛。缪公知之，举之牛口之下，而加之百姓之上，秦国莫敢望焉。今君之见秦王也，因嬖人景监以为主④，非所以为名也。"

《史记》曰："蔺相如因宦者缪贤见赵王。"又曰："邹衍作

《谈天论》，其语闳大不经，然王公大人尊礼之。适梁，梁惠王郊迎，执宾主之礼；如燕，昭王拥篲先驱。岂与仲尼菜色陈蔡、孟轲困于齐梁同乎哉？"

卫灵公问阵于孔子，孔子不答。梁惠王谋攻赵，孟轲称大王去邠。持方柄欲纳圆凿，其能入乎？或曰：伊尹负鼎而辅汤以王，百里奚饭牛，缪公用霸。作先合，然后引之大道。邹衍其言虽不轨，亦将有牛鼎之意乎？

[注释]

①理秦：治理秦国。②五羖（gǔ）大夫：即百里奚。春秋时秦国大夫。原为虞大夫。虞亡被晋俘去，作为陪嫁之臣送入秦国。后出走至楚，为楚人所执，又被秦穆公以五张牡羊皮赎回，任为大夫，故称五羖大夫（羖，即黑羊）。与蹇叔、由余辅助秦穆公建立霸业。③鬻：出卖。④嬖人：受宠幸的人。

[译文]

商鞅对赵良说："你看我治理秦国同五羖大夫相比谁更好些？"赵良回答说："五羖大夫本来是楚国的普通百姓，听说秦穆公贤明，很想来拜见，但又没有行资，只好把自己卖给秦客商为奴，身着粗布衣，为人放牛。秦穆公发现五羖大夫是一位很难得的人才，就以少有的胆略和魄力把他从牛口之下提拔于万人之上，秦国朝野为之侧目。而今你所以能够拜见秦王，得力于嬖人景监，并不是靠自己的才名。"

《史记》说："蔺相如借助于宦官缪贤才得以拜见赵王。"又说："邹衍作《谈天论》，其语宏大不经，但王公大人都很尊敬他。他到大梁去，梁惠王亲自到郊外去迎接，按宾主的礼仪接待他。他到燕国，燕昭王拿扫帚亲自为他清道引路，这与仲尼菜色陈、蔡，孟轲被困于齐、梁，岂可同日而语？"

卫灵公向孔子请教军阵问题，孔子断然不予回答。梁惠王打算攻打赵国，孟轲却称颂周先王主动将自己居住的邠地让与狄人的做法。这就好比拿方柄往圆洞中塞,如何能塞得进去?有人论道:伊尹背负锅鼎拜见商汤,并辅佐商汤得以称王天下;百里奚为人放牛,秦穆公予以重用因而得以称霸。他们都是先以自己的作为引起君王的兴趣,然后才得以走上康庄大道。邹衍的言论如此宏阔不轨,莫非也有像百里奚放牛、伊尹负鼎那样,以引起君王注意的意思吗?

陈仲举体气高烈①,有王臣之节;李元礼忠平正直②,有社稷之能。陈留蔡伯喈以仲举强于犯上③,元礼长于接下。犯上为难,接下为易,宜先仲举而后元礼。姚信云:"夫皋陶戒舜,犯上之征也;舜理百揆,接下之效也。故陈平谓王陵言:'面折庭诤,我不如公,至安刘氏,公不如我。'若犯上为优,是王陵当高于良、平,朱云当胜于吴、邓乎?"

[注释]

①陈仲举:即陈蕃。字仲举。东汉大臣。桓帝时任太尉,与李膺等反对宦官专权,为太学生所敬重。灵帝立,为太傅,与外戚窦武谋诛宦官,事泄被杀。②李元礼:即李膺。字元礼。桓帝时,任司隶校尉。与太学生首领郭泰等结交,反对宦官专权。灵帝立,与陈蕃等谋诛宦官失败,死于狱中。③蔡伯喈:即蔡邕。东汉文学家、书法家。

[译文]

陈仲举体气高烈,有做王臣的气节;李元礼忠平正直,有匡扶社稷的才能。陈留蔡伯喈认为,陈仲举强于犯颜直谏,李元礼长于虚心待下。犯上之举很难做到,而虚心礼下则较为容易,所以若论人先后,应该先仲举而后元礼。而姚信却说:"皋陶(主刑罚,有正直之名)劝诫虞舜,就是犯上之举;舜总理百官,就是善于接下的表现。所以陈平对王陵说:'在朝中同皇上当面争谏,我不如您,至于安定刘氏天下,您不如我。'如果以敢于犯上为优先,那么王陵应高于张良和陈平，朱云当胜过吴汉、邓禹了吗？"

《史记》曰："韩子称'儒者以文乱法，而侠士以武犯禁'。二者皆讥，而学士多称于世。至如以术取宰相、卿大夫，辅翼其世主，固无可言者。及若季次、原宪，读书怀独行，议不苟合当世，当世亦笑之。今游侠，其行虽不轨于正义，然其言必信，其行必果，已诺必诚，不爱其躯，赴士之脆困，羞伐其德，盖亦有足多者。且缓急，人之所时有也。虞舜窘于井廪①，伊尹负鼎俎②，傅说匿于傅岩，吕尚困于棘津，夷吾桎梏，百里奚饭牛，仲尼厄匡，菜色陈、蔡，此皆学士所谓有道仁人也，犹遭此灾，况以中材而涉乱代之末流乎？其遇害何可胜道哉！而布衣之徒，设取予然诺，千里诵义，故士穷窘而得委命，此岂非人之所谓贤豪者耶？诚使乡曲之侠，与季次、原宪，比权量力，效功于当代，不同日而论矣。曷足小哉！"

《汉书》曰："天子建国，诸侯立家，自卿大夫以至庶人，各有等差，是以人服事其上，而下无觊觎。孔子曰：'天子有道，政不在大夫。'百官有司，奉法承令，以修所职，越职有诛，侵官有罚，故上下相顺，而庶事理焉。周室既微，礼乐征伐，出自诸侯。桓、文之后，大夫世权，陪臣执命，陵夷至于战国，合纵连横，力政争强。由是列国公子，魏有信陵，赵有平原，齐有孟尝，楚有春申，皆藉王公之势，竞为游侠，鸡鸣狗盗③，无不宾礼。而赵相虞卿，弃国捐君，以周穷交魏齐之厄；信陵无忌，窃符矫命，杀将专师，以赴平原之急。皆以取重诸侯，彰名天下。扼腕而游谈者，以四豪为称首。于是背公死党之议成，守职奉上之义废矣。及至汉兴，禁网疏阔，未之匡改也。魏其、武安之属④，竞逐于京师；郭解、剧孟之徒⑤，驰骛于间阁。权行州域，力折公侯。众庶荣其名迹，觊而慕之。虽陷刑辟，自与杀身成名，若季路、仇牧⑥，死而不悔也。曾子曰：'上失其道，人散久矣。'非明王在上，示之好恶，齐之以礼法，人曷由知禁而反正乎？古之正法，五伯⑦，三王之罪人也；而六国⑧，五伯之罪人也；夫四豪者，六国之罪人也。况于郭解之伦，以匹夫之细微，窃杀生之权，其罪也，不容于诛矣！"

[注释]

①井廪：水井和粮仓。②鼎俎：煮饭的锅和砧板。③鸡鸣狗盗：卑微不足道的本领。这里指有微薄技能的人。战国时期，齐国的孟尝君在秦国被扣留，他的善狗盗的门客夜入秦宫，盗出已经送给秦王的狐裘，转送给秦王的一名幸姬，孟尝君才得以获释。又靠一个门客装鸡鸣，骗开关门，才得脱险，回到齐国。④魏其、武安：即西汉魏其侯窦婴、武安侯田蚡。汉武帝时，二人均官至丞相。⑤郭解、剧孟：均为西汉时期的游侠。⑥季路、仇牧：孔子的学生子路及春秋时宋国大夫仇牧。⑦五伯：即春秋五霸。⑧六国：战国时期的山东六国：齐、楚、燕、韩、赵、魏。

[译文]

《史记》中说："韩子称'儒者以文乱法，而侠士以武犯禁'，对儒、侠二者都予以讥毁，但学士则多被世人所称颂。至于靠自己的才能和权术取得宰相卿大夫的职位，辅翼当世君主的人，其功名都见诸青史，就没有什么话好说了。像季次、原宪满腹学问，特立独行，言论不与世俗相苟合，也为世人所讥笑。今所谓的游侠，他们的行为虽然未必符合正义之道，然而他们言必信，行必果，已诺千钧、不泯初衷，不惜自己的身躯为朋友士人共赴危难，却羞于炫示自己的恩德，他们的行为也有许多值得称颂之处。缓急之事是人们时常遇到的，虞舜曾被困于井底和仓房顶上，伊尹曾负鼎俎求仕，傅说（商王武丁时的辅佐）曾在傅岩藏匿，吕尚曾被困于棘津，管仲曾为阶下之囚，百里奚放牛，孔子被困于匡，菜色陈、蔡，这些都是学士所称颂的胸怀治道的仁人，尚且遭遇如此的灾难,更何况在近世混乱的社会中挣扎的中等之才呢?他们所遭遇的灾难,怎么能说得尽啊!而那些布衣百姓,如果做事信守诺言,其义名流播千里,身处困窘之地的人们能够托命这些义士,从而解脱危难,这些人难道不是人们常说的贤人豪杰吗?若真的使这些乡曲侠士具有像季次、原宪的地位和才能,同时效功于当代,恐怕就难以同日而语了。怎么可以小视他们呢!"

而《汉书》中却说:"天子建国,诸侯立家,从卿大夫到普通百姓,其职责都有等级差别。因此,人人都应该服事自己的上级,在下的不能觊觎在上的权力和地位。孔子说:'如果天子有道,行政大权便不在大夫手中。'政府各部门,应遵奉法纪,服从命令,完成自己的职责。超越自己的职权,侵犯其他部门的职权,都要受到诛罚,这样就能上下和顺,把政事治理得井井有条。周王室衰微以后,礼乐征伐这些本应天子决定的大事,开始被诸侯僭越决定。齐桓、晋文之后,大夫的权位世袭,陪臣执掌大权。到了战国时期或合纵或连横,各诸侯勉力政治,富国强兵,均有一统天下之志。列国公子,魏有信陵君,赵有平原君,齐有孟尝君,楚有春申君,都凭借身为王公的强大势力,竞相招揽游侠,对鸡鸣狗盗之徒,也都待以上宾之礼。赵相虞卿宁肯弃国捐君,也要救济故友魏齐的厄困;信陵君无忌偷窃虎符,矫立王命,杀掉大将,率军赴救平原君之急。他们因此而取重诸侯、扬名天下。那些扼腕而游的侠士,均把四大名君作为第一流的豪杰倍加赞美。于是,背弃公义、效命私交的行为被人引为美谈,而忠于职守,一心奉上的品德却无人信奉了。等到汉朝初兴,禁网宽松,对旧有的风气仍未能予以匡改。所以,如魏其侯、武安侯之徒,仍能逐鹿于京师;郭解、剧孟之徒仍能奔驰于街巷。他们的权势足可横行州域,力抗公侯。老百姓以他们的名迹为荣,对他们十分仰慕。他们虽然触犯刑律,身死刑场,却自称杀身成名,如同子路、仇牧,虽死而不悔。曾子说:

'做君王的违背了治国的原则和方法,人心涣散已经很久了。'如果没有圣明的君王,向人们明示好恶的区别,用礼法来整肃人们的行为,人们怎么能够懂得哪些行为应该受到禁止而返回到正确的道路上来呢?按照古代正统的王法而论,春秋五霸是三王的罪人,六国是五霸的罪人,四大名君是六国的罪人。更何况郭解之徒,以区区匹夫之微,反而窃得杀生之权,他们的罪过,可谓罪不容诛了!"

《尸子》曰:"人臣者,以进贤为功;人主者,以用贤为功也。"《史记》曰:"鲍叔举管仲,天下不多管仲之贤,而多鲍叔①,能知人也。"

苏建常责大将军青曰②:"至尊重,而天下之贤士大夫毋称焉,愿观古今名将所招选择贤者。"大将军谢曰:"自魏其、武安之厚宾客,天子尝切齿,彼亲附士大夫、招贤黜不肖者,人主之柄也③。人臣奉法遵职而已,何与招士?"其为将如此。

[注释]

①多:称赞、肯定。②苏建:汉武帝时封平陵侯,代郡太守。以将军、卫尉等职多次从大将军卫青击匈奴。大将军青:即大将军卫青。③人主之柄:做君主的职权。

[译文]

《尸子》说:"做臣子的,能发现举荐贤才,才是最大的功劳;做君王的,能重用贤才,就是最大的功劳。"《史记》说:"鲍叔向齐王举荐了管仲,天下的人不过多称赞管仲的贤才,而倍加称赞鲍叔,是因为鲍叔善于发现人才。"

而苏建曾经责备大将军卫青说:"过于自尊,天下的贤士大夫都不称颂他,希望您效仿善于招选贤才的古今名将。"大将军辞谢说:"自从魏其侯、武安侯开厚待宾客、招延贤士之风起,天子对这些事常怀切齿之怒。他们所做的,如使士大夫亲附于己,招揽贤才，贬黜不肖之人，这些都是君王才有资格做的事情。做臣子的唯有遵奉法规、忠于职守而已，何须参与招揽贤士之类的事？"他为将就是如此谨慎。

班固云："昔王道即微，诸侯力政①。时君世主，好恶殊方。是以诸家之术，蜂起并作，各引一端，崇其所善，以此驰说，取合诸侯。其方虽殊，譬犹水火相灭，亦能相生也。仁之与义，敬之与和，事虽相反，而皆相成也。"《易》曰："天下同归而殊途，一致而百虑。"此之谓也。

[注释]

①力政：致力于政务。

[译文]

班固说："从前周室王道衰微，诸侯竞相致力于各自国家的政务。由于各国诸侯的好恶趣味各不相同，所以诸家学术，蜂起并作，各执一端之说，并极力加以颂扬，以此进行游说，以争取诸侯对自己所持学说的支持。各家学说虽然大相异趣，但又好比水火相灭，也能相生。仁与义、敬与和，意义虽然不同，却可以相辅相成。"《周易》说："天下发展的方向目的只有一个，但达到这一目的的途径却彼此不同，一个目的却可以有百种方法。"讲的就是这一道理。

适变第十五

昔先王当时而立法度，临务而制事。法宜其时则理，事适其务故有功。今时移而法不变，务易而事以古。是则法与时诡，而时与务易。是以法立而时益乱，务为而事益废。故圣人之理国也，不法古，不修今，当时而立功，在难而能免。由是言之，故知若人者，各因其时而建功立德焉。何以知其然耶？桓子曰①："三皇以道治，五帝用德化；三王由仁义，五霸用权智。五帝以上，久远，经传无事，惟王、霸二盛之美，以定古今之理焉。夫王道之治，先除人害，而足其衣食，然后教以礼仪，而威以刑诛，使知好恶去就。是故大化四凑，天下安乐，此王者之术。霸功之大者，尊君卑臣，权统由一，政不二门，赏罚必信，法令著明，百官修理，威令必行，此霸者之术。"

[注释]

①桓子：桓谭。字君山。东汉哲学家、经学家。博学多通，遍习五经，喜非毁俗儒。著有《新论》，已佚。

[译文]

从前，先王根据社会发展的具体情况制定法律制度，根据时务的要求来决定要做的事情。法令符合社会发展的要求就能够得到贯彻执行，所做的事情符合时务的要求就能够取得较好的效果。如今社会发展了，而法律却没有随之变化；时务变化了，而做的事情却没有满足时务的要求。如此而形成的局面是：法律同社会发展的要求相背离，时务的要求同所做的事情相背离。因此，制定的法律越多，社会就越混乱；投入到事情上的精力越多，事情就越是糟糕。所以，圣明的人治理国家，既不效法古人，也不迷信今人，只根据当时的具体情况而建立功勋，陷入危难之境亦能转危为安。由此来看，通晓这一道理的人，都能够根据自身所处的具体环境而建立功勋，树立德行。何以证明这一道理呢？桓子说："燧人氏、伏羲氏、神农氏用'道'来治理天下，黄帝、颛顼、帝喾、唐尧、虞舜用'德'来教化天下；三王治理天下用仁义，而春秋五霸治理国家、称霸天下则靠权谋和智慧。五帝以上的历史已经很久远了，史书上没有详明的记载，唯有称王、称霸两种盛事留作了我们衡量古今治道盛衰的标准。所谓称王天下的治理方法是：先除掉危害人民的祸患，使人民丰衣足食，然后用礼仪去教化人民，用刑罚诛杀去威慑不轨之徒，使人民懂得是非善恶、何去何从。因此，人民普遍得到教化，归心圣王，天下安乐。这就是称王天下的方法。所谓成就了霸业的具体内涵是：君王居于尊崇之位，臣下居于卑贱之位，君王集大权于一身，政令不出二门，赏罚必信，法令规章严明，百官各司其职，井井有条，政令具有权威性并得以贯彻执行。这就是称霸的方法。"

《道德经》曰："我无为而人自化。"文子曰："所谓无为者，非谓引之不来，推之不往。谓其循理而举事，因资而立功，推自然之势也。"故曰，汤、武，圣主也，而不能与越人乘舲舟①，泛江湖；伊尹，贤相也，而不能与胡人骑原马，服驹骏②；孔、墨，博通也，而不能与山居者入榛薄，出险阻。由是观之，人智之于物，浅矣。而欲以照海内，存万方，不因道里之数，而专己之能，则其穷不远。故智不足以为理，勇不足以为强，明矣。然而君人者，在庙堂之上，而知四海之外者，因物以识物，因人以知人也。夫冬日之阳，夏日之阴，万物归之，而莫之使至。至精之感，弗召自来。待目而昭见，待言而使令，其于理难矣。皋陶喑而为大理，天下无虐刑；师旷瞽而为太宰，晋国无乱政。不言之令，不视之见，圣人所以为师，此黄老之术也。

[注释]

①舲舟：小篷船。②服駣駼（táo tú）：制伏青色的野马。駣駼，青色的野马。

[译文]

《道德经》说："做君王的如果能够清静无为，百姓就能够自然而然得到教化。"文子说："老子所说的无为，并不是说引导他也引不来，推动他也推不去，什么事情也不做。而是指根据事物本身的道理去做事，根据既有的基础和条件去建立功业，即顺应推动事物发展的自然趋势。"所以说，商汤、周武都是圣明的君主，但却不能像越人那样操持一叶扁舟，闲适泛于江湖之上；伊尹是贤明的宰相，却不能像北方的胡人那样驾驭驯服未经调教的野马；孔子和墨子都是博学贯通之人，却不能像山里人那样穿荆棘，过险阻。由此看来，个人的智慧和能力相对于世间广博无限的事物而言，是非常有限的。想要照耀海内，感召万方，却不研究并充分利用感召万方的规律和方法，而仅仅依靠自身的力量，很快就会走入穷途末路。所以，仅靠一人的智慧还不足以治理天下，仅靠一人的勇敢还不足以使国家强大，其道理是显而易见的。而作为一个国家的君王，身居庙堂之上，之所以能够远知四海之外，其原因是他善于因物知物、触类旁通，依靠人来了解人。严冬的阳光，夏天的阴凉，万物都趋之若鹜，充分予以利用，没有人迫使他们这样做。依靠事物内部精微的规律去感召，无须外在的迫使，就能自然而来。只有以目示意才能明白真相；只有发号施令，才能被动地去做，通过这样的方式就很难达到自然而治的境界。皋陶是个哑巴而做大理（掌管司法），天下却没有酷虐的刑罚；师旷是个瞎子而做太宰，晋国却没有乱政。这种不靠语言就能号令百姓，不靠眼睛即能洞若观火的本领，就是圣人之所以能为大众之师的根本条件。这就是所谓的黄老之术。

孔子闲居，谓曾参曰："昔者明王内修七教，外行三至。七教修而可以守，三至行而可以征。明王之守也，则必折冲千里之外①；其征也，还师衽席之上②。"曾子曰："敢问七教？"孔子曰："上敬老则下益孝，上敬齿则下益悌③，上乐施则下益亮，上亲贤则下择交，上好德则下无隐，上恶贪则下耻争，上廉让则下知节，此之谓七教也。"昔明王之治人也，必裂而封之，分属而理之，使有司月省而时考之，进贤良，退不肖，哀鳏寡，养孤独，恤贫穷，诱孝悌，选才能，此七者修，则四海之内，无刑人矣。上之亲下也如腹心，则下之亲上也，如幼子之于慈母矣。其于信也如四时，而人信之也，如寒暑之必验。故视远若迩，非道迩也，见明德也。是以兵革不动而威，用利不施而亲。此之谓"明王之守，折冲千里之外者也"。

[注释]

①折冲：折退敌人的战车。冲，战车。②衽席：睡觉用的席子。③齿：年长的人。悌：弟敬爱哥。

[译文]

孔子得闲无事，对曾参说："从前，圣明的君王对自身则通过较高的修养和品质，对人民进行七个方面的教化，对外则推行三种至高无上的行为。'七教'的修养做到了，就可以治理好自己的国家，使国家具备较强的防御外敌侵犯的能力；'三至'推行了，就可以对外征伐。圣明的君王所具备的强大的防御能力，能够使千里之外的敌人闻风丧胆；其对外征战则能做到凯旋而归。"曾子说："请问什么是七教呢？"孔子回答说："在上的君王能够尊敬老人，在下的臣僚百姓就会愈加孝顺；在上的君王能够尊敬年长的人，在下的臣僚百姓就会愈加敬爱年长的人；在上的君王慷慨好施，在下的臣僚百姓就会愈加忠诚守信；在上的君王亲近贤才，在下的臣僚百姓就会审慎交往；在上的君王喜好行使德政，在下的臣僚百姓就会光明磊落、不徇私情；在上的君王厌恶贪婪的行为，在下的臣僚百姓就会以相互争夺为耻辱；在上的君王廉洁礼让，在下的臣僚百姓就会做到举止有节。这就称为'七教'。"从前，英明的君王治理天下，必定划出土地，封予诸侯，设立不同的机构管理不同的事务，并设立机构对各职能管理机构按月实施考察，举荐贤良的人，贬退不肖的人，同情抚恤鳏夫寡妇，抚养孤独儿女，赈济贫穷，奖励诱导孝悌品行，选拔才能之士，这七个方面做好了，那么四海之内就没有刑狱之人了。如果在上的君王亲近臣僚百姓如同腹心一样密切，那么，在下的臣僚百姓亲睦在上的君王，就好比幼子与慈母的关系。如果君王对人言而有信，如同四季的运行，那么人们对君王的崇信就会如寒暑一样效验。所以视远若近，并非真是道路距离近，而是由于明德的照耀。因此，虽然兵革未动，但却能威震四方；不用利益相引诱，就能使人民亲附。这就是"英明君王的守御，能使千里之外的敌人闻风丧胆的真正含义"。

曾子曰："何谓三至？"孔子曰："至礼不让，而天下理；至赏不费，而天下之士悦；至乐无声，而天下之人和。何则？昔者明王必尽知天下良士之名。既知其名，又知其实。既知其实，然后因天下之爵以尊之。此谓至礼不让而天下治。因天下之禄以富天下之士，此之谓至赏不费而天下之士悦。如此，则天下之明誉兴焉，此之谓至乐无声而天下之人和。故仁者莫大于爱人，智者莫大于知贤，政者莫大于官能。有德之君，修此三者，则四海之内，供命而已矣①。此之谓折冲千里之外。故曰，明王之征，犹时雨之降，至则悦矣，此之谓还师衽席之上。"故扬雄曰："六经之理，贵于未乱；兵家之胜，贵于未战。"此孔氏之术也。

[注释]

①供命：听从命令。

[译文]

曾子说："什么是三至？"孔子回答说："掌握礼的精髓，虽不谦让，却能使天下大治；掌握至高的赏赐原则，虽不耗费财货，却能使天下士人悦服；音乐的最高境界是无声的音乐，却能使天下的人相和睦。这又怎么样讲呢？从前，英明的君王必定尽知天下良士的名字，不但知道他们的名字，而且还了解他们的实际才干。然后根据他们的实际才干，授以相应的爵位，以示尊崇。这就称为礼的最高境界不流于表面的谦让，而能达到天下大治。用天下人所创造的利禄去富天下的士人，这就称为赏赐的最高境界是不耗费财货而能使天下士人悦服。这样一来，天下清明，美誉兴盛，这样的社会风气，就如同无声的音乐陶冶人的性情，使天下的人相和睦。所以说，仁的举动莫大于爱人，智慧和聪明莫大于发现和鉴别人才，从政的关键莫大于善于任用人才。有德的君王，能够提高这三个方面的修养，那么四海之内，都能听从他的命令。这就称为使千里之外的人折服。所以说，英明的君王率师出征，兵锋所指，如同及时雨降临，人人悦服，这就称为还师衽席之上。"所以扬雄说："六经治国的道理，贵在防患于未萌；兵家制胜的道理，贵在不战而屈人之兵。"这是孔子学派的治国思想。

墨子曰："古之人未知为宫室，就陵阜而居①，穴而处。故圣王作，为宫室。为宫室之法：高足以避润湿，边足以圉风寒，宫墙之高，足以别男女之礼。谨此则止，不以为观乐也。故天下之人，财用可得而足也。当今之王为宫室，则与此异矣。必厚敛于百姓，以为宫室台榭曲直之望，青黄刻镂之饰。为宫室若此，故左右皆法而象之。是以其财不足以待凶饥，赈孤寡，故国贫而难理也。为宫室不可不节。

古之人未知为衣服，时衣皮带茭②，冬则不轻而暖，夏则不轻而清。圣王以为不中人之情，故圣人作。诲妇人，以为人衣。为衣服之法：冬则练帛，足以为轻暖；夏则绨绤③，足以为轻清。谨此则止，非以荣耳目，观于人也。是以其人用俭约而易治，其君用财节而易赡也。当今之王，其为衣服，则与此异矣。必厚敛于百姓，以为文彩靡曼之衣，铸金以为钩，珠玉以为佩。由此观之，其为衣服，非为身体，皆为观好也。是以其人淫僻而难治④，其君奢侈而难谏。夫以奢侈之君，御淫僻之人，欲国无乱，不可得也。为衣服不可不节。"此墨翟之术也。

[注释]

①陵阜：山陵、土山。②衣皮带茭：穿兽皮，戴茭草。③绨绤（chī xì）：细葛布和粗葛布。④淫僻：过分的癖好。僻，同"癖"。

[译文]

墨子说："远古的人不懂得建造宫室房屋，利用山陵高地和洞穴作为自己的居处。圣明的君王出现后，才开始建造宫室。建造宫室所遵循的原则是：宫室的基础，高足以避免潮湿，四周围墙的厚度足以抵御风寒，墙高足以区别男女的礼节。仅此而已，不追求美观和享乐。所以，当时天下的人，财货之用，人人都能得到满足。当今的君王建造宫室与古代相比就大不相同了。他们向百姓横征暴敛，用以建造宫室台榭，青黄刻镂，极尽曲直豪华之美。君王建造宫室既然如此奢侈，左右臣僚便纷纷效仿，极尽铺张。所以，国家的财货不足以备御凶灾饥荒，赈济孤寡，致使国家贫弱，难于治理。所以，建造宫室不能没有节制。

远古的人也不懂得缝制衣服，只知道披兽皮、戴树叶，冬天不追求轻暖，夏天不追求轻清。圣王觉得这样很不适合人体的需要，于是便制作衣服，并教诲妇女制作衣服。制作衣服的原则是：冬服用练帛，以使人感到轻便暖和；夏服用细布细纱，使人感觉轻便清凉。仅此而已，目的不是为了使自己的耳目愉悦，并使他人观看。因此，那时的人民穿用俭朴节约而易于治理，那时的君王用财有节也易于被人民所奉养。当今君王穿衣则与古代迥然不同了。他们向百姓横征暴敛，用以制作华丽的服装，用金子铸造带钩，用珠玉制作衣佩。由此看来，他们穿衣服，并不是为了满足身体冷暖的需要，而是为了美观。因此，人民淫逸邪僻，难以治理；君王奢侈腐败，难以谏阻。以奢侈腐败的君王来统治淫僻的百姓，要想使国家不发生混乱，是办不到的。制作衣服不可不节俭。"这是墨翟的治国思想。

商子曰："法令者，人之命也，为治之本。一兔走，百人逐之，非以兔可分为百，由名分之未定也。卖兔满市，盗不敢取者，由名分之定也。故名分未定，虽尧、舜、禹、汤，且皆加务而逐之；名分已定，则贫、盗不敢取。故圣人之为法令也，置官也，置吏也，所以定分也。名分定则大诈贞信，巨盗愿悫而各自治也[①]。"

申子曰："君如身，臣如手，君设其本，臣操其末。为人君者，操契以责其名。名者，天地之网，圣人之符。张天地之网，用圣人之符，则万物无所逃矣。动者摇，静者安，名自名也，事自定也。是以有道者，因名而正之，随事而定之。昔者尧之治天下也，以名，其名正则天下治；桀之治天下也，亦以名，其名倚而天下乱。是以圣人贵名之正也。"

李斯书曰:"韩子称'慈母有败子,而严家无格虏'者,何也?则罚之加焉必也。故商君之法,刑弃灰于道者。夫弃灰薄罪也,而被刑重罚也。夫轻罪且督,而况有重罪乎?故人弗敢犯矣。今不务所以不犯,而事慈母之所以败子,则亦不察于圣人之论矣。"此商鞅、申、韩之术也。

[注释]

①愿悫:谨慎诚实。愿,老实。悫,诚实,谨慎。

[译文]

商子说:"法令是指导人们行为的命令,是治理国家的根本。比如有一只兔子在奔跑,后面有百人在追逐,想要得到它。这并不是因为这只兔子可以分裂为一百只,而是因为这只兔子之归属的名分还没有确定。集市上摆满了待卖的兔子,盗贼不敢公开抢取,这是因为兔子归属的名分已经确定了。所以,名分还没有确定时,即使像尧、舜、禹、汤这样的圣人,也可能参与追逐;名分确定以后,即使是贫穷之人和盗贼也不敢去抢取。所以圣人制定法令,设置官府,任用官吏,就是为了确定名分。名分确定后,即使是大骗子也会变得贞洁守信,巨盗也会变得诚实起来而自行守法。"

申子说:"君王如身,臣子如手,君王固守根本,臣子操持末节。作为君王,必须核察臣子的行为与其名分是否相符合。名分,就好像一张如天地一样大的网,又好像圣人的符信。张开天地之网,再运用圣人的符信去核验,则万事万物都无从逃逸。"本性喜运动的就使其运动,本性喜沉静的就使其安稳,使事物的名分符合事物的本性,那么万事万物就能各居其位,相对稳定。所以,治国有道的人,根据人们本应居守的名分来纠正他们的行为,根据事情的本性来决定实施的方法。从前,尧治理天下时,用的是名分,因为名分正,所以天下大治;桀治理天下时,也用名分,由于名分不正，所以天下大乱。所以，圣人十分重视名分的正与不正。"

李斯在上秦王《谏逐客书》中说："韩子说'慈母有败子，家教严明的家庭就不会出好勇斗狠之徒'，这是为什么呢？这是由于家法严明的家庭对出格的行为必定严加惩罚的缘故。所以，商鞅的法令，对随意在道路倒垃圾的要施以刑罚。在道上丢弃垃圾本来是很轻的罪过，但却处以严厉的刑罚。轻罪尚且严惩，更何况重罪呢？所以人们不敢轻易犯法。如今的当政者，不在使人们不敢犯法方面做文章、下功夫，却效法慈母出败子的行为，这也太不明察圣人的治国之论了。"以上是商鞅、申、韩的治国思想。

由是观之，故知治天下者，有王霸焉，有黄老焉，有孔墨焉，有申商焉，此其所以异也。虽经纬殊致①，救弊不同，然康济群生，皆有以矣。今议者或引长代之法，诘救弊之言；或引帝王之风，讥霸者之政，不论时变，而务以饰说。故是非之论，纷然作矣。言伪而辩，顺非而泽，此罪人也。故君子禁之。

[注释]

①经纬：这里喻指不同的治理之道。

[译文]

从上面的例子来看，治理天下的方法，有王霸之术，有黄老之术，有孔墨之术，有申商之术，这些就是不同的治国方法。这不同的治国方法虽彼此经纬有别，补救的弊端有所不同，但对于康济群生，都有一定的作用。今天的论者，或者拿长治久安的统治方法来攻击补救时弊的论说，或者用称帝称王的方法来讥笑称霸的统治方法，不考虑时代的变迁，而以粉饰自己的学说为务，所以是非之论，纷然大作。把荒谬的学说论证得头头是道，把错误的有害的东西装饰得光彩照人，这些人都是社会的罪人，君子切莫行此作为。

适变第十五

正论第十六

孔子曰:"六艺于理一也①。《礼》以节人,《乐》以发和,《书》以导事,《诗》以达意,《易》以道化,《春秋》以道义。"故曰,入其国,其教可知也。其为人也,温柔敦厚,诗教也;疏通知远,书教也;广博易良,乐教也;洁静精微,易教也;恭俭庄敬,礼教也;属辞比事,春秋教也。故《诗》之失愚,《书》之失诬,《乐》之失奢,《易》之失贼,《礼》之失烦,《春秋》之失乱。其为人也。温柔敦厚而不愚,则深于《诗》也;疏通知远而不诬,则深于《书》也;广博易良而不奢,则深于《乐》也;洁静精微而不贼,则深于《易》也;恭俭庄敬而不烦,则深于《礼》也;属辞比事而不乱,则深于《春秋》也。自仲尼没而微言绝,七十子丧而大义乖。战国纵横,真伪分争,诸子之言,纷然散乱矣。

[注释]

①理:治。

[译文]

孔子说:"六艺都有助于治理国家。《礼》可以节制人的行为,《乐》可以陶冶人的性情,《书》可以指导人们做事,《诗》可以抒发人的情感,《易》可以使人们懂得变化的道理,《春秋》可以使人们懂得什么是义。"所以，只要到了某个国家，这个国家的教化程度就可使人们感受到。如果一个国家的人民为人温柔敦厚，这是诗教程度高的表现；明于事理，目光远大，这是书教好的表现；胸怀广博，平易善良，这是乐教好的表现；高风亮节，沉稳雅静，眼光深邃，入木三分，这是易教好的表现；恭敬俭朴，庄重大方，这是礼教好的表现；善于类比，微言大义，这是春秋教育程度高的表现。所以，《诗》教往往失之于愚鲁，《书》教往往失之于不诚实，《乐》教往往失之于奢逸，《易》教往往失之于不温厚，《礼》教往往失之于烦琐，《春秋》之教往往失之于变乱。如果为人温柔敦厚而又不愚鲁，这是深研《诗》的结果；明于事理，目光远大而又不怀欺诈之心，这是深研《书》的结果；胸怀广博，平易善良，而不奢侈淫逸，这是深研《乐》的结果；高风亮节，沉稳雅静，眼光深邃，入木三分，而又不包藏祸心危害他人，这是深研《易》的结果；恭敬俭朴，庄重大方，而又不流于烦琐，这是深研《礼》的结果；善于运用语辞表达事物的道理，而又不为乱，这是深研《春秋》的结果。自孔夫子死后，精微深邃的语言便绝迹了，他的七十弟子去世后，对孔夫子微言中所蕴含的深远意义也产生了分歧。战国时期纵横战乱，或真或伪的各种学说相互争鸣，诸子百家，纷然散乱了。

儒家者，盖出于司徒之官，助人君，顺阴阳，明教化者也。游文于六经之中，留意于仁义之际，祖述尧舜，宪章文武，宗师仲尼，此其最高也。然惑者既失精微，而僻者又随时抑扬，违离道本，苟以哗众取宠，此僻儒之患也。道家者，盖出于史官，历纪成败，秉要执本，清虚以自守，卑弱以自持，此君人南面者之术也①。合于尧之克让，《易》之谦谦，此其所长也。及放者为之，则欲绝去礼乐，兼弃仁义，独任清虚，何以为治？此道家之弊也。阴阳家者，盖出于羲和之官②，敬顺昊天，历象日月星辰，敬授人时，此其所长也。及拘者为之，则牵于禁忌，泥于小数，舍人事而任鬼神，此阴阳之弊也。法家者，盖出于理官，信赏必罚，以辅礼制，此其所长也。及刻者为之，则亡教化，去仁爱，专任刑法，而欲以致治，至于残贼至亲，伤恩薄厚，此法家之弊也。名家者，盖出于礼官，古者名位不同，礼亦异数，孔子曰："必也正名乎。"此其所长也。及警者为之③，则苟钩铱析乱而已，此名家之弊也。墨家者，盖出于清庙之官。茅屋采椽，是以贵俭；养三老五更，是以兼爱；选士大射，是以上贤；宗祀严父，是以右鬼；顺四时而行，是以非命；以孝示天下，是以上同。此其所长也。及蔽者为之，见俭之利，因以非礼；推兼爱之意，而不知别亲疏。此墨家之弊也。纵横家者，盖出于行人之官④。孔子曰："使乎，使乎！"言当权事制宜，受命不受辞，此其所长也。及邪人为之，则上诈谖而弃其信⑤，此纵横之弊也。杂家者，盖出于议官，兼儒、墨，合名、法，知国体之有此，见王理之无不贯，此其所长也。及荡者为之，则漫羡而无所归心，此杂家之弊也。农家者，盖出于农稷之官。播百谷，劝耕桑，以足衣食，孔子曰："所重人食。"此其所长也。及鄙者为之，则欲君臣之并耕，悖上下之序，此农家之弊也。

[注释]

①君人南面：做人们的国君。南面，面向南。朝殿大都坐北朝南。②羲和之官：远古时掌管天文、历象的官。③警(jiào)：讦也，攻击别人的短处或揭发别人的隐私。④行人之官：掌管朝觐聘问。⑤上诈谖(xuān)：崇尚欺诈。谖，欺诈。

[译文]

儒家学派，可能源于司徒之官。其职责是帮助君王顺应阴阳四时的变化，并掌管教化人民的事宜。儒家在六经之中做文章，在仁义之间下功夫,以唐尧、虞舜的事迹为基础,以周文王和周武王的政治为楷模,以孔老夫子为宗师,这是他们引以为崇高的境界。然而迷惑不解的人没有掌握儒家思想的精髓,而邪僻的人又随时压抑、张扬儒学的真义,违背脱离了儒学的根本,用以哗众取宠,这是邪僻的儒者所造成的祸患。

道家学派,可能源于史官。其职责是历纪古今成败的事迹,因而能够抓住要害,掌握根本,主张清静无为,虚心自守,以谦卑柔弱的方式来延长自己的生命,增强自己的实力。这些被称为君王南面统治的方法。道家学说符合尧的克己谦让的事迹,也符合《易》所提倡的谦让的道理,这是它的长处。等到放荡的人阐释发扬道家学说,却要绝去礼乐精神,抛弃仁义原则,仅仅坚守清虚无为之道,这样怎么能够治理好国家呢?这是道家的弊端所在。

阴阳家学派,可能源于羲和之官。阴阳家尊敬顺应昊天,根据日月星辰的变化制定历法,教导人们要根据时令的变化去耕作,这是它的长处。等到拘泥呆板的人继承阴阳学说后,则为诸多的禁忌和术数所拘束,不相信人事的力量而迷信于鬼神的力量,这是阴阳家的弊端所在。

法家学派,可能源于理官。法家赏罚必信,以此来辅助礼仪制度的推行,这是它的长处。等到刻薄的继承者推行法家学说以后,则丢掉礼乐道德的教化,舍弃仁爱原则,专任刑法,为了达到天下大治的目的,以至于残害至亲,刻薄伤恩,这是法家的弊端。

名家学派,可能源于礼官。古时名位不同,所应遵循的礼仪也不一样。孔子说:"行为同相应的名分相符合,这是必须做到啊!"主张名实相符,这是名家的长处。但那些善于狡辩的人则借此将名实任意裁割,这是名家的弊端。

墨家学派,可能源于清庙之官。住的是茅屋木房,因此倡导节俭;赡养老人,因此主张兼爱;以射箭的方式选拔战士,因此推重贤才；宗庙祭礼，敬信鬼神；顺应四时的变化而行事，所以不相信天命；以孝道明示天下，因此主张天下同一，这些是墨家学派的长处。然而不明白墨家真谛的人因看到节俭的好处，就否定排斥礼乐；倡导兼爱思想，就不知有亲疏的区别。这些是墨家的弊端。

纵横家学派，可能源于行人之官。孔子说："使乎，使乎。"是说凡出使办外交，要根据当时当地的具体情况临机制定相应的措施，只接受使命而不拘泥于预先制定的外交辞令，这是纵横家的长处。然而奸邪的人加以利用后，却崇尚欺诈，不顾信用。这是纵横家的弊端。

杂家学派，可能源于议官。兼采儒、墨、名、法等各家所长，只要有利于王治国体，无不融会贯通。这些是杂家的长处。然而那些没有主见的人，则可能朝秦暮楚，在诸子百家中徜徉徘徊，不知所归，不知所采，这是杂家的弊端。

农家学派，可能源于农稷之官。播种百谷，劝勉农桑，丰衣足食，孔子说："重视人民的衣食生活。"这是农家的长处。然而那些鄙薄的人倡导农家学说，却主张君王也要同百姓一样耕种田地，打乱了君臣上下的秩序，这是农家的弊端。

文子曰："圣人之从事也。所由异路而同归。秦、楚、燕、魏之歌，异转而皆乐；九夷八狄之哭①，异声而皆哀。夫歌者，乐之微也。哭者，哀之效也。憯憯于中而应于外②，故在所以感之矣。"论曰：范晔称"百家之言政者，尚矣。大略归乎宁固根柢，革易时弊也。而遭运无恒，意见偏杂，故是非之论，纷然相乖。尝试论之：夫世非胥庭，人乖鷇饮③，理迹万肇，情故萌生。虽周物之智，不能研其权变；山川之奥，未足况其纡险。则应俗适事，难以常条。何以言之？若夫元圣御代，则大同极轨，施舍之道，宜无殊典。而损益异运，文朴递行，用明居晦，回穴于曩时；兴戈陈俎④，参考于上世。及至戴黄屋，服绨衣，丰薄不齐，而致治则一。亦有宥公族，黥国仇。宽躁已隔，而防非必同。此其分波而共源，百虑而一致者也。若乃偏情矫用，则柱直必过。故葛屦履霜，弊由崇俭；楚楚衣服，戒在穷奢；疏禁厚下，以尾大陵弱；敛威峻法，以苛薄分崩。斯曹魏之刺，所以明乎国风；周秦末轨，所以彰于微灭。故用舍之端，兴败资焉。是以繁简惟时，宽猛相济。刑书镌鼎，事有可详；三章在令，取贵能约。太叔致猛政之褒，国子流遗爱之涕，宣孟改冬日之和，平阳循画一之法，斯实弛张之宏致，庶可以征其统乎？"

[注释]

①九夷八狄：夷、狄，中国古代对东方和北方各族的泛称。②愔（yīn）愔：安静和悦貌。③縠（kòu）饮：像待哺食的雏鸟一样饮食。人乖縠饮，人们与縠饮相背离。④兴戈陈俎：兴兵打仗或陈设祭器讲和。俎，祭祀时盛牛羊等祭品的礼器。

[译文]

文子说："圣人所从事的工作，虽然方法和道路不同，但所要达到的目标是一致的。秦、楚、燕、魏四国的歌曲，曲调虽然不同，但都表达出了欢乐的情感；九夷八狄的哭声虽然有区别，但都表达出了悲哀的情感。歌唱，是欢乐情感的精致表现；哭泣，则是悲哀情感的强烈表现方式。内心深处骚动的情感必然于外部有所表现。所以人们便能感受得到。"范晔说："百家有关政治的论说繁富深远，但大略可以归纳为巩固根本、革除和变易时弊。由于各家的遭遇和推行的结果变化无常，所以对各家学说的评价也十分的繁杂，或是或非，纷然相悖。大体说来，当今之世，已不是赫胥氏、大庭氏统治的远古时代，人的心态也不像幼鸟待哺而食一般毫无主动争取之意。恰恰相反，竞取的心理和情欲万端萌发。即使有博通万物的智慧，也难以尽知人的权变；即使用山川的曲折奥妙，也难以形容人心的阴险和曲折。所以在应对世俗、处理世事时，就不可能设计出具有普遍效用的原则和方法。为什么这样讲呢？如果让大圣人来治理国家，那么世界大同的理想，施舍的原则和方法，不会不符合圣人的经典。然而，在具体方法上，减损和增益的灵活运用，文丽和质朴交相进行，表面上所做的与背地里所做的，都将迥然有别于古代。至于或兴动兵革，或交杯言和的举措，则会与古代相同。等到圣人乘上了皇帝专有的车子，身着精致的纱衣，虽然穿戴的丰薄与好坏同以前不同了，但要把国家治理好的目标并没有改变。他们同样会有赦免公族、在国家仇敌的脸上刺字的举措。虽然同古代相比已有宽和、急躁的区别，但防止为非作歹的作用和目的却是相同的。这就是分流而共源、百虑而一致的道理。如果感情用事，过于偏激，就会矫枉过正。所以说，草鞋布衣，备受风霜之苦，这是过分倡导俭朴之风所造成的；衣冠楚楚，则需警戒奢靡之风；如果法令不严，过分宽厚，就会成尾大不掉、恃强凌弱之势；如果峻法威刑，那么政权又会因过于刻薄而崩溃。以史为证，对曹魏政权的讽刺和斥责，在民歌民谣中即能充分表现出来；周、秦统治的或宽或猛的极端形式，在周王室的衰微、秦朝急速灭亡的史实中得到了充分的反映。所以，采用哪些学说、舍弃哪些学说之得当与否，决定着一个国家的兴盛或衰亡。所以，政令法律的繁与简要根据时势的要求而定，统治的宽松和猛急则需适时调节，相辅相成。关于镌鼎立法之事，历史上有详细记载；汉王刘邦入关后虽然只有三条法令，但贵在能约束众人。郑大夫太叔因施猛政而得到褒奖，孔夫子因郑子产遗爱民间而流泪，晋卿赵宣猛一改其父如冬日的太阳一般平和的政治，平阳侯曹参遵循萧何旧法，这些都是为政弛张宽猛的极端典型的例子，如何能强求一致呢？"

数子之言当世失得，皆悉究矣。然多谬通方之训，好申一隅之说。贵清净者，以席上为腐议①；束名实者，以柱下为诞辞②。或推前王之风，可行于当年；有引救弊之规，宜流于长世。稽之笃论，将为蔽矣。由此言之，故知有法无法，因时为业，时止则止，时行则行，动不失其时，其道光明。非至精者，孰能通于变哉？

[注释]

①席上：指儒家。②柱下：指道家。老子曾担任周朝柱下史，故称。

[译文]

以上诸子学说对当今之世的得与失，都已有人作过研究。然而，人们往往不善于作综合全面的分析，而偏爱某一种学说。尊崇清静无为学说的人，视席上宏阔之论为陈腐之议；拘于名实学说的人，则视老子学说为荒诞之辞。或者推重前王之风，认为当今之世仍可实行；或者征引曾起过补救时弊作用的方法，认为应该流传百世。确切地分析研究，这些理论学说都是有不足之处的。由此说来，所谓"有法"与"无法"，应该根据时势的要求去成就事业，时势宜停止则停止，宜实行则实行，行动不失时势之宜，那么，前途道路就充满了光明。不是充满了智慧而精明强干的人，谁能精通这因时制变的方法呢？

卷四（霸纪上）

霸图第十七

臣闻周有天下，其理三百余年。成、康之隆也，刑措四十余年而不用。及其衰也，亦三百余年。故五伯更起。伯者，常佐天子，兴利除害，诛暴禁邪，匡正海内，以尊天子。五伯既没，贤圣莫续，天子孤弱，号令不行，诸侯恣行，强凌弱，众暴寡。田常篡齐，六卿分晋①，并为战国，此人之始苦也。于是强国务攻，弱国务守，合纵连横，驰车毂击②，介胄生虮虱，人无所告诉。及至秦蚕食天下，并吞战国，一海内之政，坏诸侯之城，法严政峻，诌谀者众。使蒙恬将兵北攻胡，尉佗将卒以戍越，宿兵无用之地，人不聊生。始皇崩，天下大叛，陈胜、吴广举于陈，武臣、张耳举于赵，项梁举吴，田儋举齐，景驹举郢，周市举魏，韩广举燕，穷山通谷，豪杰并起，而亡秦族矣。

[注释]

①六卿分晋：范、中行、知、赵、韩、魏六大家族世为晋卿，故称六卿。后赵、韩、魏三家分割晋国而为诸侯，又称"三家分晋"。②驰车毂击：比喻车辆拥挤，战事频繁。毂，车轮中心的圆木。

[译文]

我听说周朝统治天下，升平治世长达三百余年。周成王和周康王两代是周朝兴盛的时代，刑罚措置不用达四十余年。自开始衰落又延续了三百余年。所以五伯相继而起。所谓伯，就是霸主，他所扮演的角色是辅佐天子，兴利除害，诛伐残暴的国君，禁绝邪端，匡正海内，以使天下诸侯百姓尊崇天子。五伯继替、辅佐天子的局面结束以后，就再没有出现过像他们那样的圣贤，所以周天子孤弱无力，号令不行，诸侯却恣睢横行，强国侵凌弱国，大国暴虐小国。田常篡夺了齐国的王位，六卿瓜分了晋国，从此进入了兵火连天的战国时代，这是一个灾难深重的时代。在战国时代，强国致力于攻伐兼并，弱国致力于固守防御，或山东六国合纵，或秦与山东某国连横，战车驰骋，轮毂相击，战士的介胄生满了虱子，人民备受战乱之苦，却又无从告诉。等到秦国蚕食并吞了各诸侯国，统一海内以后，拆除了诸侯国的城墙，刑罚严峻，为政苛刻，阿谀谄媚之徒日增。秦始皇又派大将蒙恬率兵北击匈奴，尉佗率军戍守越地，秦把大军屯驻于并不重要的地域，搞得民不聊生。秦始皇死后，天下纷纷起兵反叛秦朝。陈胜、吴广在陈地起兵，武臣、张耳在赵地起兵，项梁在吴地起兵，田儋在齐地起兵，景驹在郢起兵，周市在魏地起兵，韩广在燕地起兵，总之，天下各地，豪杰并起，很快灭亡了秦朝皇族。

汉高祖名邦，字季，姓刘氏，沛国丰邑人，为泗上之亭长①。秦二世元年，陈胜等起，胜自立为楚王，沛人杀其令，立高祖为沛公。时项梁止薛，沛公往从之，共立义帝，约曰："先入咸阳者王之。"秦将章邯，大败项梁于定陶，梁死，章邯以为楚不足忧，乃北伐赵。楚使项羽等救赵。遣沛公别将西入关②。沛公遂攻宛，降之。攻武关，大破秦军。入咸阳，与秦人约法三章。遣兵拒关，欲王关中。是时，项羽破秦军于河北，率诸侯兵四十万至鸿门，欲击沛公。沛公因项伯自解于羽。羽遂杀子婴而东都彭城，立沛公为汉王，王巴、汉。于是用韩信策，乃东伐，还定三秦。

[注释]

①泗上：即泗水，郡名，治所在沛，即今江苏沛县。②关：指古函谷关，在今河南灵宝东北。

[译文]

汉高祖名邦，字季，姓刘氏，沛国丰邑人，曾做泗上亭长。秦二世元年，陈胜等人起兵反秦，陈胜自立为楚王。受反秦风波的影响，沛县人杀了沛县令，立汉高祖为沛公。此时，项梁率兵屯驻薛地，沛公便前往投靠项梁，共同拥立义帝。义帝曾与项梁、刘邦等约定："谁先攻入咸阳，谁就做秦地的国王。"秦将章邯，于定陶大败项梁，项梁战死，章邯便认为楚军不足为忧，于是率军北伐赵地。楚王便派项羽率兵北上救赵，另派刘邦率兵向西，入关作战。沛公刘邦遂攻打宛城，宛城秦军向刘邦投降，继而攻克武关，大破秦军，进入咸阳后，与秦地百姓约法三章。又派兵把守关口，欲意在关中称王。此时，项羽已在河北钜鹿大败秦军，并率诸侯兵四十万进至鸿门，打算攻击沛公。沛公借助项伯的力量才得以从项羽手中解脱。项羽随后杀掉秦王子婴，率兵东归，建都彭城，立沛公为汉王，拥有巴、汉之地。汉王采纳了韩信的计策，率兵东向，平定三秦之地。

田荣怨项王之不己立，杀田市，自立为齐王。羽北击灭齐，而使九江王杀义帝于郴。汉王为之缟素发丧，临三日，以告诸侯。汉王因项羽之击齐，率诸侯之师五十六万，东袭楚，破彭城。羽闻之，留其将击齐，自以精兵三万归击汉。汉王与羽大战彭城下，汉王不利，出梁地，至虞，谓左右曰："孰能为使淮南王黥布，令发兵背楚，留项王于齐数月，我之取天下，可以万全。"随何乃使淮南，说布背楚。汉王如荥阳，使韩信击魏王豹，虏之。汉遂与楚相距于荥阳。楚围汉王，用陈平计，间得出。入关收兵，欲复东。辕生说汉王，出军宛、叶，引项王南渡，使韩信等得集河北。羽果引兵南渡，如其策。韩信与张耳，以兵数万，东下井陉击赵①，破之。乃报汉，因请立张耳为赵王，以镇抚其国，汉王从之。

[注释]

①井陉：关名。故址在今河北井陉北井陉山上。

[译文]

田荣怨恨项王不立自己为王，于是杀了田市，自立为齐王。项羽率兵北上灭了齐国，还指示九江王在郴杀害了义帝。汉王却披麻戴孝为义帝发丧，并遍告诸侯。汉王乘项羽率军北击齐地之机，率诸侯军队五十六万向东袭击楚地，破彭城。项羽闻讯，便留下部将继续在齐地作战，自己率精兵三万回救。汉王在彭城迎战项羽，汉王失利，逃出战场，行到虞地时，灵机一动，对左右身边的人说："谁能为我出使淮南王黥布，劝他发兵背叛楚王项羽，如果能把项王牵制在齐地数月，我夺取天下，就能万无一失了。"随何于是出使淮南，劝说黥布背叛楚国。汉王又进入荥阳，令韩信攻打魏王豹，并俘虏了魏王豹。汉王的军队便与楚军在荥阳对峙。楚军将汉王围住，汉王因用陈平的计谋，才得以逃出荥阳。汉王退入关中，征集兵马，准备再次东征。此时辕生建议汉王出兵宛、叶，引诱项王南渡，以便使韩信能够在河北集结兵力。汉王采纳了辕生的建议，项羽果然引兵南下，如辕生所料。韩信和张耳率兵数万，东下井陉，经略赵地，并很快控制了赵地，报告汉王，并请求立张耳为赵王，以便进一步镇抚赵地，汉王批准了这一请求。

十二月，汉王拒楚于成皋①，飨师，欲复战。郎中郑忠说曰："王高垒深壁，勿与战，使刘贾佐彭越入楚地，焚其积聚，破楚师必矣。"项羽乃东击彭越，留曹咎守成皋。时汉数困荥阳、成皋，计欲捐成皋以东，屯巩、洛以距楚。用郦生计，复守成皋。羽初东，嘱曹咎曰："汉即挑战，慎勿与战，勿令汉得东而已。"咎乃出战死，汉王遂进兵取成皋。羽闻咎破，乃还军广武间②，为高坛，置太公于其上。汉王遣侯公说羽，求太公，羽乃与汉约：中分天下，割鸿沟以西为汉，以东为楚，归汉王父母及吕后。项王解而东，汉王欲西，张良曰："今汉有天下大半，而诸侯皆附，楚兵疲食尽，此天亡楚之时，不如因其东而取之。"汉王乃追羽，与齐王韩信、魏相彭越期，会击楚，皆不会。用张良计，信等皆引兵围羽垓下③，遂灭项氏。都洛阳，用娄敬策，徙都长安。有告楚王韩信反，用陈平计擒之，废为淮阴侯。陈豨为代相，与韩信、王黄等反，豨自立为代王，上自往破之。尉佗王南越，反，高祖使陆贾赐尉佗印绶，为南越王，令称臣，奉汉约。高祖在位十二年崩，年六十二。惠帝立，吕后临政。景帝时，吴、楚反，征平之。崩，太子彻立。崩，子弗陵立。崩，立武帝孙昌邑王贺。废，立武帝曾孙询。崩，立太子奭。崩，立太子骜。崩，立宣帝孙定陶恭王子欣。崩，立帝弟中山孝王衍。

[注释]

①成皋：古邑名。在今河南荥阳汜水镇。②广武：古城名。故址在今河南荥阳东北广武山上。有东、西二城，相距二百步，中有广武涧。楚、汉即对峙于此。③垓下：古地名。在今安徽灵璧县南沱河北岸。

[译文]

十二月，汉王率军在成皋与楚军相持，并犒赏三军，准备再同楚军交战。郎中郑忠向汉王建议说："请大王深沟高垒，切勿与楚军开战，使刘贾协助彭越潜入楚地，把楚军的辎重粮草付之一炬，楚军就能不攻自破。"项羽于是率军东击彭越，留部将曹咎守城皋。

这时汉王因数次被困于荥阳、成皋,所以打算放弃成皋以东之地,以便全力固守巩、洛,抗拒楚军,后采用郦生的计策,坚定了固守成皋的决心。项羽将引兵东进时,嘱咐曹咎说:"任凭汉军挑战,切记莫与汉军接战,只要保证不使汉军东进即可。"后来曹咎耐不住汉军挑战,出军迎战,结果战死,汉王乘胜进兵攻取了成皋。项羽听说曹咎战败,急忙还军广武一带,构筑高坛,把刘邦的父亲推至高坛之上。汉王派侯公赴楚营,向项羽说情,请求放了太公。项羽于是与汉王约定:中分天下,割鸿沟以西归汉王,以东则归楚王,同时遣还汉王的父母及吕后。项王解兵东归,汉王也正打算引兵西归,张良献计说:"如今汉王已据有天下大半。而各诸侯皆归心于汉。而楚则兵将疲乏,粮食将尽,正是天赐良机,要使楚灭亡,不如乘势引兵东进,攻而取之。"于是汉王率军东进,追击项羽,并与齐王韩信、魏相彭越约定了时间和地点,合击楚军,结果韩信、彭越均未能如约。后又用张良的计谋,才促使韩信等引兵把项羽追逼包围于垓下,消灭了项氏。汉王先建都洛阳,后来采纳娄敬的建议迁都长安。有人报告楚王韩信图谋反汉,汉高祖用陈平的计谋,生擒韩信,废韩信为淮阴侯。陈豨为代相,与韩信、王黄等反汉,陈豨自立为代王。汉高祖亲自率兵前往击破了韩信等。尉佗在南越反汉称王,汉高祖派遣陆贾出使南越,转交汉高祖赐给尉佗的印绶,正式封尉佗为南越王,并同时令他向汉称臣,接受汉朝廷的约束。汉高祖在位十二年去世,享年六十二岁。惠帝继位后,吕后临朝听政。汉景帝时,爆发了吴、楚等七国的联合叛乱,均予以讨平。汉景帝去世后,太子刘彻继位,即汉武帝。武帝死后,刘弗陵继位,即汉昭帝。昭帝死后,立武帝的孙子昌邑王刘贺。后被废,又立武帝曾孙刘询,即汉宣帝。宣帝死后,立太子刘奭,即汉元帝。元帝死后,立太子刘骜,即汉成帝。成帝死后,立宣帝的孙子定陶恭王之子刘欣,即汉哀帝。哀帝死后,立哀帝的弟弟中山孝王刘衎，即汉平帝。

伪新室王莽者，成帝舅王曼之子，元帝王皇后之侄也。元帝崩，成帝即位，以元舅凤为大司马，兄弟五人皆为侯。曼早卒，凤将薨，以莽托太后，封为新都侯。五侯竞为僭，起治第舍。莽幼孤贫，独折节恭谨，当世名士，多为莽言，上由是贤之，拜为侍中。时，成帝废许后，立赵飞燕。飞燕女弟为昭仪，昭仪害后宫皇子，帝无嗣，乃立定陶王欣为皇太子。莽以发定陵侯淳于长大奸，拜为大司马，时年三十八。成帝崩，哀帝即位，立皇后傅后，封后父傅晏为孔乡侯。帝母丁后曰恭皇太后，舅丁明为安阳侯。莽乞骸骨，避丁、傅也。哀帝崩，时莽以侯在第，太皇太后令莽备佐丧事，复为大司马。征立中山王为帝，太皇太后临朝，莽秉政，百官总己以听于莽。平帝崩，莽征宣帝玄孙广戚侯子婴立之，年三岁。遂谋居摄，如周公故事。东都太守翟义反，败死。莽自谓威德日盛，获天人之助，用铜匮符命，遂即真。其九年，赤眉贼起。十四年，世祖起兵①，与王匡等共立刘圣公为更始皇帝。莽遣王寻、王邑击更始，二公兵败于昆阳，汉兵遂入城中，人皆降，莽走渐台②，藏于室中北隅间，校尉公孙宾就斩莽，遂传首诣更始于宛。

[注释]

①世祖：光武帝刘秀。②渐台：台名。位于建章宫太液池中。

[译文]

伪新朝王莽，是汉成帝的舅父王曼之子、元帝王皇后的侄子。元帝死后，成帝继位，封他的舅父王凤为大司马，兄弟五人皆封侯。王曼早死，王凤临终前，将王莽托付给太后，封王莽为新都侯。五侯竞相僭越礼制，构筑豪华府邸。王莽年幼孤贫，独能屈节待人，谦恭谨慎，当世名士纷纷赞誉王莽，汉成帝因此认为王莽为贤良之士，拜王莽为侍中。当时成帝废许皇后，另立赵飞燕为皇后，立赵飞燕的妹妹为昭仪。昭仪把后宫皇子全部害死，成帝因而没有嗣子，便立定陶王刘欣为皇太子。王莽因揭发定陵侯淳于长的奸情，被封为大司马，时年三十八岁。汉成帝死后，哀帝即位，立傅皇后，封傅后的父亲为孔乡侯，哀帝的母亲丁后称恭皇太后，皇舅丁明为安阳侯。王莽乞求辞职还乡，就是为了避开丁、傅的显赫威势。哀帝死时，王莽正在侯第闲居，太皇太后命王莽辅佐料理丧事，官复大司马。征立中山王为皇帝，太皇太后临朝听政，王莽执掌朝政大权，百官司职都听从于王莽。汉平帝死后，王莽又立汉宣帝玄孙广戚侯子婴，年仅三岁。王莽打算援引周公摄政的故事，摄政汉朝。东都太守翟义起兵反叛，兵败身死。王莽自认为威德日盛，已得到上天和人民的佑助，又利用铜匦符命，于是篡位称孤。王莽篡位九年，赤眉军起义。十四年，世祖光武帝起兵，与王匡等共同拥立刘圣公为更始皇帝。王莽派遣王寻、王邑率兵攻打更始的军队，二人兵败昆阳，汉军攻入长安城中，王莽的军队全部投降，王莽逃至渐台，躲藏在室中北角落，被校尉公孙宾发觉并就地斩首，将王莽的首级传送至宛城的更始皇帝。

世祖光武皇帝讳秀，字文叔，南阳蔡阳人，高皇帝之九代孙也。王莽末，天下连岁灾蝗，寇盗蜂起。时世祖避吏新野，因卖谷宛。宛人李通以图谶说世祖，世祖于是与通弟李轶起于宛，兄伯升起于舂陵，邓晨起新野，会众兵击长聚。新市人王匡等立刘圣公为天子，而害伯升，号更始元年。更始使世祖为偏将军，徇昆阳。王莽闻汉帝立，大惧，遣大司徒王寻、大司空王邑，将兵百万，击世祖于昆阳，世祖破之。三辅豪杰①，共诛王莽，传首诣宛。更始以世祖行大司马事，持节北渡河，镇慰州郡。王郎诈为成帝子子舆，立为天子，都邯郸，遣使降下郡国，世祖灭之。

世祖威声日盛，更始疑虑，乃遣使立世祖为萧王，令罢兵，与诸将有功者还长安，遣苗曾为幽州牧，韦顺为上谷守，并北之郡。世祖辞，不就征，斩苗曾等。自是始贰于更始。是时，长安政乱，四方背叛，皆平之。赤眉贼入函关，攻更始。世祖乃遣邓禹引兵而西，以乘更始、赤眉之乱。于是诸将上尊号，乃命有司设坛于鄗南千秋亭五城陌，即皇帝位。十月，驾东幸洛阳，赤眉降。平隗嚣，灭公孙述，天下大定。崩于南宫，时年六十三。末孙灵帝用阉人曹节等，矫制诛太傅陈蕃、李膺，其党人皆禁锢。中平九年，黄巾贼起。灵帝崩，太子辩即位。董卓入朝，因废帝为弘农王，而立献帝。李傕逼帝东迁，曹操迁帝都许。操薨，帝逊位于曹丕②。

[注释]

①三辅：汉景帝时分内史为左、右内史，与主爵都尉同治长安，所辖皆京畿之地，合称"三辅"。汉武帝时改左右内史，主爵都尉为京兆尹、左冯翊、右扶风。辖境相当于陕西中部地区。②曹丕：即魏文帝。曹操次子，文学家。有《魏文帝集》。

[译文]

世祖汉光武帝名秀，字文叔，南阳蔡阳人，汉高祖第九世孙。王莽末年，天下连年水旱蝗灾，寇盗蜂起。此时，刘秀避居新野，又因赴宛城卖谷，结识宛城人李通。李通利用图谶劝刘秀，大意为刘氏将复兴，李氏为辅佐。刘秀便与李通的弟弟李轶在宛城起兵，其兄刘伯升在舂陵起兵，邓晨在新野起兵，然后会集众兵西击长聚。新市人王匡等拥立刘圣公为皇帝，同时杀害了刘伯升，号更始元年。更始皇帝命刘秀为偏将军，率兵进发昆阳。王莽听说汉皇帝已立，恐惧万分，派遣大司徒王寻、大司空王邑率兵百万，在昆阳迎战刘秀，刘秀大破王寻等。京师三辅地区的豪杰群起诛杀了王莽，并将首级传至宛城。更始皇帝任命刘秀为大司马，并派他持皇帝的符节印信北渡黄河，镇抚慰问河北诸州郡。王郎诈称自己是汉成帝的儿子子舆，因而被人立为天子，建都邯郸，并派遣使者赴各郡国，刘秀斩灭王郎等。刘秀的声威日盛，更始皇帝颇有疑虑，便派使者赴河北立刘秀为萧王，命令他罢兵，与各位有战功的大将同回长安，同时任命苗曾为幽州牧，韦顺为上谷太守，令他们同时北上赴任。刘秀辞不受命，并将苗曾等斩首。从此，刘秀便对更始皇帝产生了二心。此时，长安政局混乱，反兵四起，但均被镇压。赤眉军入函谷关，进攻更始皇帝。刘秀便抓住战机，派邓禹引兵西进，以便乘更始、赤眉战乱之机，坐收渔人之利。这时，诸将纷纷向刘秀上皇帝尊号，刘秀便命在鄗南千秋亭五城陌构筑祭坛，即皇帝位。十月，刘秀向东巡行洛阳，赤眉军向刘秀投降，接着平定了隗嚣，灭了公孙述，天下大定。刘秀在洛阳南宫去世，享年六十三。光武帝末孙汉灵帝重用阉人曹节等人，他们矫诏杀太傅陈蕃、李膺，其党人皆被禁锢，不得入朝做官。中平九年，黄巾起义爆发，灵帝死后，太子刘辩即位。董卓入朝，废刘辩为弘农王，另立献帝。李傕逼汉献帝东迁，曹操又迁献帝至许都。曹操死后，汉献帝被迫逊位给曹丕。

魏太祖武皇帝，沛国谯人也。姓曹，讳操，字孟德。灵帝时为典军校尉。汉末，奄竖擅权，何进谋诛阉竖[①]，太后不听。进乃召四方猛将，使引兵向京师，欲以恐劫太后。董卓至，废帝为弘农王，而立献帝，京师大乱。太祖亡出关，至陈留，散家财，合义兵于己吾。与后将军袁术、冀州牧韩馥、豫州刺史孔伷、兖州刺史刘岱、渤海太守袁绍同时俱起，众各数万，推绍为盟主，曹公行奋武将军。卓闻兵起，乃徙天子都长安，卓留兵屯洛阳。司徒王允与吕布杀卓，杨奉、韩暹以天子还洛阳。太祖至洛阳卫京邑，暹遁走。太祖以洛阳烧焚残破，奉天子都许。下诏责袁绍以地广兵强，专自树党，不闻勤王之师。绍遂攻许，太祖破之官渡②，绍呕血死。太祖讨绍子谭、尚于黎阳。尚与熙奔辽东，太守公孙康斩尚、熙，送其首，遂平河北。太祖征刘表，会表卒，子琮降。关中诸将马超、韩遂、成宜等反，曹公破之。天子策命公为魏王。二十五年，薨于洛阳。子丕嗣，受汉禅。崩，子睿嗣。崩，子齐王芳立。废，高贵乡公髦立。废，常道乡公璜立，璜禅晋。

[注释]

①阉竖：宦官。②官渡：古地名。在今河南中牟东北。

[译文]

魏太祖武皇帝，沛国谯人，姓曹名操，字孟德。汉灵帝时任典军校尉。东汉末年，宦官专权，何进图谋诛杀宦官，何太后不同意。何进便召集四方猛将，让他们四面进发洛阳，想以此来恐吓劫持太后。董卓入京后，废刚即位的皇帝刘辩为弘农王，另立汉献帝，京城因此大乱。曹操逃亡出关，到了陈留，广散家财，聚合义兵于己吾。与后将军袁术、冀州牧韩馥、豫州刺史孔伷、兖州刺史刘岱、渤海太守袁绍，同时起兵，结为联盟，推袁绍为盟主，曹操称奋武将军，共同讨伐董卓。董卓闻讯，便携天子迁都长安，留兵屯守洛阳。司徒王允与吕布合谋诛杀了董卓，杨奉、韩暹奉天子返回洛阳。曹操率兵进洛阳保卫京城，韩暹被曹操击败逃走。曹操以洛阳屡遭兵火、烧焚残破为由，携天子迁都许。下诏斥责袁绍自以为地广兵强，结党营私，而不派兵勤王。袁绍于是率大军攻许，曹操在官渡大破袁绍，袁绍呕血而死。太祖又进兵黎阳，讨伐袁绍的儿子袁谭、袁尚。袁尚与袁熙逃奔辽东，辽东太守公孙康斩袁尚、袁熙，并将首级送给太祖曹操。曹操迅速平定了河北。曹操继而又征讨刘表，正逢刘表病死，刘表的儿子刘琮向曹操投降。关中诸将马超、韩遂、成宜等起兵反操，曹操发兵平定。汉献帝封曹操为魏王。建安二十五年，曹操死于洛阳，其子曹丕嗣立，受献帝禅让，即皇帝位。曹丕死，其子曹睿立。曹睿死，其子齐王芳立。曹芳被废，高贵乡公曹髦立。曹髦被废，常道乡公曹璜立，曹璜禅让给晋。

晋高祖宣皇帝名懿，字仲达，姓司马，河内温人也①。仕于魏武之世，历文、明二帝，居将相之位，平孟达，灭公孙度，擒王陵。魏明帝崩，遗诏使帝为太尉，与大将军曹爽辅少主。帝诛曹爽。宣帝崩，子师代为相。镇东将军毌丘俭、扬州刺史文钦反，征平之。景帝崩，弟昭代为相，辅政为司空。诸葛诞据寿春，反，奉诏征平之。伐蜀，擒刘禅。于时政出于权臣，人君主祭而已。魏帝不能容，自勒兵攻相府，太祖用长史贾充计，逆战，舍人成济执杀魏帝。太祖崩，子炎受魏禅。既受魏禅，用羊祜、杜预计，征吴，平之。立二十五年崩，太子衷立。惠帝不惠，妃贾充女为皇后。后秉权，杀杨骏，废太后，诛太宰汝南王亮、太保卫瓘。戮楚王玮，殒太子遹，用赵王伦为相国。伦恶司空张华，仆射裴頠正直，矫诏诛之，伦遂篡帝位。于是齐王攸之子冏、与帝弟成都王颖等起义兵诛伦。颖于是镇邺。并州刺史东瀛公腾、安北将军王浚，又起兵讨颖。颖败，挟天子南奔洛阳。后惠帝复位，帝弟长沙王又谮冏②，诛之。由是戎狄并兴，四方阻乱，遂分为三十六国。惠帝立，十四年崩。弟豫章王炽立，都长安，为胡贼所杀。怀帝崩，立吴王晏子业，是为愍帝，愍帝亦为胡贼所杀。

[注释]

①河内：郡名。楚汉之际置，治所在怀县（今武陟西南）。辖境相当于今河南黄河以北、京广铁路以西地区。②谮（zèn）：进谗言，说人坏话。

[译文]

晋高祖宣皇帝名懿,字仲达,姓司马,河南温县人。魏武帝时入朝做官,经历魏文帝、魏明帝二朝,身居将相之位。曾平定孟达,灭公孙度,擒王陵。魏明帝死后,遗诏司马懿为太尉,与大将军曹爽共同辅佐少主。司马懿用计诛杀了曹爽,专制朝政。司马懿死后,其子司马师代父为相。镇东将军毌丘俭、扬州刺史文钦起兵反对司马氏,司马师平定了毌丘俭和文钦。司马师死后,其弟司马昭继为宰相,以司空的身份辅政。诸葛诞在寿春起兵反叛,司马昭奉诏平定了诸葛诞的反叛。又出兵讨伐蜀汉,俘虏后主刘禅。此时,权臣控制魏国朝政,皇帝已有名无实,仅主持祭祀而已。魏皇帝不甘心自己的傀儡地位,亲自率兵攻打司马昭的相府。司马昭采纳长史贾充的计策,出兵迎战,让舍人成济执杀魏皇帝。司马昭又把弑君的罪名推到成济身上,诛灭三族。司马昭死后,其子司马炎受魏皇帝禅让,建立晋朝。之后,采纳羊祜、杜预南伐方略,讨平了吴国。晋武帝司马炎在位二十五年死去,太子司马衷继立,即晋惠帝。惠帝并不聪慧,将贾充的女儿贾妃立为皇后,皇后擅权,诛杀了皇太后的父亲杨骏,废太后。又诛杀太宰汝南王司马亮、太保卫瓘、楚王司马玮和太子司马遹。重用赵王司马伦做相国。司马伦憎恶司空张华、仆射裴颁正直,矫诏诛杀了张华和裴颁,随后便篡夺了帝位。于是齐王攸的儿子司马冏与晋惠帝的弟弟成都王司马颖等共同起兵诛灭司马伦。司马颖镇守邺。并州刺史、东瀛公司马腾、安北将军王浚又起兵讨伐司马颖,司马颖兵败,挟持天子南奔洛阳。后来,晋惠帝复位,惠帝的弟弟长沙王进谗毁司马冏,司马冏因而被杀。从此以后,戎狄各部纷纷起兵,称雄建国,天下分崩离析,共分裂为三十六国。晋惠帝在位十四年死去,其弟豫章王司马炽继立,建都长安,被胡族首领杀害。怀帝死后,立吴王司马晏的儿子司马业为帝,史称晋愍帝,愍帝也被胡族首领所杀。

中宗元皇帝睿乃兴于江东①。帝在位十六年崩，太子绍立。王敦威振内外，将谋为逆，肃宗征破之。三年，肃宗崩，至简文帝第三子孝武帝昌明立，羝贼苻坚寇淮南，晋冠军将军谢玄等大破坚于淝水，坚还长安。二十一年，帝崩，自后遂干戈相继，至安帝为桓玄所篡，宋祖刘裕平玄，至恭帝遂禅于宋。

[注释]

①江东：长江在芜湖、南京作西南南、东北北流向，习惯上称自此以下的长江南岸地区为江东。

[译文]

中宗元皇帝司马睿兴起于江东。在位十六年死去，太子司马绍继立，即晋明帝。这时，大将军王敦威震内外，手握重兵，欲谋叛乱，晋明帝出兵讨平了王敦的势力。晋明帝在位三年死去。到晋孝武帝司马曜在位时，前秦王苻坚率百万大军南犯东晋，冠军将军谢玄等在淝水大破秦军，苻坚败退长安。孝武帝在位二十一年去世，自此以后，干戈相继，战乱不息。晋安帝时，被桓玄篡夺了帝位，宋祖刘裕讨平桓玄。到晋恭帝时，被迫禅让给宋。

高祖武皇帝姓刘，名裕，字德舆，彭城人。桓玄篡晋，高祖与刘毅、何无忌等，潜谋匡复，起兵平玄，奉天子反正，因居将相之任，封豫章郡公。蜀贼谯纵称王，高祖遣将征平之。姚泓僭号于西京，高祖征平之，擒泓。鲜卑慕容超据守青州，称燕王，高祖征，擒超。贼卢循据南海，因高祖北伐燕，乘虚下袭建业。高祖还，乃平之。刘毅据荆州，贰于高祖，高祖遣将征，诛毅。荆州刺史司马休之反，征之。晋帝加高祖位相国，总百揆，扬州牧，封十郡，为宋公。晋安帝崩，大司马琅琊王即位，征帝入辅，禅位于宋。永初元年六月丁卯，即帝位于南郊，设坛，柴燎告天①。礼毕，备法驾幸建康宫②，临太极前殿，大赦，改元。在位三年崩，立太子义符。废，立宜都王义隆。弑，立武陵王骏。崩，立太子子业。崩，立湘东王彧。崩，立太子昱。崩，立顺帝准，逊位于齐萧道成，凡八代六十年。

[注释]

①柴燎告天：祭天的一种仪式。②法驾：天子的车驾。

[译文]

高祖武皇帝姓刘，名裕，字德舆，彭城人。桓玄篡晋自立，刘裕同刘毅、何无忌等人密谋策划，决心匡复晋室，于是，起兵讨伐桓玄。因奉天子恢复帝位有功，得以居将相之任，被封为豫章郡公。谯纵在蜀地称王，刘裕派将领前往讨平谯纵。姚泓在西京称帝，刘裕亲往征讨，擒获姚泓。鲜卑族慕容超据守青州，称燕王，刘裕再引兵征讨，俘虏慕容超。农民起义军首领卢循占据南海，因刘裕北上伐燕，卢循乘虚攻袭建业，刘裕班师后，继而讨平了卢循。刘毅据有荆州，预谋反叛刘裕，刘裕派兵征讨刘毅，并诛杀了刘毅。荆州刺史司马休之起兵反晋，刘裕率兵征讨。晋帝拜刘裕为相国，统领百官、兼扬州牧，又封予刘裕十郡的封地，并封为宋公。晋安帝死后，大司马琅琊王司马德文即位，征召刘裕入朝辅政，继而禅让给宋。永初元年六月丁卯，刘裕在南郊即皇帝位，设祭坛，举行仪式，上告皇天。礼仪结束后，刘裕驾幸建康宫，登太极前殿，大赦天下，改元永初。刘裕在位三年而死，立太子义符，后又被废，立宜都王刘义隆，即宋文帝。宋文帝被杀，立武陵王刘骏。刘骏死后，立太子刘子业。刘子业死，立湘东王刘彧。刘彧死后，立太子刘昱。刘昱死后，立顺帝刘准，刘准逊位给齐公萧道成。宋历八代皇帝，共六十年。

齐太祖高皇帝讳道成，姓萧氏，东海兰陵人也，为辅国将军。宋明帝初，会稽太守寻阳王子房反，在东诸郡起兵。徐州刺史薛安都据彭城，归魏，遣从子索儿攻淮阴，晋安王勋遣临川内史张淹自鄱阳道入三吴①，帝并讨平之，使镇淮阴。七年，征还都。至，拜常侍。明帝崩，遗诏使与袁粲共掌机事。江州刺史桂阳王休范举兵反，帝讨平之。迁中领军。苍梧王深相猜忌，常语左右杨玉夫："伺织女渡，报我。"是夜七夕，玉夫惧，取千牛刀杀之。帝乃迎立顺帝。荆州刺史沈攸之反，帝讨之。进位相国，封齐公，备九锡。四月，宋帝禅位于齐。甲午，即皇帝位于南郊，柴燎告天。礼毕，备法驾幸建康宫，临太极前殿，大赦，改元。建元四年崩，立太子赜。崩，立太孙昭业。崩，立弟昭文。废，立西昌侯鸾。崩，立太子宝卷。崩，立和帝宝融，以位禅梁。

[注释]

①三吴：古地区名。以吴郡、吴兴、丹阳为"三吴"。或认为吴郡、吴兴、会稽为"三吴"。

[译文]

齐太祖高皇帝萧道成，东海兰陵人，宋时担任辅国将军。宋明帝初年，会稽太守寻阳王刘子房起兵反叛，在东部诸郡同时起兵。徐州刺史薛安都据有彭城，归降北魏，并派他的侄子薛索儿进攻淮阴，晋安王刘勋派临川内史张淹出鄱阳进攻三吴地区，萧道成逐一讨平。宋明帝派他镇守淮阴。泰始七年，宋明帝召萧道成回京师，拜为常侍。宋明帝死后，遗诏萧道成与袁粲共掌机要。江州刺史桂阳王刘休范起兵反叛，萧道成率兵讨平。因功升迁为中领军。苍梧王对萧道成猜忌很深，经常对近侍杨玉夫说："等到织女渡过天河时，要及时告诉我。"这天七夕之夜，杨玉夫害怕苍梧王杀萧道成，便取出千牛刀杀了苍梧王。萧道成便迎立宋顺帝。荆州刺史沈攸之起兵反叛，萧道成率兵进讨。宋顺帝迁萧道成为相国，封齐公，赐九锡。四月，宋帝禅让给齐公。甲午，萧道成于南郊即皇帝位，举行柴燎仪式，祭告上天。礼仪结束后，萧道成驾幸建康宫，登太极前殿，大赦天下，改元建元。建元四年，萧道成死，立太子萧赜。萧赜死，立太孙萧昭业。萧昭业死，立其弟昭文。昭文被废，立西昌侯萧鸾。萧鸾死，立太子萧宝卷。萧宝卷死，立和帝宝融，宝融禅让给梁。

梁高祖武皇帝名衍，姓萧氏。为巴陵王法曹，后为竟陵王子良八友。魏将王肃攻司州，帝破之，以功封建康郡男。齐明帝崩，东昏即位，遗诏以帝为都督、雍州刺史。长兄懿被害，帝起义。戊申，帝发自襄阳，郢、鲁诸城及诸将并降。壬午，帝镇石头①，命众军围六门。卫尉张稷斩东昏，以黄油裹首送军，平京邑，齐和帝以位禅梁，帝即位。太清元年，齐司徒侯景以十三州内属。侯景反，至京师，幽帝而崩。侯景立武帝太子纲为帝，又为景所杀。湘东王绎于荆州，使王僧辩等平侯景，传首江陵，景平。湘东王即位于江陵。魏使万纽于谨来攻，梁王萧詧率众会之，帝见执，魏人戕帝。江陵既陷，王僧辩、陈霸先等议立帝子方智，于江州奉迎至建邺即位。太平二年，禅位于陈。

[注释]

①石头：即石头城。故址在今南京市清凉山。城负山面江，南临淮口，当交通要冲。为建康（今南京）军事重镇。

[译文]

梁高祖武皇帝萧衍，曾做巴陵王萧子伦的法曹，后为竟陵王萧子良的文学八友之一。北魏将领王肃进攻司州，萧衍统兵击败王肃，因功被封为建康郡男。齐明帝死后，东昏侯即位，齐明帝遗诏萧衍为都督、雍州刺史。长兄萧懿被东昏侯杀害后，萧衍起兵反齐。戊申，萧衍自襄阳发兵，郢、鲁诸城及诸将归降萧衍。壬午，萧衍坐镇石头城，命军队包围六门，卫尉张稷斩杀东昏侯，将首级送至萧衍军中，萧衍进而平定京城，齐和帝禅让给梁，萧衍即皇帝位。太清元年，齐司徒侯景以魏地十三州献梁内附。不久，侯景反梁，率兵进至京师，将梁武帝萧衍困死宫中。侯景立梁武帝太子萧纲为帝，继而又将萧纲杀害。湘东王萧绎在荆州，派王僧辩等率兵讨伐侯景，斩侯景，将首级传送江陵，侯景的叛乱终于被平定。萧绎在江陵即皇帝位。魏派万纽于谨率兵攻梁，梁王萧詧率兵迎战，梁军失利，梁元帝被魏兵俘虏，继而被魏人所杀。江陵陷落后，王僧辩、陈霸先等议定拥立元帝之子萧方智为帝，并奉迎萧方智自江州至建邺即皇帝位。太平二年，梁禅让给陈。

高祖武皇帝姓陈氏，名霸先，吴兴长城人也。梁武帝时为直阁将军。侯景反，高祖率所领与侯景大战。侯景败死，湘东王即位，授南徐州刺史，还镇京口①。承圣三年，西魏攻陷西台，高祖与王僧辩立晋安王，进帝位。司空僧辩又与齐氏和亲，纳贞阳侯，高祖以为不义，潜师袭王僧辩于石头，克之。是夜缢僧辩，贞阳侯逊位，晋安王复立。徐嗣徽北引齐师，遣萧轨等四十六将，济江至幕府山，高祖并破之。进位丞相，进爵为陈王。永定三年，梁帝禅位于陈。三年，上崩，立弟子蒨。崩，立太子伯宗。废，立项。崩，立太子叔宝，是为长城公也。叔宝在东宫，好学，有文艺，及即位，耽酒色。

隋文帝初受周禅，甚敦邻好。宣帝崩，遣使赴吊，修敌国之礼，书称名顿首。而后主骄奢，书末云："想彼统内如宜此，宇宙清泰。"隋文帝不悦，以示朝臣，贺若弼、杨素等以为主辱，再拜请罪，并求致讨。文帝曰："我为人父母，岂可限一衣带水而不拯乎？"命作战船，以晋王广为元帅，督八十总管以致讨。

韩擒虎入自南掖门②，文武各官皆遁出，擒后主。晋王广入据台城，送后主于东宫。三月癸巳，后主与王公百司，发自建邺，之长安。及至京师，列陈舆服，引后主及王公。使宣诏让后主，后主雀息不能对，封长城公，至仁寿四年，终于洛阳。

[注释]

①京口：古城名。在今江苏镇江市。②掖门：皇宫的旁门。

[译文]

  高祖武皇帝陈霸先，吴兴长城人。梁武帝时任直阁将军。侯景叛乱时，陈霸先曾率军与侯景大战。侯景败死，湘东王萧绎即皇帝位，陈霸先被任命为南徐州刺史，镇守京口。承圣三年，西魏攻陷西台，陈霸先与王僧辩迎立晋安王即皇帝位。司空王僧辩与北齐和亲，另立贞阳侯为帝。陈霸先以此为不义之举，于是秘密派兵袭击驻扎石头城的王僧辩，一举而克，绞死王僧辩，贞阳侯被迫逊位，晋安王复位。徐嗣徽勾结北齐军队，并派萧轨等四十六名将领渡江至幕府山，陈霸先将他们一一击破。因功进位丞相，封陈王。永定三年，梁帝禅让给陈霸先。陈霸先在位三年而死，立他弟弟的儿子陈蒨。陈蒨死，立太子陈伯宗。被废，立陈顼。陈顼死，立太子陈叔宝为帝，陈叔宝即长城公。陈叔宝在东宫做太子时，爱好学习，有文艺才能，做皇帝后却耽于酒色。

  隋文帝受北周禅让，建立隋朝之初，同陈朝关系友好。陈宣帝死后，隋朝派遣使者前往吊唁，对陈朝仍以平等国家的礼节相待，在国书中隋文帝称自己的名字，书后有"顿首"的礼貌用语。而陈后主的姿态骄慢，在致隋文帝书的末尾有"想彼统内如宜此，宇宙清泰"等无礼词语。隋文帝看后很不高兴，把陈后主的书信拿给朝臣看。贺若弼、杨素等认为这是对自己君主的侮辱，再拜请罪，并请求征讨陈国。隋文帝说："我身为人民的父母，难道能因一衣带水之隔，而不去拯救那里的人民吗？"于是命制造大的战船，以晋王杨广为元帅，统领八十总管南进讨伐。隋将韩擒虎自南掖门攻入宫城，陈朝文武官员均已逃亡，生擒陈后主。晋王杨广入据台城，把陈后主囚在东宫。三月癸巳，陈后主与王公百官自建邺出发，向长安进发。到达长安后，隋朝文武百官舆服列阵，然后引陈后主及王公百官，隋文帝使人宣读诏书，谴责陈后主的罪过，陈后主屏声敛息，不能对答。隋文帝封陈后主为长城公。仁寿四年，死于洛阳。

隋高祖姓杨氏，名坚。周武帝初，为随州刺史，女为太子妃。周宣帝立，拜为大司马。宣帝崩，立靖帝，进爵为随王，遂禅位焉，改号开皇元年。九年，平陈，废太子勇为庶人，立晋王广为皇太子。高祖崩，太子即位。炀帝无道，盗贼蜂起。十三年幸江都①，李密设坛于巩，自署魏公。梁师都据夏州，刘武周杀太原留守王仁恭，举兵反。窦建德自号夏王，朱粲自号楚王，刘元进据吴都。炀帝闻群贼起，大惧。使冯慈明征兵东都②，诏唐国公讳镇太原。五月甲子，唐公举义兵，遥尊炀帝为太上皇，立代王侑为天子，行伊霍故事，传檄天下，闻之响应。秋七月，唐公将西图长安，仗白旗，誓众于太原之野，被甲三万，留公子元吉守太原。义师次霍邑，隋武牙郎将宋老生拒义师。时连雨不霁，粮运不给，又讹言突厥将袭太原。唐公惧，命旋师，用秦王谏，乃止。老生背城而阵，一战斩之，平霍邑。冬十月，义师次长乐宫，卫文升挟代王乘城拒守。十一月，平京师，尊代王为天子，改元义宁。时炀帝将之丹阳，而大臣将卒皆北人，不愿南迁，咸思归。宇文化及因百姓之不堪命，杀炀帝于江都，隋室王侯，无少长皆斩之。立嗣王浩为天子，化及为丞相。五月戊午，天子侑逊位于别宫，禅位于唐，都长安。己巳，王世充、段达等立越王侗为皇帝于洛阳。六月，宇文化及自江都至彭城，据黎阳，称许。李密率大军，壁清淇。敦煌张守一闻密之拒化及也，说越王以讨，越王不用其策，用孟琮计，与密连和。李密无东都之虑，尽锐攻化及，破之。密自败化及，益以骄傲。越王命王世充击密，密不用祖君彦计，密师败绩。遂西奔京师，寻谋叛，杀之。大唐武德二年，王世充杀越王侗于洛阳，僭称尊号，隋氏灭矣。

[注释]

①江都：郡名。隋大业初改扬州置。治所在江阴（今江苏扬州）。②东都：洛阳。

[译文]

隋高祖姓杨名坚，北周武帝初期，任随州刺史，其女儿为太子的妃子。周宣帝即位后，被拜为大司马。宣帝死，拥立靖帝，进爵为随王，周禅让给隋，改年号为开皇元年。开皇九年，平定陈朝，同年，废太子杨勇为普通百姓，立晋王杨广为皇太子。隋文帝杨坚死后，太子杨广即位，即隋炀帝。隋炀帝政治败坏，致使全国反兵四起。大业十三年，隋炀帝南游江都，李密在巩城设坛起义，自号"魏公"。梁师都割据夏州，刘武周杀太原留守王仁恭，举兵反隋。窦建德自称夏王，朱粲自号楚王，刘元进占据吴都。隋炀帝闻知反兵蜂起，惊恐万分。让冯慈明在东都洛阳聚兵，诏唐国公李渊镇守太原。五月，李渊举兵，遥尊隋炀帝为太上皇，拥立代王杨侑为天子，重演伊尹、霍光摄政的故事，传檄天下，天下纷纷响应李渊。七月，李渊准备西取长安，在太原郊外誓师，披甲执锐的将士三万余人。留公子李元吉守太原。李渊率军进至霍邑，隋武牙郎将宋老生率部阻击唐军。时值阴雨连绵，粮运不给，又传言突厥将袭取太原，李渊心有疑惧，命回师太原。秦王李世民力谏，李渊方打消回师之意。宋老生背城列阵，唐军一战而斩宋老生，攻克霍邑。十月,唐军进至长乐宫,卫文升挟代王凭城拒守。十一月,克服京师长安,尊代王为天子,改年号为义宁。此时,隋炀帝打算去丹阳,而大臣将士都是北方人,不愿南迁,都思念北归。宇文化及见百姓已不堪隋朝暴政的蹂躏,便在江都杀了隋炀帝,隋皇室王侯,不分老幼,一律处斩。另拥立嗣王杨浩为天子,宇文化及自立为丞相。义宁二年五月,天子杨侑逊位,禅让给唐,建都长安。同月,王世充、段达等在洛阳立越王杨侗为皇帝。六月,宇文化及自江都到达彭城,据黎阳称帝,国号许。李密率大军坚壁清淇,敦煌张守一听说李密抗拒宇文化及,就向越王杨侗建议发兵讨伐李密,越王不予采纳,而采纳了孟琮的计策,反而与李密连和。李密与越王连和后,便无东顾之忧,尽全力攻宇文化及,结果大破宇文化及。李密自从击败宇文化及后,日益骄傲。越王派王世充攻打李密,李密因未采纳祖君彦的计策而遭致失败,于是西奔长安,后又图谋反叛而被杀。大唐武德二年,王世充在洛阳杀越王杨侗,自立为帝,隋朝至此灭亡。

论曰:干宝称①:"帝王之兴,必俟天命,苟有代谢,非人事也。尧舜内禅,体文德也;汉魏外禅,顺大名也;汤武革命,应天人也;高光争伐,定功业也。各因其运而得天下,随时之义大矣哉。"范晔曰:"自古丧大业,绝宗禋,其所以致削弱祸败者,盖渐有由矣。三代以嬖色取祸②,嬴氏以奢虐致灾,西京自外戚失③祚,东都缘阉尹倾国④,成败之来,先史商之久矣。"自秦汉迄于周隋,观其兴亡,虽亦有数,然大抵得之者,皆因得贤豪,为人兴利除害;其失之也,莫不因任用群小,奢汰无度。孔子曰:"以约失之者鲜矣。"又曰:"远佞人,去僻恶。"有旨哉。

[注释]

①干宝:东晋史学家、文学家。②三代:夏、商、周三代。③西京:长

安。借指西汉。④东都：洛阳。借指东汉。

[译文]

论说：干宝说："帝王的兴起，必须等待天命相助，朝代的兴亡更替，不是人力可以扭转的。尧舜在部落内部禅让，体现的是文德；汉魏在异姓间禅让，顺应了变化的趋势；商汤和周武通过革命夺取政权，则顺应了天人的共同意愿；汉高祖和汉光武转战征伐，奠立了功业的基础。他们都是根据天地命运而取得了天下，顺应天时而变化的意义确实太重要了。"范晔说："自古以来，凡丧失帝王大业，断绝了宗庙祭祀，其所以遭致日益削弱以至灾祸败亡，都是逐渐形成的。夏商周三代败亡之祸，是贪宠女色所致；嬴氏秦朝的急速灭亡，是秦朝奢侈暴虐的政治所致；西汉因外戚专政而失帝祚；东汉因宦官专权而倾国。成败的由来得失，先辈史家早已作了研讨。"自秦汉到周隋，观察其兴亡的历史轨迹，虽然也有命运天数的因素，然而大体说来，得天下的，都是因为得到了贤人豪杰的辅佐，能为人民兴利除害；其所以失天下的，都是因为重用小人，奢侈无度造成的。孔子说："因简约而发生过失的事情是很少见的。"又说："疏远奸佞之人，除去邪僻险恶的人。"这些话是很有见地的。

卷五（霸纪中）

七雄略第十八

臣闻,天下,大器也;群生,重蓄也。器大不可以独理,蓄重不可以自守。故划野分疆,所以利建侯也;亲疏相镇,所以关盛衰也。昔周鉴二代,立爵五等①,封国八百,同姓五十。深根固本,为不可拔者也。故盛则周、召相其治②,衰则五霸扶其弱③。所以夹辅王室,左右厥世,此三圣制法之意④。然厚下之典,弊于尾大。自幽、平之后,日以陵夷,爵禄多出于陪臣,征伐不由于天子。吴并于越,郑兼于韩,鲁灭于楚,海内无主,四十余年而为战国矣。秦据势胜之地,骋狙诈之兵,蚕食山东,山东患之。苏秦,洛阳人也,合诸侯之纵以宾秦。张仪,魏人也,破诸侯之纵以连横。此纵横之所起也。

[注释]

①立爵五等:设立公、侯、伯、子、男五等爵位。②周:即周公姬旦。西周初年政治家。周武王之弟。因采邑在周(今陕西岐山北),称周公。曾助武王灭商。武王死后,成王年幼,由他摄政。召(shào):即召公姬奭。一作邵公、召康公。周代燕国的始祖。因采邑在召(今陕西岐山西南),称召公或召伯。曾佐武王灭商,被封于燕。成王时任太保。③五霸:亦称"五伯"。春秋时期先后称霸的五个诸侯。即齐桓公、晋文公、楚庄王、吴王阖闾、越王勾践。一说为齐桓公、晋文公、秦穆公、宋襄公、楚庄王。④三圣:周文王、周武王、周公。

[译文]

我听说天下就如同一件庞大贵重的器物，天下的人民则如同大水库的蓄水。器物庞大，就不能一人独自管理；蓄水量大，就不能一人自守。所以就划分地域，分割疆土，以便于封建诸侯；按照亲疏关系来确定镇守的疆域，直接关系王朝的盛衰。从前，周朝借鉴夏、商两代的经验教训，设立五等爵位，裂土分封八百多个诸侯国，同姓诸侯五十多个。周朝的天下，可谓深根固本，不可动摇了。所以，在周朝兴盛时，有周公、召公这样的宰相辅佐圣主；衰弱时，则有五霸扶助天子。使诸侯夹辅王室、左右局势，这是三圣所制定的统治方法的根本意图。然而，周朝恩厚臣下、巩固诸侯的制度，弊端在于容易造成尾大不掉之势。自周幽王和周平王以后，周王室日益衰弱，爵禄封赏的大权多由陪臣掌握，出征讨伐的大事，周天子亦不能决定。吴国被越国所兼并，郑国被韩国所兼并，鲁国被楚国所灭，造成海内无主四十余年，中国进入了战国时代。秦国据有形胜之地，逞威诸侯，用兵诡诈，蚕食山东诸侯。山东诸侯深受秦国侵掠之灾，以之为忧患。苏秦，洛阳人，号召山东诸侯合纵抗秦。张仪，魏国人，劝秦王以连横的方式来破山东诸侯的合纵。这就是合纵连横的缘起。

苏秦初合纵，至燕，说燕文侯曰："燕东有朝鲜、辽东，北有林胡、楼烦①，西有云中、九原②，南有呼沱、易水③，地方二千余里，带甲数十万，车六百乘，骑六千匹，粟支数年。南有碣石、雁门之饶④，北有枣、栗之利。民虽不田作，而足于枣栗矣。此所谓天府者也。夫安乐无事，不见覆军杀将，无过燕者。大王知其所以然乎？夫燕所以不犯寇被甲者，以赵之为蔽其南也。秦、赵相毙，而王以全燕制其后，此燕之所以不犯寇也。且夫秦之攻燕也，逾云中、九原、过代、上谷，弥地数千里，虽得燕城，秦计固不能守也，秦之不能害燕亦明矣。今赵之攻燕也，发号出令，不至十日，而数十万之军，军于东垣矣；渡呼沱，涉易水，不至四五日，而距国都矣。故曰，秦之攻燕也，战于千里之外；赵之攻燕也，战于百里之内。夫不忧百里之患，而重千里之外，计无过于此者。是故愿大王与赵纵亲，天下为一，则燕国必无事矣。"燕文侯许之。

[注释]

①林胡：古族名。亦称澹林。战国时分布在今山西朔州朔城区北至内蒙古自治区内。从事畜牧，精骑射。楼烦：古族名。春秋末分布于今山西宁武、岢岚等地，后活动于今陕北、内蒙古南部一带。从事畜牧，精骑射。②云中：郡名。战国赵武灵王置。治所云中（今内蒙古托克托东北）。九原：古县名。本为赵邑，秦置县，为九原治所。治所在今内蒙古包头市西。③呼沱：即滹沱河。在河北西部。易水：在河北西部。④碣石：山名。在河北昌黎北。雁门：又名雁门塞。在山西代县西北。以两山对峙，雁度其间得名。

[译文]

苏秦倡导合纵（即山东诸侯建立反秦联盟），首先来到燕国，劝燕文侯加入反秦联盟，苏秦说："燕国东面有朝鲜、辽东，北面有林胡、楼烦，西面有云中、九原，南面有呼沱、易水。方圆二千余里，有军队数十万，战车六百乘，战马六千匹，粮食可支数年。南有碣石、雁门丰饶的物产，北面盛产枣栗。百姓即使不务耕作，也可以枣栗为生计。这就是所谓的天府之国。燕国于战乱之秋，却能安乐无事，不见覆军杀将的厮杀场面，这一点，任何国家都不能同燕国相比，大王知道是什么原因吗？燕国所以没有抵御强寇、披甲征战之忧，是燕国南面有赵国作屏障的缘故。秦、赵交战，相互消耗力量，而燕国在赵国之后，得以保全国力，这就是燕国不遭侵掠之苦的原因。假设秦国攻打燕国，需要穿越云中、九原、代、上谷诸郡，行程数千里，即使攻下燕国的城池，秦国预料也难以坚守,秦国难于加害燕国,其态势是显而易见的。如果赵国进攻燕国,一声令下,不到十日,数十万大军即可进至东垣;渡过呼沱、易水,又不需四五日,就可以逼近燕国的国都了。所以说,秦若攻打燕国,需转战千里之外;赵国若攻打燕国,则战于百里之内。不以百里之患为忧,反而去考虑千里之外的危险,方略的失误,无过于此。因此,请大王同赵国亲睦,结为联盟,天下联合一致,那么,燕国就没有什么值得担忧的事情了。"燕文侯采纳了苏秦的建议。

苏秦如赵,说赵肃侯曰:"臣窃为君计,莫若安民无事,且无庸有事民为也。安民之本,在于择交。择交而得则民安,择交而不得,则民终身不安。请言外患。齐、秦为两敌,而民不得安;倚秦攻齐,而民不得安;倚齐攻秦,而民不得安。君诚能听臣,燕必致毡裘狗马之地,齐必致鱼盐之海,楚必致橘柚之园,韩、魏、中山皆可使致汤沐之奉,而贵戚、父兄皆可受封侯。夫割地包利,五伯之所以覆军擒将而求也;封侯贵戚,汤、武所以放弑而争也。今君高拱而两有之,此臣之所为君愿也。

"夫秦下轵道①,则南阳危②;劫韩包周,则赵自操兵;据卫取淇、卷③,则齐必入朝秦。秦欲已得乎山东,则必举兵而向赵矣。秦甲渡河逾漳,据番吾④,则兵必战于邯郸之下矣。此臣之所以为君危也。当今之时,山东之建国,莫强于赵。赵地方二千余里,带甲数十万,车千乘,骑万匹,粟支数年。西有常山,南有河、漳,东有清河,北有燕。燕固弱国,不足畏也。秦之所害于天下莫如赵。然而秦不敢举兵而伐赵者,何也?畏韩、魏之议其后也。然而韩、魏,赵之南蔽也。秦之攻韩、魏也,无名山大川之险,稍稍蚕食之,傅国都而止。韩、魏不能支秦,必入臣于秦。秦无韩、魏之规,则祸必中于赵矣。此臣之所为君患也。

"臣闻尧无三夫之分,舜无咫尺之地,以有天下;禹无百人之聚,以王诸侯;汤武之士不过三千,车不过三百乘,卒不过三万,立为天子,诚得其道也。是故明主外料其敌之强弱,内度其士卒贤不肖,不待两军相当,而胜败存亡之机,固已形于胸中矣。岂掩于众人之言,而以冥冥决事哉?臣窃以天下之地图按之,诸侯之地,五倍于秦;料度诸侯之卒,十倍于秦。六国并力,西向而攻秦,秦必破矣。今西面而事之,见臣于秦,夫破人之与见破于人,臣人之与见臣于人也,岂可同日而论哉?夫衡人者,皆欲割诸侯之地以与秦。秦成,则高台榭,美宫室,听笙竽之音,国被秦患而不与其忧。是故衡人日夜务以秦权恐吓诸侯,以求割地,愿大王熟计之。

"臣闻明主绝疑去谗,屏流言之迹,塞朋党之门,故尊主强兵之臣得陈忠于前矣。故窃为大王计,莫若一韩、魏、齐、楚、燕、赵,纵亲以叛秦。合天下之将相,会于洹水之上,通质,刑白马而盟。约曰:秦攻楚,齐、魏各出锐师以佐之,韩绝其粮道,赵涉河、漳,燕守常山之北;秦攻韩、魏,则楚绝其后,齐出锐师以佐之,赵涉河、漳,燕守云中;秦攻齐,则楚绝其后,韩守成皋,魏塞其粮道,赵涉河、漳、博关⑤,燕出锐师以佐之;秦攻燕,则赵守常山,楚军武关,齐涉渤海,韩、魏皆出锐师以佐之;秦攻赵,则韩军宜阳,楚军武关,魏军河外,齐涉清河,燕出锐师以佐之。诸侯有不如约者,以五国之兵共伐之。六国从亲以宾秦,则秦甲必不敢出于函谷以害山东矣。如此则霸王之业成矣。"

赵王曰:"善。"

[注释]

①轵道:古道路名。位于今河南济源市境内,为豫北平原进入山西高原

的孔道,自古为兵争要地。②南阳:古地区名。相当于今河南济源至获嘉一带。因居太行以南、黄河以北,故名。③淇:淇水,在今河南北部。古为黄河支流。卷(quān):古邑名。战国魏地。在今河南原阳县原武镇西北。④番(pó)吾:古地名。战国赵地。在今河北磁县境。⑤博关:在今山东茌平县西北。

[译文]

苏秦又到赵国,对赵肃侯说:"我为大王您着想,最好的方略是让人民安居乐业,不要加重人民的兵役劳役负担。使人民安居的根本在于成功的外交。外交成功,人民就能够有安定的生活;外交不成功,人民就终身不得安。请让我谈一谈赵国的外患。秦国和齐国是赵国的两大敌国,正是因为这两个敌国,赵国人民才不得安宁:联合秦国攻打齐国,赵国人民不得安宁;联合齐国攻打秦国,赵国人民也不得安宁。大王如果真能听从我的建议,那么燕国必定向您进献布满毡裘狗马的土地,齐国必定向您进献盛产鱼盐的海域,楚国必定向您进献盛产橘柚的果园,韩、魏、中山向您进献他们的封邑,而您的贵戚父兄都可望封为诸侯。像割地获利这类事情,正是春秋五伯不惜覆军擒将、冒生命危险而追求的;拜封诸侯、使亲戚尊贵这样的事情,是商汤、周武不惜冒弑君的罪名而全力争取的。如今使大王您高居大殿、拱手而得以上两件美事,这就是我的心愿。

"如果秦国攻下轵道,南阳就面临着危险;劫掠韩国,包围周王室,赵国就得操兵自守;据有卫地,进而夺取淇、卷,那么齐国就得向秦国朝拜。秦国夺取了山东诸地,进而必然会把进攻的矛头指向赵国;秦军渡过黄河、涉过漳水,占据番吾,就会迅速兵临邯郸城下了。这种危险的事情正是我为您所担心的。当今之世,山东各诸侯国,没有比赵国更强大的。赵国方圆二千余里,军队数十万,战车千乘,战马上万匹,粮食可支数年。地理形势,西有常山，南有黄河、漳河，东有清河，北有燕国。燕国固然是一个弱国，不足畏惧。秦国吞并天下的最大敌人和阻力，莫过于赵国。然而，秦国又不敢举兵攻伐赵国，其原因何在呢？原因正是秦国担心一旦大举进攻赵国，而韩国和魏国可能乘虚抄袭它的后路。于此可见，韩国和魏国是赵国南部的屏障。如果秦国进攻韩国和魏国，没有名山大川的阻隔，这样，秦国就可以一点一点地蚕食韩、魏的国土，一直蚕食到它们的都城之下。韩、魏抵御不住秦军，就必然向秦国纳贡称臣。秦国既然解除了韩、魏两国对它的牵制和抄袭后路的担忧，就必然会加害于赵国。这正是我为您所担心的事情。

"我听说唐尧最初没有三个农夫那样多的家产，虞舜也没有咫尺的封地，但最后却得以拥有天下；夏禹部下不足百人，最后却能够在诸侯中称王；商汤、周武当初所拥有的甲士不过三千，战车不过三百乘，兵卒不过三万，最后却都做了天子，这主要是因为他们制定出了正确的方略。因此，圣明的君王对外分析掌握敌人的强弱形势，对内洞悉自己手下将士的作战能力，不需等到战场上两军对阵厮杀，敌我双方的胜败存亡，早已了然于胸了。岂能被众人的言论所迷惑，而根据卜筮的结果去决定国家存亡的大事呢？我曾经根据地图研究计算过天下诸侯的土地面积和综合国力。山东诸侯的土地面积是秦国的五倍，兵员是秦国的十倍。如果六国联合起来，向西攻打秦国，就一定能够打败秦国。如今却西面侍奉秦国，向秦国称臣，试想：攻破他国与被他国所攻破，使他国向自己称臣与自己向他国称臣，难道能够同日而语吗？倡导连横的人，都是想把山东诸侯的土地割与秦国，秦国的目的得逞，他们倡导连横的人就可建起高台亭榭，修筑华美的宫室，欣赏优美动人的笙歌竽音，虽然自己的国家深受秦国兵马蹂躏的祸患，而自己却并不因此受到忧患的折磨。因此，倡导连横的人日夜用秦国的威势来恐吓六国诸侯，以求得六国向秦国割地。这些情况希望大王要认真加以考虑。

"我听说英明的君王能够克服猜疑不定的心理，不听信谗言，摒斥流言蜚语，堵塞结党营私，把持朝政的门户，这样，那些希望富国强兵、尊崇君王的忠臣，才有机会到君王面前陈述自己报国的忠心。所以，我为大王着想，不如韩、魏、齐、楚、燕、赵六国联合一致，亲睦友好，共同对抗秦国。六国的将相聚会于洹水（今河南北部卫河支流安阳河）之滨，相互交换人质，杀白马而盟誓，约定：如果秦国进攻楚国，则齐国和魏国分别派精兵赴援，韩国断绝秦军的粮道，赵军越过黄河、漳河，燕国固守常山以北；如果秦国进攻韩国和魏国，则楚国断绝秦军的后路，齐国派精兵赴援，赵军渡过黄河、漳河待机，燕国守备云中；如果秦国进攻齐国，那么楚国断绝秦军后路，韩国固守成皋（今河南荥阳汜水镇西。自古为黄河以南东西交通孔道和战争要塞），魏国堵塞秦军粮道，赵军越过黄河、漳河、博关待机，燕国派精兵赴援；如果秦国进攻燕国，那么赵国固守常山，楚军守武关，齐军涉渤海待机，韩国和魏国同时派精兵赴援；如果秦国进攻赵国，那么韩军驻守宜阳，楚军驻守武关，魏军出河外（指黄河以南地区），齐军越过清河，燕国出精兵赴援；诸侯如有不遵守盟约的，那么就用五国的军队讨伐它。如果六国纵亲来抗拒秦国，秦军必定不敢出函谷关加害山东诸侯国。这样，赵国的霸业就可望实现了。"

赵王说："你讲得非常好。"

苏秦如韩，说韩宣王曰："韩北有巩、洛、成皋之固，西有宜阳、商阪之塞①，东有宛、穰、洧水②，南有陉山。地方九百余里，带甲数十万，天下之强弓劲弩，皆从韩出。韩卒超足而射，百发不暇止，远者括洞胸，近者镝掩心。韩之剑戟，则龙泉、太阿，皆陆断牛马，水截鹄雁。夫以韩卒之劲，与大王之贤，乃西面而事秦，交臂而服焉，羞社稷而为天下笑，无大于此者也。是故愿大王熟计之。大王无事秦，事秦必求宜阳、成皋，今兹效之，明年又复求割地。与之则无地以给之，不与则弃前功而受后祸。且夫大王之地有尽，而秦之求无已。以有尽之地，而逆无已之求，此所谓市怨结祸者，不战而地已削矣。臣闻鄙谚曰：'宁为鸡口，无为牛后。'今王西面交臂而臣事秦，可异于牛后乎？夫以大王之贤，挟强韩之兵，而有牛后之名，窃为大王羞之。"韩王勃然作色，按剑太息曰："寡人虽不肖，不能事秦。"从之。

[注释]

①商阪：即商山。在陕西商洛商州区东南。②宛（yuān）：古邑名。在今河南南阳市。穰：古地名。战国时楚邑，后属韩。秦置县，治所在今河南邓州市。洧水：今河南双洎河。

[译文]

苏秦接着又到韩国，向韩宣王建议说："韩国北面有巩、洛、成皋等险固的山川，西面有宜阳、商阪等关塞，东面有宛、穰、洧水，南面有陉山。国土方圆九百余里，披甲之士数十万，天下的强弓劲弩都出自韩国。韩国战士具有高超的射箭本领，可以连发百箭而不觉累，远射可以穿透敌人的胸膛，近射可以穿透敌人胸前的护心甲镜。韩国制造的剑戟，有龙泉、太阿，这些名剑锋利无比，手起刀落，陆地上的牛马、水中的天鹅鸿雁可断为两截。以韩国军力的强劲和大王的贤明，却西面侍奉秦国，恭敬地向秦王称臣，对社稷的侮辱而令天下的人耻笑，没有比这更严重的了。因此，请大王认真考虑，另作打算。请大王不要屈服侍奉秦国，如果向秦国屈服，秦国必定向大王求取宜阳、成皋，今日满足了秦的索取要求，明日秦还会提出割地的要求。如果答应秦的要求，则已经无地可割让；拒绝秦的要求，则前功尽弃、后患无穷。况且，大王的土地是有限的，而秦国的欲求却是无限的。以韩国有限的土地来应付秦国无止境的欲求，这正是所谓购买怨恨招致祸患，秦国不动一刀一枪，而韩国的土地已被削夺殆尽了。我听说有这么一句谚语：'宁为鸡口，无为牛后。'如今大王西面臣事秦国，这同做牛后有什么两样呢？以大王的贤明，拥有强劲的军队，而落得牛后的名声，我真为大王感到羞耻。"韩王勃然变色，手握宝剑，感叹道："寡人虽然不算贤明，但也决不侍奉秦国。"遂听从了苏秦的合纵主张。

苏秦如魏，说魏襄王曰："大王之地，南有鸿沟、陈、汝①，东有淮、颍、煮枣，西有长城之界，北有河外、卷、衍，地方千里。地名虽小，然而田舍庐庑，曾无刍牧之地。人民之众，车马之多，日夜行不绝，鞗鞗殷殷，若有三军之众。魏，天下之强国也；王，天下之贤主也。今乃有意西面而事秦，称东藩，筑帝宫，受冠带，祠春秋，臣窃为大王耻之。臣闻越王勾践战弊卒三千，擒夫差于干遂；武王卒三千，革车三百乘，制纣于牧野。岂其卒众哉？诚能奋其威也。今窃闻大王之卒，武士二十万，仓头、奋击各二十万，厮徒十万，车六百乘，骑六千匹，此过越王勾践、武王远矣。今乃听于群臣之说，而欲臣事秦。夫事秦必割地以效实，故兵未用而国已亏矣。夫为人臣割其主之地以外交，偷取一旦之功，而不顾其后，破公家而成私门，外挟强秦之势，以内劫其主，以求割地，愿大王孰察之。《周书》曰：'绵绵不绝，蔓蔓奈何，毫厘不伐，将用斧柯。'前虑未定，后有大患，将奈之何？大王诚能听臣，六国纵亲，专心并力，则必无强秦之患。故敝邑赵王使臣效愚计，奉明约，在大王诏之。"魏王曰："谨奉教。"

[注释]

①鸿沟：古运河名。故道自河南荥阳北引黄河水，东流经中牟北，又东经开封北，折而南经通许东、太康西，至淮阳东南入颍水。楚汉相争时曾以鸿

沟为界。

[译文]

苏秦又到魏国,劝魏襄王说:"大王的国土,南有鸿沟、陈、汝水,东有淮河、颍水、煮枣,西有长城之界,北有河外、卷邑、衍邑,方圆千里。地名虽不显赫,然而田舍庐屋,鳞次栉比,几乎无放牧的土地,人民之众,车马之多,日夜穿行不绝,车声隆隆,如同三军之众在行军。魏国是天下的强国,魏王又是天下贤明的国王。而今却有意西面侍奉秦国,甘愿做秦国东面的藩国,为秦王筑行宫,接受秦国赐予的冠带,春秋两季向秦国贡奉,以供秦国祭祀,我真为大王感到羞耻。我听说当年越王勾践率疲弊战士三千人同吴国交战,结果在干遂生擒吴王夫差。周武王率战士三千,革车三百乘,在牧野打败了殷纣王。这难道靠的是军队的数量多吗?他们所依赖的就是自己的战士都能充分发挥自己的威力。如今我听说大王所拥有的军队,武士二十万,仓头(以青巾裹头的士卒)、奋击(勇猛之士)各二十万,厮徒(勤杂人员)十万,战车六百乘,战马六千匹,这比越王勾践和周武王所拥有的军事力量强大得多了。以如此强大的军事实力,却听从群臣的陈腐之论,打算臣事秦国。臣事秦国,必须要以向秦国割地来表示诚心,所以魏国强大的军力还未派用场,国家就已经被削弱了。做臣下的竟然不惜割让自己君王的土地以同外国结交,偷取一朝之功,而不顾国家的命运和前途,通过破坏国家的利益来成就私人的利益,对外借助强秦的威势,来要挟劫持自己的国主,迫使自己的国主向秦割地求和。以上利弊得失,请大王详察。《周书》中说:'当植物的枝蔓还细弱微小时不予断绝,等到它滋生蔓延坐大时将如何办呢?当植物毫厘一般大时不予除伐,将来就须用斧去砍伐。'如果事前不慎重考虑,拿定主意,将来必然遭致大的祸患,那时将如何处置呢?大王如果真能听从我的建议,六国合纵,团结一致,那么,就一定不会再有受强秦侵略的祸患。所以,我们国家的赵王派我来向大王呈献六国合纵的计策,并请大王给以明确的答复,签署合纵的盟约。"魏王说:"愿意采纳您的明教。"

苏秦如齐,说齐宣王曰:"齐南有泰山,东有琅琊①,西有清河,北有渤海,此四塞之国也。临淄甚富而实②,其民无不吹竽鼓瑟、弹琴击筑、斗鸡走狗、六博、蹴鞠者也。临淄之途,车毂击,人摩肩,连衽成帷,举袂成幕,挥汗成雨,家殷人足,志气高扬。夫以大王之贤,与齐之强,天下莫能当也。今乃西面事秦,窃为大王羞之。且夫韩、魏之所以畏秦者,为与秦接境壤界也。兵出相当,不出十日,而战胜存亡之机决矣。韩、魏战而胜秦,则兵半折,四境不守;战而不胜,是国已危亡随其后也。是故韩、魏之所以重与秦战,而轻为之臣也。今秦之攻齐则不然。倍韩、魏之地,过卫晋阳之道,经乎亢父之险③,车不得方轨,骑不得比行,百人守险,千人不敢过也。秦虽欲深入,则狼顾,恐韩、魏之议其后。是故恫疑虚喝,骄矜而不敢进。夫不深料秦之无奈齐何也,而欲西面事之,是君臣之计过也。今无事秦之名而有强国之实,故愿大王少留意计之。"齐王曰:"善。"

[注释]

①琅琊:古邑名。在今山东青岛黄岛区琅琊台西北。②临淄:古邑名。亦作临甾、临菑。以城临淄水而得名。周初封吕尚于齐,建都于此,名营丘。③亢父:古地名。战国齐地。在今山东济宁市南。

[译文]

苏秦又来到齐国,劝齐宣王说:"齐国南有泰山,东有琅琊,西有清河,北有渤海,是四面都有险塞作屏障的国家。临淄城富裕殷实,人民吹竽鼓瑟,弹琴击筑,斗鸡走狗,赌博踢球,其乐无穷。临淄城的大街上,车毂相击,摩肩接踵,连衽成帷,举袂成幕，挥汗成雨，家庭殷实，人民富足，志气高扬。以大王的贤明，齐国的强大，天下诸侯没有能同齐国相提并论的。而今却西面侍奉秦国，我真为大王感到羞耻。韩国和魏国之所以畏惧秦国，是因为它们与秦国相接壤。如果秦国出动相当的兵力，不出十天，同韩、魏战争的胜败存亡就可以见分晓。韩国和魏国同秦国交战，如果战胜了秦国则伤亡兵力过半，已没有力量防守边境；如果被秦国战败，接着就会国破家亡。因此，韩国和魏国在同秦国交战问题上特别审慎，而宁肯向秦屈服称臣。然而，秦国如果攻打齐国，情形就大不相同了。秦国需要穿越韩、魏两个国家的漫长道路，通过卫国晋阳道，再通过亢父之险，这些地方，战车不得并行，战马不能齐驱，百人守险，千人难以通过。秦国即使很想挥军远袭，深入齐地，但却有狼顾之忧，担心韩国和魏国乘虚抄袭它的后路。因此，秦国对齐国只能虚张声势，疑兵恫吓，骄矜而不敢进兵。大王仔细想想，秦国对齐国是无可奈何的。大王看不到这一点，却打算西面臣事秦国，这是齐国君臣计划的过错。如果合纵，则没有西面侍奉秦国的名声，而有国家强盛的实惠。所以我希望大王再作考虑计议。"齐王说："您说得对。"

苏秦如楚，说威王曰："楚，天下之强国也；王，天下之贤主也。西有黔中、巫郡，东有夏州、海阳，南有洞庭、苍梧，北有陉塞、郇阳。地方五千余里，带甲百万，车千乘，骑万匹，粟支十年。此霸王之资也。夫以楚之强，大王之贤，天下莫能当也。今乃西面而事秦，则诸侯莫不西面而朝章台之下矣①。秦之所害，莫如楚。楚强则秦弱，秦强则楚弱，其势不两立。故为大王计，莫如纵亲以孤秦。大王不纵亲，秦必起两军，一军出武关，一军下黔中，则鄢、郢动矣。臣闻治之其未乱也，为之其未有也，患至而后忧之，则无及也。故愿大王早熟计之。大王诚能听臣，臣请令山东之国，奉四时之献，以承大王之明诏，委社稷，奉宗庙，练士励兵，在大王所用之。故纵合则楚王，衡成则秦帝。今释霸王之业，而有事人之名，窃为大王不取也。夫秦，虎狼之国也，有吞天下之心。秦，天下之仇雠也，衡人皆欲割诸侯之地以事秦，此所谓养仇而奉雠。大逆不忠，无过此者。故纵亲，则诸侯割地以事楚；衡合，则楚割地以事秦。此两策者，相去远矣，二者大王何居焉？故敝邑赵王使臣效愚计，奉明约，在大王诏之。"楚王曰："善。谨奉社稷以从。"

六国既合纵，苏秦为纵约长，北报赵，赵肃侯封秦为武安君，乃投纵约书于秦，秦不敢窥兵函谷十五余年。

[注释]

①章台：战国时秦渭南离宫的台名。

[译文]

苏秦又来到楚国，策动楚威王说："楚国，是天下的强国；楚国的国王，又是天下贤明的君王。楚国西有黔中、巫郡，东有夏州、海阳，南有洞庭、苍梧，北有陉塞、郇阳。国土面积五千余里，军队百万，战车千乘，战马万匹，粮食可支十年，这些是建立霸王之业的资本。以楚国的强大和大王的贤明，天下没有能同楚国相比的国家。如今却西面侍奉秦国，那么天下诸侯就没有不去章台朝拜秦王的了。秦国兼并天下的最大敌人和障碍，莫过于楚国。楚国强大，则秦国必然受到削弱；秦国强大，则楚国必然受到削弱，其态势不可能两雄并立。所以，我为大王着想，不如参加纵亲的盟约，以孤立秦国。大王如果不同诸侯联合纵亲，秦国必然派出两支军队，一军出武关，一军攻下黔中，这样，秦军声威所及，鄢、郢就动摇了。我听说应该在动乱没爆发前加以治理，在事情没有发生前采取相应的预防措施，当祸患已经到来的时候再作忧虑，就来不及了。所以希望大王及早作出周密的计划。大王如果真能够听从我的建议,就请让我命山东诸侯向大王进献四季贡品,以承蒙大王的明诏,将诸侯的社稷宗庙委托于楚国,精兵劲卒听从大王调遣。所以,如果六国合纵成功,则楚国称霸诸侯;如果秦国连横成功,则秦国成帝王之业。如今大王却舍弃霸王之业不做,甘愿背上臣事秦国的名声,我认为这是极为不可取的。秦国是一个如同虎狼一样凶狠贪婪的国家,有吞并天下的野心。秦国是天下的仇敌,倡导连横的人都是想割诸侯的土地来侍奉秦国,这正是所谓奉养仇敌的行为。没有比这更为大逆不忠的行为了。所以,如果大王参加纵亲,诸侯就会割土地来侍奉楚国;如果大王与秦连横,楚国就须割地去侍奉秦国。这两种策略及其所导致的结果相差太远了,大王将采纳哪一种策略呢?所以,我的赵王派我来向大王呈献合纵的计策,奉上明约,请大王下诏参加合纵。"楚王说:"好,我代表楚国参加合纵。"

六国都参加了合纵盟约,苏秦担任纵约长。他北上回国,向赵王报告了游说的结果,赵王封苏秦为武安君。于是,把六国合纵的盟约投寄给秦王,自此,秦国不敢出兵函谷关长达十五余年。

张仪为秦连衡,说魏王曰:"魏地方不至千里,卒不过三十万,地四平,诸侯四通,条达辐辏,无名山大川之限。从郑至梁①,二百余里,车驰人走,不待倦而至梁。南与楚境,西与韩境,北与赵境,东与齐境,卒戍四方,守亭障者不下十万。梁之地势,固战场也。梁南与楚,不与齐,齐攻其东;东与齐,不与赵,赵攻其北;不合于韩,则韩攻其西;不亲于楚,则楚攻其南。此所谓四分五裂之道也。且诸侯之为纵者,将以安社稷、尊主、强兵、显名也。今为纵者,一天下约为昆弟,刑白马以盟洹水之上,以相坚也。而亲昆弟、同父母尚有争钱财,而欲恃诈伪反覆苏秦之谋,其不可成亦已明矣。大王不事秦,秦下兵攻河外,据卷、衍、酸枣,劫卫取晋阳,则赵不南;赵不南则梁不北；梁不北，则纵道绝；纵道绝，则大王之国欲无危，不可得也。秦折韩而攻梁，韩怯于秦，秦韩为一，梁之亡，立可须也。此臣之所为大王患也。为大王计，莫如事秦。事秦，则楚、韩必不敢动；无楚、韩之患，则大王高枕而卧，国必无忧矣。大王不听臣，秦下甲士而东伐，虽欲事秦，不可得也。且夫纵人多奋辞而少可信。说一诸侯而成封侯之业，是故天下之游谈士，莫不日夜扼腕瞋目切齿，以言纵之便，以说人主。人主贤其辩而牵其说，岂得无眩哉？臣闻之，积羽沉舟，群轻折轴，众口铄金。故愿大王审计定议。"魏王于是倍纵约，而请成于秦②。

[注释]

①梁：即大梁。今河南开封。②成：和解，不打仗。

[译文]

张仪为秦国倡导连横，策动魏王说："魏国土地面积不过千里，士卒不过三十万，四面通邻诸侯，如同车轮辐条凑上轴心，又无名山大川的阻隔。从郑国至大梁二百余里，车驰人走，还未感觉疲倦，就能到达大梁。南面同楚国接壤，西面同韩国接壤，北面同赵国接壤，东面同齐国接壤，战士分散戍守四边，守备边界要塞的战士不下十万。大梁的地势，本来就是野战之地。魏国如果南面同楚国结好，不同齐国结好，齐国就会从东面向魏国发起进攻；东面同齐国结好，而不同赵国结好，赵国就会从北面发起进攻；不同韩国结好，韩国就会从西面发起进攻；不同楚国亲睦，楚国就会从南面发起进攻。这正是四分五裂的态势。从前，诸侯合纵相亲，为的是安定社稷，使主尊兵强而显名于天下；今天的合纵，则是相约为兄弟，杀白马，在洹水之滨盟誓，以便彼此相助，增强防守的实力。亲同手足的同胞兄弟，尚有彼此争夺钱财的事情发生，更何况想凭借像苏秦这样狡诈虚伪、反复无常的人所倡导的合纵计谋，去达到保卫国家的目的，其难以成功的结局是显而易见的。大王还不如侍奉秦国。秦兵如果攻下河外（指黄河以南地区），占据卷、衍、酸枣，劫持卫国，夺取晋阳，这样赵国的军队就不得南下；赵国的军队不得南下，魏军就不得北上同赵军呼应配合；魏军不能取得北方赵军的支持，南北不通，则纵道断绝；纵道已经断绝，要想使大王的国家没有危险，恐怕是不可能的。秦国首先使韩国折服，然后攻打魏国，韩国有畏于秦国，同秦国合力进攻魏国，则魏国的灭亡，就在须臾之间了。这正是我为大王所担心的。所以为大王着想，不如侍奉秦国。魏国侍奉秦国，那么，楚国和韩国必定不敢对魏国采取行动，魏国既然解除了楚国和韩国的威胁，大王就可以高枕而卧，没有什么值得忧虑的事情了。大王如果不听从我的建议，秦国一旦出兵东伐，再想侍奉秦国，也就来不及了。倡导合纵的人所说的多是夸张激奋的言辞，很少有实在可信之处。说动一个诸侯，就能成就个人封侯的伟业，因此，天下善于游谈舌辩之士，莫不不辞昼夜辛苦，慷慨激昂，去向诸侯大讲合纵的好处。诸侯王欣赏他们的雄辩之辞，所以被他们的论说牵着鼻子走，怎么会不受他们的迷惑呢？我听说羽毛积得多了，也能把船压沉；重量轻的东西积得多了，也会把车轴折断；众口所言，可以消融黄金。请大王仔细考虑，再作决定。"魏王于是背叛了合纵的盟约，而向秦屈服求和。

张仪说楚怀王曰："秦地半天下，兵敌四国，被山带河，四塞以为固。虎贲之士百有余万，车千乘，骑万匹，粟如丘山，法令既明，士卒安乐，主明以严，将智以武。虽无出甲，席卷常山之险，必折天下之脊，天下后服者先亡矣。且夫为纵者，无以异驱群羊而攻猛虎。虎之与羊，不格明矣。今王不与虎而与群羊，臣窃以为大王之计过矣。凡天下强国，非秦而楚，非楚而秦，两国交争，其势不两立。大王不与秦，秦下甲据宜阳，韩之上地不通；下兵河东、成皋①，韩必入臣，则梁亦从风而动。秦攻楚之西,韩攻其北,社稷安得无危?臣闻兵不如者,勿与挑战;粟不如者,勿与持久。秦西有巴蜀,大船积粟,起于汶山②,浮江而下,至楚三千余里。舫舟载卒,一载五千人,日行三百里。里数虽多,然不费牛马之力,不至十日,而拒扞关矣③。扞关警,则从境以东,尽城守矣。黔中、巫郡,非王之有也。秦举甲出武关,南面而伐,则北地绝。秦兵之攻楚也,危虽在三月之内;而楚待诸侯之救,在半岁之外。此其势不相及也。夫待弱国之救,忘强秦之祸,此臣为大王患也。

"大王尝与吴人战,五战而三胜,阵卒尽矣。编守新城,存民苦矣。臣闻功大者易危,而人弊者怨上。夫守易危之功,而逆强秦之心,臣窃为大王危之。凡天下而以信约纵亲相坚者,苏秦封为武安君也。苏秦相燕,即阴与燕王谋伐齐,破齐而分其地。乃佯为有罪,出走入齐,齐王因受而相之。居二年而觉,齐王大怒,车裂苏秦于市。夫以一诈伪之苏秦,而欲经营天下,混一诸侯,其不可成亦明矣。今秦与楚接壤界,固形亲之国也。大王诚能听臣,臣请使秦太子入质于楚,楚太子入质于秦,请以秦女为大王箕帚之妾,效万室之都,以为汤沐之邑,长为昆弟之国,终身无相攻。臣以为计无便于此者。"楚王乃与秦亲。

[注释]

①河东:古地区名。战国、秦、汉时指今山西西南部。因其地在黄河以东,故名。②汶山:古山名。"汶"读"岷",即岷山。③扞关:古关名。故址在今湖北长阳西。

[译文]

张仪又来到楚国,策动楚怀王说:"秦国幅员辽阔,据天下土地一半以上,兵力足以同四国兵力的总和相抗衡,被山带河,四边又都有山川险塞作屏障。有勇士百余万,战车千乘,战马万匹,粮食储积如山,法令严明,士卒乐于效命疆场,君主贤明,治国严谨，军将智慧，长于武略。不出兵则已，一旦出兵，必将席卷常山天险，折断天下的脊梁，天下诸侯不肯臣服秦国的必定最先灭亡。倡导合纵的人，与驱赶群羊向猛虎进攻没有什么两样。老虎和羊本来就不是交战的对手，这是妇孺皆知的道理。如今大王不与虎结交反而与群羊结伴，我认为大王的决策是错误的。如今能够称强天下的诸侯，不是秦国就是楚国，不是楚国就是秦国，其态势不可能两雄并立。大王不同秦国结好，秦国派兵攻占宜阳，韩国同北方诸侯的交通就被阻断；进而攻克河东、成皋，韩国必定向秦称臣，魏国也会顺风而动。这样，秦国从西面向楚国进攻，韩国从北面向楚国进攻，楚国的社稷岂能没有危险？我听说，军事实力不如对手，就不要向对手挑战；粮食比不上对手多，就不要同敌人打持久战。秦国西面拥有巴蜀之地，运送军粮的大船从汶山出发，沿江东下，到达楚国需行程三千余里。运送军卒，一船可载五千人，每日可行三百余里。虽然路途遥远，但却不需要牛马来运输，不到十天的时间，即可进抵扞关。扞关有警，那么从此以东，必定入城固守。黔中、巫郡也就不属于大王所有了。秦军首先攻占武关，然后由北向南进攻楚国，楚国同北方诸侯的交通就断绝了。秦军攻伐楚国，危险虽然在三个月之内，而楚国的诸侯援兵则需半年以上的时间才能到达。楚国危急的形势等不及诸侯的救援。等待弱国的救援而不顾强秦的灭国之祸，这正是我为大王所担忧的。

"大王曾经同吴国作战，五战三胜，精锐之士已经损失殆尽了。如果再编练新军，据守城池，就加重了人民的痛苦。我听说功劳大的人容易遭致危险，人民疲弊就会怨恨他们的君王。您现在固守易于陷于危险境地的国家，而抗拒强秦统一天下的决心，我为大王而感到危险。天下倡导诸侯盟约合纵可以相互巩固国防的人是苏秦，他已经被封为武安君。苏秦做燕国的宰相，却暗中同燕王策划攻伐齐国，待破齐之后分割齐国的土地。于是就假装得罪燕王，逃到齐国，齐王接受了他，并任命他做宰相。两年以后，齐王发觉了苏秦的阴谋，大怒，便下令对苏秦施以车裂的酷刑。一个狡诈虚伪的苏秦，想经营天下，统一诸侯，其图谋难以成功，也是显而易见的。秦国与楚国比邻接壤，从地理形势上说，本来应是相亲相睦的邻国。大王如果真能听从我的建议，请让我说服秦国派太子到楚国做人质，楚国的太子到秦国做人质，再请大王允许秦国向大王进献美女侍候大王，并献给大王有万户人家的城池作汤沐邑，秦、楚永远亲如兄弟，互不攻伐。我认为这才是最好的办法。"楚王于是决定同秦国亲善。

张仪如韩，说韩宣王曰："韩地险恶山居，五谷所生，非菽而麦。地方不过九百里，无二年之食料，大王之卒，悉举不过三十万，而厮徒负养在其中矣。今秦带甲百万，车千乘，骑万匹，虎贲之士，跿跔科头①，贯颐奋戟者②，不可胜数。山东被甲蒙胄以会战，秦人捐甲徒裼以趋敌③，左挈人头，右挟生虏。秦逐山东之卒，犹孟贲之与怯夫；以轻重相压，犹乌获之与婴儿④。诸侯不料地之弱，食之寡，而听纵人之甘言好辞，比周以相饰，诖误其主⑤，无过此者。大王不事秦，秦下甲据宜阳，断韩之上地，东取成皋、荥阳，则鸿台之宫、桑林之苑，非王有也。夫塞成皋，绝上地，则王之国分矣。故为大王计，莫如为秦。秦之所欲，莫如弱楚，而能弱楚者莫如韩。非以韩能强于楚也，其地势然也。今西面而事秦，以攻楚，秦王必喜。夫攻楚以利其地，转祸而悦秦，计无便于此者。"宣王听之。

[注释]

①跿跔（tú jū）：跳跃。科头：鲍彪注：不着头盔。②贯颐：贯穿面颊。③裼（xī）：袒而有衣曰裼。④乌获：秦国大力士，力举千钧。⑤诖（guà）误：贻误，连累。诖，欺骗，贻误。

[译文]

张仪又来到韩国，策动韩宣王说："韩国多山地，地理形势险恶，五谷之中，只适宜种植菽和麦。幅员不过九百里，没有两年的粮食储备，军队的数量，举国皆兵也不过三十万，其中还包括勤杂人员。而秦国披坚执锐之士上百万，战车千乘，战马上万匹，不戴盔甲、执戟踊跃冲锋陷阵的勇士不可胜数。山东诸侯国的军队披戴甲胄同秦军作战，而秦军战士却脱去盔甲袒露着胸臂勇敢赴战，他们左手提着人头，右臂夹着俘虏。秦军杀逐诸侯国的军队，就如同古代勇士孟贲斗怯夫；以轻重相压，就如同著名的大力士乌获与婴儿相搏。山东诸侯国看不到自己的土地贫弱，粮食不足，而轻易听信倡导合纵的人的甜言蜜语，以诡辩的言辞论证合纵方略的周全，粉饰合纵方略，迷误自己的君主，没有比这更危险的事了。大王如果不侍奉秦国，那么，秦国发兵攻占宜阳，切断韩国与魏国的交通，继而东取成皋、荥阳，那么鸿台之宫、桑林之苑（均为韩国的宫苑），恐怕就不属大王所有了。一旦阻绝了成皋，切断了同上地的交通，大王的王国就被分割了。所以，为大王着想，不如同秦国结好，帮助秦国。秦国最大的欲望就是削弱楚国，而能够帮助秦国削弱楚国的，没有比韩国更为重要的了。这并不是因为韩国比楚国更强大，而是由韩国所据的地理形势所决定的。大王如果能西面侍奉秦国，攻打楚国，秦王一定很高兴。攻打楚国获取利益，这样既转移了自己的祸患，又能取悦于秦国，没有比这更适宜的计策了。"韩宣王听从了张仪的建议。

张仪说齐湣王曰："天下强国，无过齐者。大臣、父兄殷，众富乐，欲为大王计者，皆为一时之说，不顾百代之利。纵人说大王者，必曰：'齐西有强赵，南有韩、梁，齐负海之国也，地广民众，兵强士勇，虽有百秦，将无奈齐何也。'大王贤其说，而不计其实。臣闻齐与鲁三战而鲁三胜，国以危亡随其后。虽有战胜之名，而有破亡之实。是何也？齐大而鲁小也。今秦之与齐也，犹齐之与鲁也。今秦、楚嫁女娶妇，为昆弟之国，韩献宜阳，魏效河外，赵入朝渑池[1]，割河间以事秦[2]。大王不事秦，秦驱韩、梁攻齐之南地，悉赵兵渡清河，指博关，临淄、即墨非王有也。国一旦见攻，虽欲事秦，不可得也。是故愿大王孰计之。"齐王许之。

[注释]

①渑池：古邑名。在今河南渑池。②河间：县名。在今河北中南部。

[译文]

张仪到齐国策动齐湣王说："天下诸侯，没有比齐国更强大的了。大臣及其父兄们殷实富足，过着安乐的生活。但他们为大王出谋献策，都是为了一时的安乐，而不顾国家的长远利益。倡导合纵的人劝说大王时，肯定会这样说：'齐国西面有强大的赵国，南面有韩国和魏国。齐国濒临大海，幅员辽阔，人口众多，军队强大，战士勇敢，即使一百个秦国，也拿齐国无可奈何。'大王很赞赏这种说法，却没有考究这种说法是否与事实相符合。我听说齐国曾同鲁国三次交战，而鲁国三次都赢得了胜利，但紧接着鲁国却灭亡了。虽然赢得了战胜国的名声，遭致的却是国家灭亡的事实。这是为什么呢？其原因在于齐国是一个大国，鲁国则是一个小国。如今的秦国与齐国相比，如同齐国和鲁国相比的情形一样。如今秦国已同楚国相互嫁女娶妇，结为婚姻，亲如兄弟，韩国向秦国献宜阳，魏国向秦国献河外，赵王到渑池与秦会盟，并割河间之地给秦国。在这种形势下，大王如果不侍奉秦国，秦国驱使韩国和魏国进攻齐国的南部，赵国全军出动，渡过清河，直指博关，临淄、即墨就不为大王所有了。齐国一旦遭到诸国的进攻，再想侍奉秦国，也不可能了。因此，希望大王再作仔细慎重的考虑。"齐王答应了张仪的要求。

张仪说赵王曰："敝邑秦王，使臣效愚于大王。大王率天下以宾秦①，秦兵不敢出函谷关，是大王之威，行于山东。敝邑恐惧慑伏，缮甲励兵，惟大王有意督过之也。今以大王之力，举巴蜀，并汉中，包两周，迁九鼎，守白马之津②。秦虽僻远，然而心忿含怒之日久矣。今有敝甲凋兵，军于渑池，愿渡河，据番吾，会战邯郸之下，愿以甲子合战，以征殷纣之事。故使臣先以闻于左右。凡大王之所信为纵者，恃苏秦。苏秦荧惑诸侯，以是为非，以非为是，欲反覆齐国，而自令车裂于市。夫天下之不可混一亦明矣。今楚与秦为昆弟之国，而韩、梁称为东藩之臣，齐献鱼盐之地，此断赵之右臂也。夫断右臂而与人斗，失其党而孤居，求欲无危，岂可得乎？今秦发三军：其一军塞午道③，告齐使兴师渡清河，军于邯郸之东；一军军于成皋，驱韩、梁军于河外；一军军于渑池，约四国而击赵。赵服，必四分其地。是故不敢匿意隐情，先以闻于左右。臣窃为大王计，莫如与秦王遇于渑池，面相见而口相约，请按兵无攻，愿大王之定计。"赵肃侯许之。

[注释]

①宾秦：排斥秦国。宾，通"摈"，排斥。②白马：古津渡名。在今河南滑县东北古黄河南岸，与北岸黎阳津相对。③午道：纵横相交之道。

[译文]

张仪又策动赵王说："鄙国的秦王派我来向大王效力，进献不成熟的意见。大王合纵天下诸侯来抗拒秦国，秦国果然不敢出兵函谷关，这说明大王的声威足以号令山东各诸侯。鄙国慑于大王的声威，恐惧慑服，不敢轻举妄动，整治军备，磨砺武器，生怕大王有意责备我们的过失。如今，凭借大王您的督促之力，秦国攻克巴蜀，吞并汉中，包围两周王室，迁走周王室的九鼎宝器，派兵驻守白马津。秦国虽然居处偏远，对此心怀愤怒之情已经很久了。现在，秦国一支毫无整肃可谈的军队已经驻扎在渑池，打算渡过黄河，攻占番吾，同赵军会战邯郸城下，并打算在甲子这一天开战，重演武王伐纣的历史，所以派我先来告知大王及左右的大臣。大王所信赖主持合纵事宜的人唯有苏秦。苏秦迷惑诸侯，颠倒是非，他想要颠覆齐国，自己却遭到了车裂的下场。天下不可能通过合纵盟约团结一致，是显而易见的事实。现在，楚国与秦国已经结为兄弟盟国，韩国和魏国已经向秦称臣，齐国则向秦奉献盛产鱼盐的土地，这就等于截断了赵国的右臂。右臂已被截断，还要固执地与人争斗，失去了自己的同党和朋友，处于孤立无援的境地，还想解脱危险，这能办得到吗？秦国已经发兵三路：一路阻塞午道，并让齐国的军队渡过清河，驻扎在邯郸东面；一路驻扎在成皋，调遣韩国和魏国的军队驻扎河外（指黄河以南地区）；一路驻扎在渑池。约定四国联合进攻赵国，征服了赵国，必定由四国瓜分它的土地。因此，秦国不敢隐瞒自己的军事意图，先让我告知大王左右。我为大王着想，不如大王亲自到渑池与秦王会见，当面约定，请秦王放弃进攻赵国的计划。希望大王拿定主意。"赵王听从了张仪的主张。

张仪说燕昭王曰："大王之所亲信，莫如赵。昔赵襄子尝以其姊为代王妻，欲并代。约与代王遇于句注之塞，乃令工人为金斗，长其尾，令可以击人。与代王饮，阴告厨人曰：'即酒酣乐进热啜，反斗以击之。'于是酒酣乐，进热啜，厨人进斟，因反斗击代王，杀之，肝脑涂地。其姊闻之，因磨笄以自杀①。故至今有磨笄之山，天下莫不闻。夫赵王之狼戾无亲，大王之所明见。且以赵为可亲乎？赵兴兵攻燕，再围燕都，而劫大王，大王割十城以谢。今赵王已入朝渑池，效河间，以事秦。今大王不事秦，秦下甲云中、九原，驱赵而攻燕，则易水、长城，非王有也。今王事秦，秦王必喜，赵不敢妄动，是西有强秦之援，南无齐、赵之患。是故愿大王孰计之。"燕王听张仪。仪归报秦。

[注释]

①笄（jī）：古人用来插定发髻的簪子。

[译文]

张仪又到燕国，策动燕昭王说："大王最亲近和信赖的国家，莫过于赵国。从前，赵襄子曾把自己的姐姐嫁给代王做妻子，想吞并代国。约定同代王在句注要塞会晤，就令工匠制作了一件金勺，勺柄很长，可以用来击杀人。赵王同代王宴饮，却暗中告诉厨师：'趁酒喝到酣畅快乐时，你就来献热羹，借机用勺柄反转过来击杀代王。'于是，当宴饮气氛最为欢乐的时候，厨子上热羹，并为代王进斟，借机用勺柄击杀代王，顿时肝脑涂地。赵襄子的姐姐闻讯，拔下头上的笄子，磨锋利后，自刺而死，所以至今仍有磨笄山。这件事情，天下无人不知，无人不晓。赵王凶狠暴戾，六亲不认，这一点大王心里是最清楚的，大王还认为赵王是可以亲近的人吗？赵王曾经两次攻打燕国，两次围困燕国都城，劫持大王，大王割十城之地给赵国，向赵国谢罪。现在赵王已经到渑池朝拜秦王，向秦国献出河间一带的土地侍奉秦国。大王如果不侍奉秦国，秦军攻下云中、九原，驱使赵军攻打燕国，那么易水、长城就不为大王所有了。如果大王现在侍奉秦国，秦王一定很高兴，这样赵国就不敢对燕国轻举妄动，那么燕国就处于西有强秦之援，南无齐、赵之患的有利的地位。因此，请大王慎重考虑。"燕王听从了张仪的主张。张仪返回秦国，向秦王报告。

于是楚人李斯、梁人尉缭，说于秦王曰："秦自孝公已来，周室卑微，诸侯相兼，关东为六国，秦之乘胜侵诸侯，盖六代矣。今诸侯服秦，譬若郡县。其君臣俱恐，若或合纵而出不意。此乃智伯、夫差、湣王所以亡也。愿王无爱财，赂其豪臣，以乱其谋，秦不过亡三十万金，则诸侯可尽。"秦王从其计，阴遣谋士赍金玉以游诸侯①。诸侯名士,可与财者,厚遗给之;不肯者,利剑刺之。离其君臣之计,乃使良将随其后,遂并诸侯。秦既吞天下,患周之败,以为弱见夺。于是姗笑三代,荡灭古法,削去五等,改为郡县。自号为皇帝,而子弟为匹夫。内无骨肉本根之辅,外无尺寸蕃翼之卫。吴、陈奋其白梃②,刘、项随而毙之。故曰,周过其历,秦不及其数,国势然也。

[注释]

①赍(jī):携带。②梃:棍棒。

[译文]

这时,楚国人李斯、魏国人尉缭向秦王进言说:"自秦孝公以来,周王室衰微,诸侯相互攻伐兼并,山东已兼并为六个诸侯国,秦国乘胜侵夺诸侯土地,至今已历经六代了。现在,诸侯对秦国臣服,就如同秦国的郡县臣服秦王一样。山东诸侯,君臣恐惧,万一它们再行合纵,出其不意,攻打秦国,秦国就可能重蹈智伯、夫差、湣王灭亡的覆辙。希望大王不要吝惜财货,贿赂山东诸侯的豪族大臣,以败坏它们可能合纵抗秦的图谋。秦国也无非耗费三十万黄金,而诸侯却可以全部为我吃掉。"秦王听从了二人的计策,暗中派遣谋士携带黄金美玉前往六国游说。凡诸侯名士,可以用财货收买的,都贿以丰厚的财货;难以用财货收买的,就用利剑将其刺死。秦国离间了六国诸侯的君臣关系、败坏了其发奋图强的计划以后,接着派遣良将精兵,逐一吞并了六国诸侯。秦国吞并天下以后,鉴于周王室因衰弱而被诸侯侵夺的历史教训,于是嘲笑三代,荡灭古法,抛弃五等爵位、封建诸侯的古代制度,改行郡县制度。秦王自号为皇帝,而皇室子弟都为匹夫百姓。这样,秦王室内无骨肉亲族本根的辅助,外无据有疆土、拥有军队的藩臣的护卫。所以吴广、陈胜揭竿而起,为天下倡,刘邦、项羽随之而起,很快灭亡了秦朝。所以说,周代的寿命已经超过了此前的预期,而秦朝没有历尽本应有的寿命，这是国家行政统治的不同态势所决定的。

汉兴之初，海内新定，同姓寡少。惩亡秦孤立之败，于是割裂疆土，立爵二等，功臣侯者，百有余邑，尊王子弟，大启九国。国大者，跨州兼郡，连城数十，可谓矫枉过正矣。然高祖创业，日不暇给，孝惠享国之日浅，高后女主摄位，而海内晏然，无狂狡之忧。卒折诸吕之难，成太宗之基者①，亦赖之于诸侯也。夫原本以末大，流滥以致溢。小者淫荒越法，大者睽孤横逆，以害身丧国。故文帝采贾生之议②，分齐、赵；景帝用晁错之计③，削吴、楚；武帝施主父之策④，推恩之令。景帝遭七国之乱，抑诸侯，灭黜其官。武有淮南、衡山之谋，作左官之律，设附益之法，诸侯惟得衣食租税，不与政事。至于哀、平之际，皆继体苗裔，亲属疏远，生于帷墙之中，不为士民所尊。故王莽知汉中外殚微，本末俱弱，无所忌惮，生其奸心，因母后之权，假伊、周之称，专作威福庙堂之上，不降阶序而运天下。诈谋既成，遂据南面之尊，分遣五威之吏，驰传天下，班行符命。汉诸侯王蹶角稽首，奉上玺绂，惟恐居后，岂不哀哉！及莽败，天下云扰。

[注释]

①太宗：即汉文帝刘恒。②贾生：即贾谊。洛阳人。西汉政论家、文学家。主张用"众建诸侯而少其力"的方法削弱诸侯势力。③晁错：西汉政论家。颍川（治所在今河南禹州市）人。景帝时官至御史大夫，主张逐步削夺诸侯王国的封地，以巩固中央集权。④主父：主父偃。西汉大臣。临淄人。主张进一步削弱割据势力，下令推恩，使诸侯王多分封子弟为侯。武帝采其建议，下"推恩令"，从此，王国封地越来越小，名存实亡。

[译文]

汉朝兴起之初，全国局势刚刚稳定，刘姓皇族人数还很少。鉴于秦王室孤立无援、遭致败亡的教训，于是裂土封疆，设立二等爵位（王和侯），功臣被封侯的有一百多个，高祖的子弟分别分封做九个国家的国王。其中封国较大的，跨州连郡，拥有城池数十座，真可谓矫枉过正了。然而高祖创建帝业，事必躬亲，日不暇给，汉惠帝在位时间很短，吕后以女主摄取朝政，所以海内晏然无事，没有狂暴狡诈的事情可担忧。最终铲除诸吕之难，奠定汉文帝的基业，所依赖的仍然是诸侯的力量。考究本源，仍有尾大不掉、流滥横溢之势。诸侯王中，轻者生活荒淫、越轨犯法，重者觊觎帝位、横暴逆反，最后导致身死国亡的下场。所以文帝采纳了贾谊的建议，将齐国和赵国等大诸侯国分割为小国。景帝又用晁错的计策，削弱吴、楚等诸侯国的封地。汉武帝采用主父偃的策略，实施推恩令。汉景帝时，遭吴、楚等七国的叛乱，于是抑制诸侯，减免罢黜诸侯国的官员。汉武帝时，淮南王刘安、衡山王刘赐图谋不轨，事泄自杀，汉武帝因而制定颁布了旨在限制诸侯王权力的左官律（在诸侯国做官称左官）和附益法（封诸侯过限称附益），诸侯王只能衣食封国的租税，不得干预封国的政事。到了汉哀帝和汉平帝时，经过数代繁衍，诸侯王均是汉高祖的支脉苗裔，相互疏远，而且他们多生长于宫中，未经过大的世面，所以受不到士民的尊重。王莽看到汉家皇室内外衰微，皇室根本与诸侯辅翼都已经软弱无力，所以专制朝政，无所忌惮，萌生了篡夺帝位的野心。他凭借皇太后的权力，行尹伊、周公摄政的故事，作威作福，高居庙堂之上，遥控天下局势。他的阴谋酝酿成熟后，就代汉自立、南面称尊，并分别派出官吏，驰传天下，颁行王莽新朝的符命。汉诸侯王纷纷稽首叩拜，呈上印玺绶绂，唯恐居人之后。诸侯王本是皇室辅翼，最后竟出现这种情景，岂不可悲可叹！王莽失败后，天下大乱。

光武中兴，纂隆皇统，而犹遵覆车之遗辙，养丧家之宿疾。仅及数世，奸宄充斥，卒有强臣专朝则天下风靡，一夫纵横则城池自夷,岂不危哉!在周之难兴王室也,放命者七臣,干位者三子,嗣王委其九鼎,凶族据其天邑,钲鼙震于阃宇①,锋镝流于绛阙,然祸止畿甸,害不覃及②,天下晏然,以治待乱。是以宣王兴于共和,襄、惠振于晋、郑,岂若二汉,阶闼暂扰而四海已沸,孽臣朝入而九服夕乱哉!远惟王莽篡逆之事,近鉴董卓擅权之际,亿兆悼心,愚智同痛。岂世乏曩时之臣,士无匡合之志欤?盖远绩屈于时异,雄心挫于卑势耳。

[注释]

①钲(zhēng)鼙(pí):即钟鼓。钲,古代乐器,似钟,狭长,击之而鸣。鼙,军中用的小鼓。②覃(tán):延长。

[译文]

汉光武帝中兴汉室,发扬皇统,然而走的却仍然是西汉遭致覆亡的老路,患的仍是丧败家国的旧病。仅传了数代,奸究充斥朝廷,卒有强臣专制朝政,天下皆风靡而从;一武夫纵横不轨,则城池夷为平地局面。这样岂不是太危险了吗?从前,周王室蒙难时,有七臣不听王命,三子扰乱朝政,周天子弃置象征着王朝政权和天子威严的九鼎,叛族占据王城,钲鼓震王城,箭镞穿宫室,但祸乱仅限于京畿之内,并没有危及全国,天下仍然晏然无事,以治待乱。因此,周宣王得以在共和时期中兴王室,周襄王、周惠王能够在晋国和郑国的帮助下振兴王室,哪像两汉时期,宫廷稍有纷扰,便四海鼎沸,孽臣早上入朝秉政,晚上则天下大乱的情形!远鉴王莽谋逆篡汉的史实,近览董卓擅权的短命悲剧,足以令亿万百姓,无论愚智,痛心疾首。难道这是因为当世缺乏能够匡时济世的大臣,士人没有匡扶社稷、九合诸侯的雄心壮志吗?这是由于远古的伟绩因时代的变化而难以建立,雄心壮志因位贱势卑而受挫的缘故。

魏太祖武皇帝躬圣明之姿,兼神武之略,龙飞谯沛①,凤翔兖豫②。观五代之存亡，而不用其长策；睹前车之倾覆，而不改其辙迹。子弟王空虚之地，君不使之人，权均匹夫，势齐凡庶。内无深根不拔之固，外无磐石宗盟之助，非所以安社稷，为万世之业也。且今之州牧、郡守，古之方伯、诸侯，皆跨有千里之土，兼军武之任。或比国数人，或兄弟并据。而宗室子弟，曾无一人间厕其间，与相维持，非所以强干弱枝、备万一之虑也。时不用其计，后遂凌夷。此周、秦、汉、魏立国之势。是以究其始终强弱之势，明鉴戒焉。

[注释]

①谯沛：指沛国谯郡，治所谯（今安徽亳州）。②兖豫：兖州和豫州。此处偏指豫州。

[译文]

魏太祖武皇帝曹操躬姿圣明，兼神武韬略，在谯沛出生，在兖豫发迹。然而历观五代（夏、商、周、秦、汉）存亡的经验教训，却不能吸取前代的历史经验；目睹前代倾覆的道路，却不能一改前代倾覆的辙迹。他的子弟被分封于空虚之地做诸侯王，重用那些不堪重用的人，诸侯王权同匹夫，势如百姓。致使朝内没有根深不拔的坚固统治基础，外无像磐石一样稳固的宗室的援助。这远远不是安定社稷、传万代基业的统治方法。今天的州牧郡守，相当于古代的方伯诸侯，他们据有广阔的疆土，拥有庞大的军队，他们的兄弟宗亲或据同一州郡，或分别统治着不同的州郡，而皇室子弟却没有一人侧身州牧郡守之间、参与掌握地方政权的。这不是强干弱枝、以备万一的统治方法。当时不用诸侯藩国辅助王室的统治体制，后来这种制度逐渐衰落了。以上是周、秦、汉、魏立国的大体形势。因此考察它发展变化强弱得失的形势，以供人借鉴参考。

论曰：周有天下八百余年，后代衰微，而诸侯纵横矣。至末孙王赧降为庶人，犹能枝叶相持，名为天下共主。当是时也，楚人问鼎①，晋侯请隧②，虽欲阚周室，而见厄诸姬。夫岂无奸雄？赖诸侯以维持之也。故语曰："百足之虫，至死不僵，扶之者众。"此之谓乎？及嬴氏擅场，惩周之失，废五等，立郡县，君有海内，而子弟为匹夫，功臣效勤，而干城无茅土，孤制天下，独擅其利。身死之日，海内分崩。陈胜偏袒唱于前，刘季提剑兴于后，虎啸龙睇，遂亡秦族。夫刘、陈诸杰，布衣也，无吴、楚之势，立锥之地，然而驱白徒之众，得与天子争衡者，百姓思乱，无诸侯勤王之可惮也。故谚曰："夫乱政虐刑，所以资英雄而自速祸也。"此之谓矣。夫伐深根者难为功，摧枯朽者易为力。今五等，深根者也；郡县，枯朽者也。故自秦以下，迄于周隋，失神器者非侵弱，得天下者非持久，国势然也。呜呼！郡县而理，则生布衣之心；五等御代，则有纵横之祸。故知法也者，皆有弊焉。非谓侯伯无可乱之符，郡县非致理之具。但经始图其多福，虑终取其少祸，故贵于五等耳。圣人知其如此，是以兢兢业业，日慎一日，修德以镇之，择贤而使之。德修贤择，黎元乐业。虽有汤、武之圣，不能兴矣，况于布衣之细，而敢偏袒大呼哉？不可不察。

[注释]

①问鼎：询问象征王权的九鼎的大小轻重。比喻觊觎周室、篡夺王位。
②晋侯请隧：晋侯请周王允许其死后以天子礼安葬。

[译文]

作者总结议论说：周朝统治天下历时八百多年，周朝后期，周王室衰微，诸侯也就恣睢横行，不以周天子为意了。直到周赧王被降为普通百姓，周朝灭亡，虽然东周时期王室衰微，但各国诸侯仍然能够扶持周王室，周王在名义上还是天下的共主。在周王室衰微的时期，楚王曾向周王询问象征天子威严的九鼎的情况，晋国请求以天子丧仪安葬晋侯，虽然有觊觎王室之心，但都被姬姓诸侯所扼制。难道当时就没有奸雄吗？周王室是依赖诸侯的力量得以维持下去的。俗语说："百足之虫到死都不僵硬，这是因为扶持它的腿多。"讲的不也正是这个道理吗？到秦始皇统一海内，临朝执政时，鉴于周朝诸侯强大、王室衰弱的教训，废除了五等爵位、封建诸侯的制度，改行郡县制，皇帝一统海内，而其子弟则为匹夫百姓，功臣勤勉效力，虽然有统治城邑大都的权力，但却没有一尺一寸的封地，皇帝一人宰制天下，独擅其利。致使身死之日，海内分崩离析。陈胜揭竿而起，为天下倡，刘邦提剑跟随于后，虎啸龙视，很快就消灭了秦朝。若论刘邦、陈胜诸豪杰，无非是一介普通百姓，没有像吴楚诸侯那样强大的势力，更无可供立锥的一寸封地，然而，他们之所以能够驱使手无寸铁的百姓同天子相抗衡，是因为百姓思乱，又无诸侯勤王的忧虑。所以谚语说："混乱的政治，酷虐的刑罚，正可以资助造反的英雄而自取灾祸。"讲的也正是这个道理。砍伐根深粗壮的大树，很难取得功效，而摧折枯木朽枝则比较省力。五等分封制度好比是深根大树，郡县制好比是枯木朽枝。所以自秦朝到隋朝，丧失国家政权的，并不是由于逐渐衰弱造成的，得天下的也不能维持长久，这是国家政权的统治形势所决定的。可悲可叹啊！采用郡县制治理国家，容易使布衣百姓萌生篡逆之心；采用五等封建制来统治国家，又容易遭诸侯横暴的祸端。所以，无论什么样的统治形式和方法都是有弊端的。不能说侯伯分封制度就没有导致动乱的因素和机会，也不能说郡县制度绝不可能导致天下大治。但如果以福多祸少的标准来衡量，五等封建制度还是优于郡县制度的。圣明的人深知这一道理，因此兢兢业业，日慎一日，修炼自己的德行以震慑不轨的图谋，选拔贤人才子担任重要的官职。德行修炼到很高的境界，贤良的人才得以选拔，人民安居乐业，这时，即使有像商汤、周武那样的圣贤也难以推翻现有的政权，更何况区区布衣小民敢袒臂大呼倡导造反呢？这其中的道理，不可不认真分析研究。